"博学而笃志，切问而近思。"
（《论语》）

博晓古今，可立一家之说；
学贯中西，或成经国之才。

主编简介

王丽娟，中国人民大学劳动人事学院人力资源管理系副教授、博士，中国企业国际研究学会创始会员，毕业于南开大学。近几年来曾经为中国保险公司、云南三环化工有限公司、云南大学投资管理有限公司、北京市委讲师团、北京市人事局、胜利油田、陕西石羊股份、北京诺华制药有限公司等数家企事业单位进行培训和咨询活动。曾留学荷兰梯尔堡大学、美国卡耐基梅隆大学和香港科技大学，并在美国、香港、巴基斯坦、泰国、菲律宾等地进行短期工作访问。

主讲：员工招聘与配置、管理学原理、组织行为学、人力资源管理、社会心理学、专业英语文献。

研究方向：人力资源与组织绩效、招募与甄选、团队建设、工作分析与工作评价、绩效考核等。

主要著译："美国人力资源教学的发展"，《科学决策》，2000年；《人力资源开发与管理再造工程》，党建读物出版社，2000年；《中国人德性》，新世界出版社，2005年；《员工招募、面试、甄选和岗前引导》，中国人民大学出版社，2003年；《谈判技能》，企业管理出版社，2004年。

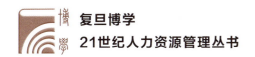

复旦博学
21世纪人力资源管理丛书

员工招聘与配置

(第二版)

王丽娟 编著

本丛书荣获
第六届高等教育
国家级教学成果奖

内容提要

本书是大学人力资源管理、劳动经济与劳动关系、社会保障等专业的基础课教材。本书试图追求招聘过程的完整性和系统性，紧扣中国劳动力市场运行的实际特点，作者在多年的讲课积累和企业管理咨询实践的基础上编写而成。

全书共九章，包括员工配置概述、员工配置的环境、人力资源规划、工作分析、测量、招聘、内部招聘和外部招聘、甄选和录用与招聘评价。每一章都配有导读案例、学习资料、讨论案例以及复习思考题，这是一本理论与实践紧密结合的教材。

此次出版的第二版与第一版相比，根据新的现实情况，特别是一些新的理论研究成果对主要章节的内容进行了适当的调整和改写；更新了统计数据和一些案例，以求做到与时俱进。

作为"复旦博学·21世纪人力资源管理丛书"之一，本书适合大学人力资源管理专业及相关经济管理专业师生作为教材使用，也可作为政府相关部门及企业人力资源主管的培训用书。

丛书编辑委员会

主　任　曾湘泉

委　员　（按姓氏笔画排序）

文跃然　孙健敏　刘子馨　刘尔铎　萧鸣政

苏荣刚　郑功成　徐惠平　彭剑锋

总策划

文跃然　苏荣刚

第二版前言

员工招聘是一个过程,在组织的人力资源管理中起着非常重要的作用,员工招聘在工作和员工之间寻找最佳匹配是组织建立一支有效的员工队伍的源头。成功的员工招聘是任何组织都要面临的一个重大挑战,组织为此要借助大量的工具和方法,要开展各种招聘和甄选活动,要投入一定的人力和财力。组织的员工招聘还要受到一系列外部因素的影响,劳动力市场、政府的法规都是组织不能控制的外部因素,成功的员工招聘需要把这些因素都考虑在内。本书试图追求招聘过程的完整性和系统性,可是,说实在话,人力资源管理作为一门还处在发展之中的学科,时代的变迁使其增加了许多新课题,正如美国人力资源管理协会副总裁(SHRM)Brian J. Glade 所言:"在竞争压力下,人力资源管理人员行事必须果断迅速,以帮助企业更有效地竞争。"这就意味着招聘策略将发生改变,招聘人员必须能认真地思考,具备多种技能,而不仅仅是劳动技能。因而,企图通过一本书就说清楚招聘的发展与现状着实感到力不从心,就是在搁笔的今天,依然在案头上发现有新的文献没有写进去,呈现给大家的只能是一本阶段性的研究总结。

修改后的《员工招聘与配置》一书共分九章。增加了第一章员工配置概述,第二章配置与招聘环境、招聘前的准备工作分成了三章,合并了内部招聘和外部招聘、内部甄选和外部甄选方面的内容。全书虽然还是九个章节,但内容上丰富了,并且每一章的内容都控制在两三万字,作者力图使内容更接近教学的安排。

在上一版的编写过程中,栾宝锐、井瑞、温丽琴、张晔、李妍、董瑞龄参与了编写,他们的部分劳动成果在这一版中得到了沿用。在本书的修订中,陕西咸阳西藏民族学院的何妍老师参与了最初的目录的讨论,并提出了修改意见,何妍老师参与了第一章和第二章的撰写;王帅和于艳娇帮我修订了其余的章节。编写中的问题都由我负责,也希望读者批评指正。

王丽娟

2011 年 11 月于人大静园

目 录

1	**第一章　员工配置概述**
2	第一节　员工配置
2	一、员工配置
5	二、员工配置的重要性
7	三、员工配置的基础
11	四、员工配置与其他人力资源管理活动
12	第二节　组织员工配置
12	一、组织员工配置模型
16	二、员工配置战略
23	第三节　中国员工配置的历史、现状与发展趋势
23	一、中国员工配置的历史与现状
28	二、中国员工配置的理论研究
31	三、中国员工配置的现实问题与对策
35	本章小结
36	讨论案例　联想——战略招聘的秘密
41	**第二章　员工配置的环境**
42	第一节　员工配置的外部环境
42	一、影响员工配置活动的经济因素
43	二、影响员工配置活动的政治因素
45	三、劳动力市场对员工配置活动的影响

47	四、文化与社会习俗对员工配置活动的影响
47	五、技术进步对员工配置活动的影响
50	六、国家政策法规对员工配置活动的影响
56	第二节　员工配置的内部环境
56	一、企业战略
60	二、企业生命周期
61	三、企业文化
65	四、组织结构
66	五、企业的形象和地理位置
67	六、企业的管理水平和人力资源管理政策
67	本章小结
68	讨论案例　招聘环境分析

第三章　员工配置的基础：人力资源规划

71	
72	第一节　人力资源规划概述
72	一、人力资源规划
73	二、人力资源规划的作用
76	三、人力资源规划的内容
82	四、人力资源规划的基本过程
87	第二节　人力资源预测与平衡
87	一、人力资源需求预测
95	二、人力资源供给预测
102	三、人力资源供需的平衡
104	本章小结
105	讨论案例　人力资源供需分析预测

第四章　员工配置的基础：工作分析

112	
113	第一节　工作分析概述
113	一、工作分析的基本含义
115	二、工作分析与人力资源管理其他模块的关系

116		三、工作分析的主要内容和程序
119	第二节	工作分析的主要方法
119		一、访谈法
122		二、观察法
125		三、问卷调查法
128		四、工作日志法
130		五、文献分析法
131		六、关键事件法
132		七、职能工作分析法
133	第三节	工作分析在员工配置中的作用
134		一、工作分析与人力资源招聘
136		二、工作分析与人力资源配置
137	本章小结	
138	讨论案例	职位分析真的是"雾里看花,水中望月"吗?

第五章　员工配置的基础：测量

141		
142	第一节	测量概述
142		一、测量的主要概念与内容
150		二、测量的方法
153		三、测量方案的制订
154	第二节	测量的信度
155		一、信度的概述
156		二、信度的测量方法
161		三、信度系数的解释
162		四、影响信度的因素
164	第三节	测量的效度
164		一、效度的概述
165		二、效度的测量方法
171		三、效度系数的解释
172		四、影响效度的因素

174	本章小结	
175	附录5-1	情商评估

第六章 招　　聘

178	第一节　招聘概述
180	第二节　招募计划
180	一、招募人数
181	二、招募基准
184	三、招募经费
185	第三节　招募策略
185	一、人员策略
188	二、时间策略
188	三、地点策略
189	四、招募的备选方案

190	本章小结	
191	附录6-1	上海通用汽车(SGM)的招募策略
194	附录6-2	Cisco的招募策略

第七章　内部招聘和外部招聘

198	第一节　内部招聘
198	一、内部招聘的优点
201	二、内部招聘的缺点
202	三、主要的内部招聘方式
203	四、内部招聘的操作方法
204	五、内部招聘应注意的六个问题
205	第二节　外部招聘
206	一、外部招聘的优点
207	二、外部招聘的缺点
208	三、企业在选择招聘方式时应遵循的几个原则
209	第三节　外部招聘途径
209	一、广告

214	二、就业服务机构
215	三、猎头公司
217	四、校园招聘
220	五、人才交流市场/招聘洽谈会
222	六、网络招聘
225	七、海外招聘
225	八、其他招聘渠道
226	九、不同人才的不同招聘来源
226	本章小结
229	附录7-1　欧莱雅的招聘渠道
230	附录7-2　摩托罗拉的招聘渠道

233　第八章　甄　选

234	第一节　初步筛选
234	一、筛选求职申请表
241	二、筛选个人简历
244	第二节　笔试
246	第三节　面试概述
246	一、面试的优点与缺点
246	二、面试的种类
248	三、面试的风格
249	四、面试准备
251	第四节　提问
251	一、面试提问技巧
252	二、面谈追问的技巧
253	三、与工作有关的问题示例
254	四、常用面试问话提纲
256	五、倾听与记录
261	六、结束面试
261	第五节　背景调查与体检
261	一、背景调查

262	二、调查的信息	
263	三、信息的核实	
265	四、文凭和求职材料的识别	
266	五、背景调查可以委托中介机构进行	
267	六、体检	
267	本章小结	
269	附录8-1	招聘回复的速度风险
270	附录8-2	微软如何对待电子简历：筛选保密与拾遗补漏
271	附录8-3	设计素质考核面试问题
275	附录8-4	美国企业的背景调查

第九章 录用与招聘评价

277	第一节 录用	
277	一、录用决策注意事项	
278	二、通知应聘者	
278	三、协商待遇条件	
280	四、签订劳动合同	
281	第二节 接纳新雇员	
281	一、新雇员就位程序（第一天）	
282	二、第一天之后	
283	三、适应性培训内容	
284	第三节 招聘工作的评估和总结	
284	一、如何评价公司招聘的效果	
285	二、成本评估	
286	三、录用人员评估	
286	四、针对竞争对手的招聘总结	
287	五、适应性培训的控制和评价	
288	本章小结	
289	附录9-1	豁免地位（Exemption Status）

293	**参考文献**

第一章

员工配置概述

  自从诺贝尔经济学奖获得者西奥多·舒尔茨提出人力资本理论之后,人力资源因其在企业生产、管理中的重要作用而被经济学家和管理学家称为第一资源。他们认为人力资源是组织各项资源中最宝贵、最重要的资源,是组织发展的"第一资源",组织中其他资源的组合、运用都要靠人力资源来推动。经济竞争、科学技术的竞争、智力的竞争,归根到底是人才的竞争,而现代企业对人才的竞争究其根本也就是人力资源的竞争。世界上成功的企业无不重视人力资源开发与管理活动,抢占人力资源开发与管理的制高点,在人力资源开发和管理争夺战中争取主动地位。

第一节 员工配置

任何组织必须具有员工配置系统,用以指导获取、运用和留任劳动力队伍。员工配置是人力资源管理各活动中最基础的工作,也是一项关键的组织职能。

一、员工配置

1. 员工配置的概念

员工配置(Staffing)是一个比较宽泛的概念,学者们针对员工配置所进行的定义如下:

- 萧鸣政(2005)认为,员工配置是指组织根据发展战略、人力资源规划,以及根据人力资源所具有的职位心理欲求和能力等个人具体条件和情况,不断、经常性地通过一定的方式和手段,有目的、有计划、合理地对人员的职务进行调整变化,通过个人能力和岗位的最佳结合而使组织目标得以有效实现,同时又有助于人力资源职业发展和能力开发的组织的人力资源管理政策和技术。

- Caruth(2009)认为,员工配置是一个决定组织中人力资源需求的程序,并且确保足够合格的人员来满足这些需求。

- 赫伯特·G·赫尼曼(2005)将员工配置定义为:为了创造组织效能的有利条件而从事的获取、运用和留任足够质量和数量劳动力队伍的过程。这个定义强调了员工配置水平和劳动力质量两方面对组织效能的贡献,以及一套相互配合的劳动力获取、雇佣和留任活动指导着人员的流入、保留和流出组织。本书就采用该定义。

2. 内涵

任何组织必须具有员工配置系统,用以指导获取、运用和留任劳动力队伍。赫伯特·G·赫尼曼的人员配备定义包含以下三个方面的内容。

(1)获取。获取活动包括外部员工配置系统,它管辖的是组织新进入人员的最初入口。它包括规划人员数量和需要类型,确定以有效完成工作所需的任职资格或KSAO(Knowledge, Skill, Ability and Other Characteristics,知识、技能、能力和其他特征)为形式的工作要求,确定工作的相应报酬类型,发起外部招聘活动,使用选拔工具来衡量应聘者应有的KSAO水平,决定哪些应聘者最称职,应获得工作邀请,并且汇总申请者愿意接受的工作邀请。

(2)运用。运用活动指的是新雇佣员工在他们将要从事的实际工作岗位上的安置,有时这在雇佣期间还没有完全明晰,例如特殊的工作部门或工作地点。运用活动也包含了指导现在员工的流动,也就是通过处理晋升调动和新项目任务等问题的内部员工配置系统,来完成遍及组织的流动。内部员工配置系统在许多方面模仿了外部员工配置系统,例如晋升的规划和调动的职位空缺,确定工作要求和报酬,为晋升或调任职位招聘员工,评价员工的任职资格以及就新岗位提供工作邀请。

(3) 留任。留任系统试图管理不可避免将要流出组织的员工流。有时这些流出在雇员方是非自愿的,比如裁员或业务部门并入其他组织。另一些流出是员工发起,自愿的。比如,离开组织去从事另一个工作(一种潜在、可避免的人员调整)或离开组织去跟随伴侣或合伙人到另一个地方(一种潜在、不可避免的人员调整)。因此,没有组织能够或应该完全减少人员流出,但是组织应该试图减少这样的人员调整:有价值员工的离开带来新手云集(Greener Pastures),在别处也就是被称为"自愿—可避免的人员调整"。这样的调整对组织来说成本很高。另外,解雇和裁员也会造成人员调整。通过不同的留任战略和策略,组织能防止这些类型的人员调整,并且试图留任组织认为承担不起流失的那些员工。

3. 与员工配置相关的概念

员工配置是组织人力资源管理活动的其中之一,是获取、运用和留任组织劳动力的组织职能,是一个比招募、甄选等词汇更为宽泛、系统的概念。但是,在诸多人力资源管理的相关研究中,我们常常看到的是招募与甄选等词汇,很少见到员工配置这一词汇,这就需要我们仔细分析这些概念之间的差别。

(1) 招募(Recruitment)包括搜寻和获得足够数量的合格的职务候选人,以便组织能够从中挑选出最合适的人员来填补职务空缺(诺伊,2005)。人力资源招募包括发生在雇主与潜在雇员之间的大部分,但不是全部的活动内容,在日常交谈当中,人们经常把"招募"的概念当成组织雇佣的全部过程。人力资源专业工作者通常把雇佣的全过程描述为招募与甄选。招募与甄选是两个关系非常密切的活动。人力资源招募的主要目的是创造一个潜在的雇员群。

(2) 甄选(Selection)是为了决定应该雇佣谁来填补组织出现的长期或短期的职位空缺,获取求职者的信息并对其加以运用的过程(诺伊,2005)。甄选包括对潜在雇员进行分类、排序,并决定哪些求职者最终将受到组织的雇佣通知,是一个选择的过程。人力资源招募活动在即将作出雇佣决策之前就宣告结束,而这时正是人力资源甄选工作的开始之际。

与员工配置相关的概念还有人力资源配置,人力资源配置可以从宏观角度和微观角度去理解。宏观角度的人力资源配置包括一个国家对全部人力资源的宏观配置,而从组织管理的微观角度来看,所谓人力资源配置就是通过考核、选拔、录用和培训,把符合组织价值观和发展需要的人才及时、合理地安排在所需要的岗位上,形成一定的结构效应,并使之与其他经济资源相结合,使得人尽其才,提高人力资源利用率,最大限度地为组织创造更多效益(严妍,2008)。微观角度的人力资源配置与员工配置的概念相似,但该定义包含人力资源的配置和培训,虽说培训是为了使员工能够更胜任工作或者更能够与组织匹配而进行的,但是其终究应该属于人力资源管理活动中的培训环节,不应放在员工配置中。

(3)员工配置(Staffing)是为了创造组织效能的有利条件而从事的获取、运用和留任足够质量和数量劳动力队伍的过程。从概念中可以看出员工配置包含了对进入组织和在组织中留任的人员流动情况的管理。员工配置过程包含招募、选拔和雇佣这几个关键的要素,同时还描述了在这些人员流动过程中发生的步骤和活动,如图1-1所示。

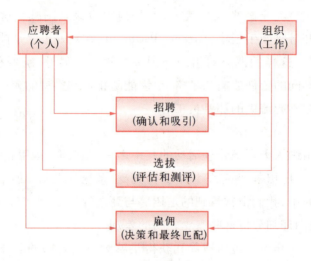

图1-1　员工配置系统的组成要素

资料来源：赫伯特·G·赫尼曼、蒂莫西·A·贾奇著,王重鸣、陈学军等译,《组织员工配置》,机械工业出版社,2005年。

4. 员工配置是一个系统或过程

从上述分析中我们可以看出,员工配置不是一个简单的招聘或甄选的活动,而是一个过程,它不仅包括人员的获取,还包括人员的运用和留任管理,它确定并支配进入组织、留在组织和离开组织的人员流。员工配置系统开始与应聘者和组织之间的相互接触,组织和应聘者双方作为员工配置程序的"参与者",从员工配置程序开始到结束始终是"合作参与者"。员工配置的初始阶段是招聘,它包括了组织和应聘者双方对招聘或竞聘目标的确认和吸引。组织试图确认和吸引个人,使之成为工作申请者,如广告、人才市场等方式都可采用。员工配置的第二阶段是选拔,选拔阶段的重点在评估和测评。组织评估应聘者的KSAO和动机,并参照任职要求得到的测评数据来决定应聘者的匹配程度。同时,应聘者也在对工作和组织进行评估。员工配置的下一个核心要素是雇佣,它包括了决策及组织和应聘者之间的最终匹配活动。在应聘者接受工作之后,匹配的最后阶段就告结束,雇佣关系也正式确立。

二、员工配置的重要性

在人力资源管理活动中,员工配置包括人力资源的流入和流出等环节,是组织成功的关键。员工配置对于组织和员工都具有重要意义。对于组织来讲,员工配置是用人的基础,用人是人力资源管理活动的中心环节之一,组织效率在一定程度上取决于员工配置,员工配置是否合理在很大程度上影响组织与人力资源之间的和谐发展。对员工来讲,员工配置是充分发挥其作用、实现其价值和得到物质与精神回报的必要条件。

1. 人力资本是组织的核心竞争力

在新经济时代,人们对知识和智力资本的关注程度远远超过了以往任何时代。尽管金融资本对组织的发展仍然具有举足轻重的作用,但是人们已经越来越认识到,拥有和创造知识与智力资本的人是构成组织核心竞争力的源泉,人力资源管理的地位和重要性也达到了前所未有的水平。詹姆斯·皮克福德(2003)甚至认为人力资源是一种战略资产,人力资源之所以被称为一种战略资产,是因为确保战略得到良好执行的能力是竞争优势的一个源泉,而人是战略执行过程的关键。

组织的竞争就是人力资本的竞争,能否获取优秀的员工使得组织拥有富于竞争力的人力资本是组织兴衰的关键。组织的发展根系于人的发展,人才质量成为衡量组织整体竞争力的标志。组织都在不惜代价地吸引和保留有竞争力的人力资源,员工配置在人力资源管理与开发工作中也是一项重要的基础性工作。员工配置的质量直接影响着一个组织人才资本的质量,是人力资源质量管理的第一关。

2. 员工配置是一个组织人力资源形成的关键

员工配置可以帮助组织获得人力资源,而且是最直接、最有效的手段。员工配置的目标就是保证组织人力资源得到充足的供应,使人力资源得到高效的配置,提高人力资源的投资效益。员工配置是其他人力资源工作开展的输入和前提,直接决定了新进员工的知识背景、技能高低、基本素质、文化适应性等是否符合组织发展的要求,对人力资源的使用、留用、培养等工作都有决定性的影响。

一份对组织中 4 个管理层的 1 969 名经理主管人员的跨国调研表明(赫尼曼,2005),对于经理主管人员来说最为紧迫的问题依次是:

- 吸引、发展和留任核心员工;
- 战略性思考和计划;
- 保持高绩效文化;
- 提升客户满意度;
- 时间和压力管理。

另外,吸引、发展和留任核心员工的问题也是所有职能类型的经理主管人员最紧迫的 4 个问题中的一个,并且是担负制造、操作、人力资源、研发、综合管理、财会和工程等职能的经理主管人员的最紧迫的问题之首。

另一份对 525 位人力资源专业人员和综合管理主管的调研发现(赫尼曼,2005),招聘/留任对于人力资源专业人员和综合管理主管是最重要的,员工配置问题确实会上升成为组织首要关注的问题。

3. 员工配置决策对组织和员工的影响重大

如图 1-2 所示,做出正确的员工配置决策与做出错误的决策将产生十分重大的、截然不同的后果。

	没有为求职者提供空缺的职位	为求职者提供空缺的职位
高绩效水平	• 求职者和雇员还将继续为不断的搜寻工作支付成本,这是没有必要的。 • 求职者可能会接受另一份工作,而这份工作可能与自己的能力和兴趣并不太相符。 • 求职者还将继续保持没有必要的失业状况,错过了许多本该得到的报酬。 • 求职者可能会认为受到歧视而提起法律诉讼。 • 指导职位空缺被填补之前,雇员一直被要求承担额外的工作。 • 由于雇主人员配备的不足,因而顾客的需求未能得到满足。 **拒绝了一名合格的求职者(错误的决策)**	• 雇员的工作非常出色。 • 雇员因为高绩效而得到了很好的报酬。 • 雇员会很喜欢自己的工作。 • 同事会从雇员的高绩效水平和高昂的士气中得到好处。 • 管理人员能够有效达成组织和自己的目标。 • 顾客得到了符合自己期望的产品和服务。 **接受了一名合格的求职者(正确的决策)**
低绩效水平	• 求职者继续寻找更加合适的工作。 • 雇主继续寻找更加合适的雇员。 • 求职者决定接受更多的培训。 • 雇主可能决定提供更多的培训,从而更多的求职者会得到雇佣机会。 • 顾客不会因为低水平的雇员而蒙受产品和服务上的损失。 • 在雇主继续寻找雇员的过程当中,雇员还将担当更多的额外工作,但是,他不至于因为差劲的同事产生的错误而蒙受损失。 **拒绝了一名不合格的求职者(正确的决策)**	• 雇员表现很差。 • 由于绩效水平很差,雇员会失去尊严,而且他们无法得到高绩效者能够得到的报酬。 • 同事会因为这些蹩脚的雇员的工作而蒙受损失。 • 由于雇员的绩效水平低,顾客的期望未能得到及时、有效的满足。 • 管理人员未能达成组织和自己的目标。 • 由于雇员的绩效技能水平低,可能会发生伤害、事故以及其他的工伤问题。 • 雇员最终会寻找新的工作,雇员流动还会产生其他额外的成本。 **接受了一名不合格的求职者(错误的决策)**

雇员表现如何/将如何开展工作

图 1-2　正确与不正确的员工配置决策可能产生的后果

资料来源:苏珊·E·杰克逊、兰德尔·S·舒勒著,欧阳袖、张海容译,《管理人力资源——合作伙伴的责任、定位与分工》,中信出版社,2006 年。

4. 员工配置状况会影响组织绩效

人力资源管理实践(活动)对组织绩效的影响是学术界的热门话题,Chen(2001)指出人力资源管理对组织运作的影响原理之一是资源基础理论(Resource-based Theory),即假设人力资源管理体系是一种无形资产,具有技能、知识与能力的人力资源可提供经济性价值给组织;组织投资以增加员工技能、知识与能力,并期望员工能通过增加生产力而对组织产生回报,若员工对组织的贡献具有高潜力,组织越可能通过人力资源管理活动投资其人力资本,而这些投资将导致较高的员工生产力与组织绩效,因此人力资本理论认为人力资源活动可直接影响组织绩效(Youndt et al.,1996)。基于该理论,员工配置工作为组织提供了最核心的要素——人力资源。如果实施得当,这些工作将确保组织得到和拥有能够有效地完成工作任务的雇员,从而组织的劳动生产率水平与组织绩效会得到提高。

学者 David E. Guest(1997)认为,人力资源活动中的甄选能使组织达到员工承诺的人力资源管理结果,最终可达到高生产力、高创新和高品质,并在财务利润上得到回报。

表1-1 David 的人力资源管理与组织绩效之联结(节选)

人力资源管理实务	人力资源管理结果	行为结果	绩效结果	财务结果
甄选	承诺	努力/激励	高生产力 高品质 高创新	利润

一项针对来自不同行业的 201 家企业的研究表明(杰克逊,2006),采用了效度分析、结构化面试以及认知测试等方法的企业年度利润水平、利润增长水平以及企业的整体绩效水平都比那些没有采用这些方法的企业要高。Terpstra 和 Rozell(1993)对于甄选活动(选择员工招聘来源、甄选测验的效度、程序化的甄选、认知与能力测验等)与组织绩效关系的研究中发现:甄选活动的完整程度与获利成长率、整体绩效间存在显著的正向关系,甄选活动对于组织绩效会产生正向的影响。

三、员工配置的基础

组织进行员工配置的总目标是使"匹配"(Fit)最大化和避免"不匹配"(Misfit)。备受推崇的匹配理论认为,人与环境之间的匹配(Person-Environment Fit,P-E Fit)将会带来积极的效应。人与环境匹配被广泛地定义为当个体与工作环境的特征相匹配时出现的相容性。也许正是由于这个简单的定义,学者们提出了不同的匹配类型。

1. 人与职业匹配(Person-Vocation Fit,P-V Fit)

人与环境匹配的研究被普遍地描述为个体与他们工作环境不同层次匹配的特征,这些层次中最广泛的是职业层次。人与职业匹配的研究包括职业选择理论,目的是使人与符合他们兴趣的职业相匹配；工作适应理论，强调适应和满意是他们的职业环境满足员工需要的结果。Super(1953)的职业发展理论认为，人们选择职业时基于职业与自我概念的一致性。霍兰德的职业类型理论认为，人的个性分为六种类型，即实际型、研究型、艺术型、社会型、企业型和常规型，相应的职业也可分为六种基本类型。人们一般都倾向于寻找与其个性类型相一致的职业类型，职业也要求与其类型相一致的人匹配。当员工自我认知自身属性特质与某职业环境特质相似时，就会感知到个人与职业匹配。组织在员工配置时可以将人与职业的匹配作为选择员工的标准，然而要注意的是，人与职业匹配并未考虑到员工是否合适进入某组织，因为某些组织的文化可能非常特殊。

2. 人与组织匹配(Person-Organizations Fit, P-O Fit)

很多研究者把人与组织匹配宽泛地定义为个人与组织之间的相容性。如Schneider(1987)的 ASA 模式(Attraction-Select-Attrition Model，吸引—选择—摩擦模型)认为，人与组织因它们之间的相似性而相互吸引。近年来，研究人员提出用整合的观点对人与组织匹配进行解释。Kristof(1996)提出一个较为完整的人与组织匹配的架构(如图1-3所示)，他认为不管是个体还是组织除了既有基本特征外，还分别拥有需求及所能供给的资源，将人与组织匹配分为两个主要类别：一致性匹配(Supplementary Fit)和互补性匹配(Complementary Fit)。

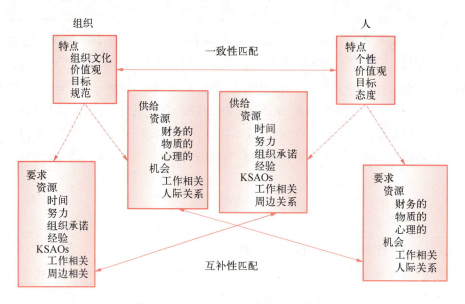

图 1-3 Kristof 的人与组织匹配模型

这种模式强调员工与组织的整体匹配：一方面，个体能够满足特定工作岗位的要求；另一方面，个体内在的特征与组织的基本特征要一致。Kristof(1996)认为：① 当个体与组织至少一方能够为另一方提供所需的资源时；② 当个体与组织在某些特征上拥有相似性时；③当①和②这两者都存在时,那么,我们就可以说人与组织匹配在某种程度上存在。

3. **人与群体匹配**(Person-Group Fit, P-G Fit)

人与群体或人与团队匹配,着重于个体与他们工作群体之间人际关系的相容性。当工作团队比较广泛地运用到企业领域,人与群体匹配变成了一个日益相关的结构。在所有匹配类型中,人与群体匹配是最新出现的。然而,几乎没有研究探讨这类匹配的前因和后果,很少有研究关注在群体的环境中同事之间的心理相容性如何影响个体的结果,大多数的研究关注人与群体的匹配如何影响群体绩效(Kristof-Brown et al., 2005)。Werbel 等(2001)提出新的雇佣和直接的工作群体之间匹配的基础是获得一致和互补的人与群体匹配。和人与群体匹配最相关的文献是团队的组成,其中存在着所谓异质与同质的争论。持异质性看法的学者认为若团队由不同能力与经验的成员组成则团队效能较高;而同质性学者则相信当成员在价值观、目标一致性程度上愈高则工作结果愈佳。Liao 等(2004)也发现,当员工与同事在种族、年龄、人格上不相似时,其对组织的承诺较低、对同事满意度较低,且会表现出组织和人际的偏差行为。

4. **人与工作匹配**(Person-Job Fit, P-J Fit)

人与环境匹配研究最好的类型是人与具体工作之间的相容性。Edwards(1991)将人与工作的匹配定义为两个方面：一是员工的知识、技能、能力与工作要求相匹配(需求—能力)；二是个人的期望与工作的特征之间的匹配(需要—供给)。赫尼曼(2005)认为,人与工作的匹配是双重匹配,包括工作任职要求对 KSAO 的匹配和工作报酬对个人动机的匹配,而且匹配程度越高,越能促进人力资源结果,特别是吸引工作申请者、工作绩效、留任、敬业和满意度等(见图 1-4)。

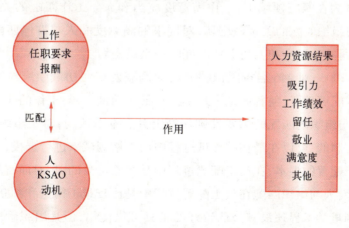

图 1-4 赫尼曼的人与工作匹配模型

资料来源：赫伯特·G·赫尼曼、蒂莫西·A·贾奇著,王重鸣、陈学军等译,《组织员工配置》,机械工业出版社,2005 年。

5. 人与人匹配(Person-Person Fit,P-P Fit)

Jansen 和 Kristof-Brown(2006)提出了另外一个维度的匹配,强调在工作情境中特殊的两个个体之间的相容性。大量的研究队伍发展了在求职者与面试官、上司与下属、指导者与新来者之间的匹配。目前研究最好的领域是上司和下属之间的匹配。学者指出,当上司与下属在偏好、性格特质、背景(包括年龄、性别、种族、教育程度、年资)、解决问题的方式等方面类似时,双方的人际吸引力较高、互动的频率较多、下属的工作满足感较高。Voucouver 和 Schmitt(1991)对 350 多所中学的教师和校长进行了调查研究,他们发现上级与下属和下属与下属之间的目标匹配与员工满意度、忠诚度呈显著正相关,上级和下属之间或同事之间在目标上的高水平匹配与离职倾向负相关,低水平匹配的员工表现出较高的离职倾向。

人职匹配直接影响个体对某类偏好职业的具体组织和工作的选择,是匹配最广泛、最宏观的层面;人与组织匹配是个体与组织价值观、目标和使命的匹配,是次级的宏观层面;人与群体匹配是个体技能或人际关系与工作群体或团队的匹配,属于中观的层面;人与工作匹配是关于个体与具体工作的相容性,包含能力、工作特性、兴趣或人格上的匹配,属于微观层面;而人与人的匹配是上下级或同级之间在偏好、人格等方面的匹配,属于最微观的层面。

关于这几种匹配类型,学者们做了大量的研究试图对其加以比较,如 O'Reilly 等(1991)发现人与组织匹配和人与工作匹配对会计师的工作满意度、组织承诺和流动意图有独立的作用。Lauver 和 Kristof-Brown(2001)发现员工知觉的人与组织匹配比知觉的人与工作匹配能较好地预测流动意图和周边绩效。Kristof-Brown 等(2001)研究发现人与工作匹配对工作态度影响最大,其次是人与组织匹配和人与群体匹配。王萍(2007)认为在匹配领域中,工作满意度应当和人与工作匹配的关系最强烈,组织承诺和人与组织匹配的关系最密切,对同事的满意度和人与群体匹配的联系最密切,以及对上司的满足度和人与上司匹配的联系最密切。

Chuang(2005)对 446 名校园招聘人员的调查发现在初试中人与工作的匹配比人与组织的匹配更重要,随着面试进入复试和最终面试,人与工作的匹配的重要性逐渐下降,而人与组织的匹配的重要性则逐渐上升。本书认为,对于组织来说,人职匹配是较难于控制的,可以在最初的面试过程中用人格测试来进行选拔;工作要求和任职资格是员工配置的根本,在员工配置过程中是必不可少的,相对而言是比较容易衡量和辨别的;而人与组织匹配在员工配置过程中是比较难于衡量和判断的,因为人与组织匹配的测量学术界还没有公认较好的工具可供使用,但是组织管理者和人力资源部门可以从以下几个方面对应聘者进行考察:比较个体的价值观是否与组织的价值观相似(Cable & Derue,2002)、个体的目标是否与组织目标相似(Kristof & Stevens,2001)、个体的需要是否与组织系统和结构互补(Cable & Judge,1994)、个体个性特征是否与组织气氛或文化相似和互补（Rentsch & McEwen,2002）。人与群体、人与人的匹配则属于组织人员的进一步再配置，在一般员工配置过程中需要考虑，但不是决定性的因素，然而对于管理层人员的选拔配置则相对重要，管理层之间的相互配合程度对于组织管理来说十分重要。

四、员工配置与其他人力资源管理活动

员工配置既是人力资源管理的起点，又是人力资源管理的终点，其最终目的是要达到个人与职位、组织的匹配，提升组织的整体绩效。员工配置与其他人力资源管理工作的关系非常密切。

1. 员工配置与工作分析

工作分析是员工配置的基础，人与工作匹配就要求人的知识、技能符合工作岗位的要求，而工作分析在明确岗位工作性质、内容、职责、权限、难度与环境的基础上，提出了岗位工作人员的任职资格，这些任职资格为员工配置工作提供了科学的依据。从另一个角度来说，员工配置又可以通过实践验证工作分析的适用性，并为工作分析结果的调整提供基础信息。

2. 员工配置与绩效管理

员工配置将员工安置到相应的岗位上，企业通过定期的绩效考核了解其工作表现、职责履行情况与工作绩效。绩效考核结果可以反映员工配置是否合适，并发现新配置员工工作的差距，以此来判断员工配置的质量。同时，也有助于提高新配置员工的工作胜任能力。

3. 员工配置与薪酬管理

公平合理的薪酬制度应该建立在科学的岗位评价基础上。岗位薪酬是针对岗位自身的价值而言的。配置的新员工能够胜任岗位的工作需要，他所获取的报酬与其付出的劳动是匹配的；反之，则会出现不公平性。因此，员工配置的质量将会影响到企业薪酬管理制度执行中的公平合理性。此外，有吸引力的薪酬将会吸引更多的潜在应聘者，将会为员工配置提供更为丰富的人员选择基础。

4. 员工配置与员工培训

新配置的员工的素质将直接影响培训费用的投入、培训的效果及培训的合格率。一个训练有素的经验型的员工，将在企业低费用的培训下，以较短的时间、较强的接受能力获得合格的培训。这也反映了员工配置的效果。

5. 员工配置与职业管理

现代企业越来越多地重视员工的职业生涯规划与管理，这也是现代人力资源管理理念——"企业与员工共同发展"的体现。新配置的员工，如果与岗位的匹配度

高,能够胜任工作,也有利于发挥他们自身的特长,使其在岗位上有良好的表现与突出的业绩,从而会有更多的晋升与发展机会,有利于职业的发展。

从图1-5中可以看出,员工配置是员工培训与开发、绩效管理、薪酬管理、员工关系管理等几项工作的"前置"性工作,它是这几项工作得以开展的基础,员工配置效果的好坏将直接影响这些工作的开展和成效。只有将员工招聘进来后,才能谈得上员工的使用和管理。

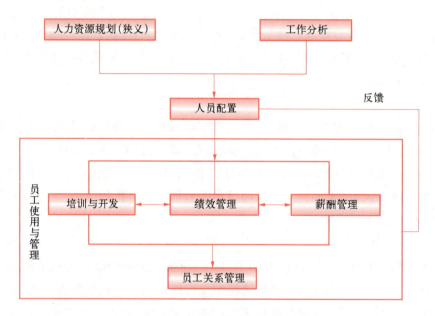

图1-5　员工配置与人力资源管理关系图

资料来源：王贵军,《招聘与录用》,东北财经大学出版社,2007年。

第二节　组织员工配置

一、组织员工配置模型

员工配置模型的构建思路是配置过程的系统呈现,表现出系统的结构及运作机制;另一方面模型可以被认为是一种目标状态,建立目标模型的意义在于,虽然在实际的操作与管理过程中或许存在一些不规则的因素,但是知道了"应该是什么样的",就可以在最大程度上认识、规避这些因素。

1. 组织静态人力资源配置模型

组织静态人力资源配置模型是将人力资源配置看作一个孤立的系统,由人岗配置过程中的各管理环节进行链接而构成。人力资源配置的静态模型应该从系统论的观点出发,将组织人力资源配置看作一个与外部相同的有机系统,描述了组织人力资源配置的体制结构,如图1-6所示。

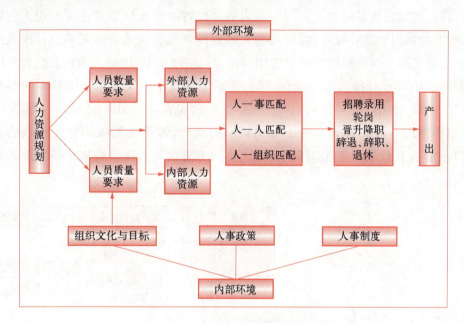

图1-6 组织静态人力资源配置模型

资料来源:严妍,"人力资源配置模型研究",《当代经济》,2008年第3期,第156—157页。

该模型认为组织人力资源配置所处的环境分为外部环境和内部环境。所谓外部环境,是组织人力资源配置系统以外影响组织人力资源配置的要素总和,包括政治环境、经济环境及文化环境等。内部环境则是位于组织与组织人力资源配置系统之间的环境因素,它直接影响和作用于组织人力资源配置系统,包括组织目标、组织制度、组织文化、高层管理者的决策风格等。要说明的是,外部环境以及内部环境中的某些因素并不与组织人力资源配置构成直接的对应关系,因此无法在模型中用因果方向直接描述。人力资源规划是人力资源配置的前期性工作,在人力资源管理中具有统领与协调作用。人力资源配置可以说是人力资源规划的延续、细化和动态管理。组织人力资源规划通过需求和供给预测,可以得出计划的人力资源配置需要和人力资源配置可得性,之后就可将两者进行比较,得出配置计划。

2. 组织人力资源动态配置模型

动态模型认为需求与供给的均衡状态是组织人力资源配置的最优状态。然而,均衡是相对的,组织的人力资源不可能一直保持在一个最优配置的状态,需要通过调整以达到新的均衡状态,而因此产生的配置水平的提高也意味着更高层次的效率产出。从管理学角度看,组织人力资源配置的动态模型应该是一个完备而闭合的管理循环系统,如此一来才可以使组织人力资源配置产生螺旋式的动态优化态势。同时,组织人力资源配置并不是一个独立存在的,它是贯穿于组织人力资源配置始终的,是起点、初衷,也是终点、结果。因此,组织人力资源管理的其他模块必然与之发生密切关系,并且决定它的最终效果。组织人力资源配置的动态模型意在对组织人力资源动态配置的诱因和循环过程,以及其与人力资源管理相应关节的关系进行深入的剖析,并在此基础上讨论模型的科学应用。在时间的纬度上,组织人力资源配置系统的外部环境、内部成分都会发生变化,岗位需求变动及个人能级也会随着时间的推移而发生变动。如图1-7中a、b、c三个结点分别代表人—岗匹配、人—人匹配以及人—组织匹配。箭头A表示由于员工供给的变化,即员工能级的变化导致的再配置过程;箭头B代表由于组织需求,即岗位能力需求与人员机构需求所导致的再配置过程。

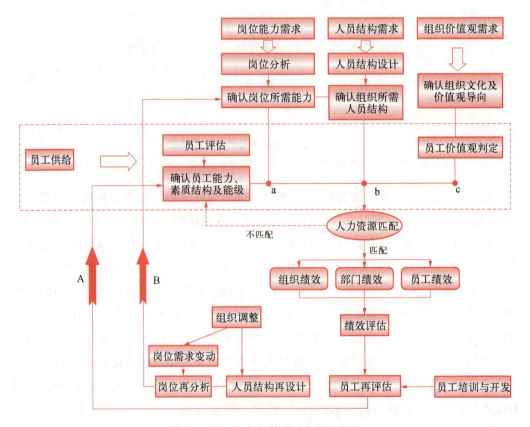

图1-7 组织人力资源动态配置模型

资料来源:严妍,"人力资源配置模型研究",《当代经济》,2008年第3期,第156—157页。

从组织人力资源动态配置模型中可以看出,岗位分析(职位分析、工作分析)是人力资源配置的起点。员工能力评价是根据员工能力模型,分析确认员工所具备的与岗位要求相关的能力,并在此基础上确定该员工在岗位层级及组织人员结构中的位置,为实现人岗匹配及人员机构合理奠定基础。这些是实施绩效管理的必要基础,也是实现组织人力资源优化配置的必要条件。科学绩效管理是对人力资源配置效果的评价与反馈,也是人力资源动态配置的必要环节。随着时间的推移,员工的原有知识、技术可能变得陈旧,不再适合该岗位;或者岗位本身对员工的知识、能力、技术提出了更高的要求。这时应首先考虑是否可以通过培训的方式使其获得该岗位所需的知识和技能。通过培训,可使个人能级及人员结构发生有益的变化,从而重新达到新的匹配平衡。另外,组织应该注意培训的及时性与针对性,注重培训的目的与效果。

3. 赫尼曼的组织员工配置模型

赫尼曼(2005)的组织员工配置模型描述了组织使命目标以及从组织与人力资源和配置战略得出的目标任务,他们是相互作用的。员工配置政策和方案就是来源于这种相互作用,并且涵盖了所有支持活动和核心员工配置活动。员工配置系统和留任管理贯穿这些支持活动和核心员工配置活动。而且,员工配置水平和员工配置质量是员工配置战略、政策和方案的关键点(见图1-8)。

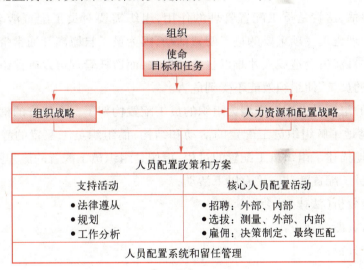

图 1-8 赫尼曼组织员工配置模型

资料来源:赫伯特·G·赫尼曼、蒂莫西·A·贾奇著,王重鸣、陈学军等译,《组织员工配置》,机械工业出版社,2005年。

赫尼曼认为组织形成战略是为了表达大体组织目标或使命,并且建立宽泛的目标与任务以指导组织朝向使命完成的方向发展。在这些目标之下,是对组织需要获取、培训、管理、资历和留任的劳动力队伍规模和类型的特定假设。人力资源战略代表的是对这些假设如何处理的关键决策。这样的人力资源决策,不但来源于组织战略,自身也可以直接构成组织战略。

支持活动是开展核心员工配置活动的基础和必要组成。法律遵从代表了公平就业机会和反优先雇佣(EEO/AA)等种类繁多的法律法规的知识掌握,以及将它们的要求融入核心员工配置活动的所有阶段中。人力资源规划是支持活动的工具,需要首先了解对于员工配置的关键外部影响因素,特别是经济条件、劳动力市场和工会。这些限定了员工配置水平的形成——既包括需求也包括可得性——员工配置水平的结果会驱动关键员工配置活动的规划。工作分析呈现关键机制:组织确定工作所需的 KSAO 和薪酬水平,通过核心员工配置活动来满足预计的空缺职位。

核心员工配置活动聚焦于劳动力的招聘、选拔和雇佣。从员工配置水平作为员工配置规划的组成确立下来后,员工配置工作的重点就转移到了员工配置质量上,以保证建立成功的人/工作和人/组织匹配。完成这个最终结果将需要多样的计划、决策和活动,其中涵盖招聘手段的使用、与具有特定招聘信息的潜在的应聘者和招聘媒体进行沟通、选拔工具的类型选择、决定工作邀请的应聘者以及工作邀请费用等。

多种不同的支持活动和核心员工配置活动是非常复杂的,并且必须受到指导、调整、控制和评估,这就是员工配置管理的作用,组织需要对员工配置活动进行管理。此外,留任管理也是一项重要的员工配置活动,因为员工自愿离开通常带来高成本和工作破坏,并且流失会造成人才难以替代的损失,而留任管理可以确保组织维持足够数量和质量的员工,使组织效能不受到危害。

赫尼曼的组织员工配置模型为组织的员工配置构架了一个很好的框架,从图 1-8 中可以清楚地了解组织员工配置的活动和结构,而组织员工配置的静态和动态模型非常具体地描述了组织员工配置的过程,更像是组织员工配置的流程图。

组织的员工配置活动应该有以下活动:
- 环境分析(法律、社会);
- 人力资源规划;
- 工作分析;
- 招聘;
- 甄选;
- 雇佣;
- 员工配置系统管理;
- 员工配置活动评估;
- 留任管理。

二、员工配置战略

人力资源战略是组织战略的重要组成部分,并为组织战略服务。恰当的人力资源战略是实现组织战略和促进组织发展的关键,而员工配置是人力资源管理的起点,员工配置战略的合理与否直接影响着人力资源战略的执行,所以,员工配置战略不可避免地影响组织经营战略的实现。因此,为了保证组织的持续发展,我们必须根据组织的实际和外部环境,选择合适的员工配置战略,并制定科学有效的员工配置策略,以此获取组织战略实现和组织发展所必需的人力资源。

1. 员工配置战略

在实施战略的过程中,员工配置扮演着越来越重要同时也是相当困难的角色。战略性的员工配置是实施一种行动计划以保证通过招募、选拔、晋升和调动得到必需人才的过程(Hall,1986),其理想结果是准确及时的人才(Just-in-time Talent)供给,即当组织需要某些人才的时候组织应当拥有这些人才。根据咨询顾问鲍勃·艾青格(Bob Eichinger)的意见:"在组织中任何关键职位出现空缺的时候,补充人员已经准备就绪,第二天就能上任,可以从组织内部备选人才库找到适当的人员,这种替补人员比前任者更好,经过一段时间后,如果需要的话可以承担更多职责。"

Bechet(2000)将战略性员工配置定义为识别和解决与组织规划相关的员工配置过程,或者更进一步说,是一个识别和解决组织不断变化的员工配置问题的过程。不论是短期还是长期的组织规划发生改变时,这些变化对组织员工配置的影响都应该被明确,或者至少应该被讨论。Bechet 指出战略性员工配置强调长期,是一个组织不断定位的过程。Bechet 认为战略性员工配置活动通常包括:

- 定义员工配置数量(员工配置水平)和将来需要被放在特定的岗位上的以有效实现组织规划员工的类型(能力),通常包括员工如何被组织和被配置;
- 明确现在可用的组织员工配置资源;
- 预计组织将来可能需要的才能,并对这些需求进行定义;
- 识别预期需求和预期供给之间的差异;
- 制定和实施员工配置计划,包含明确人才缺口和消除盈余。

赫尼曼(2005)认为员工配置战略是组织战略和人力资源战略相互作用的结果,它直接处理关于获取、雇佣和保留组织劳动力的关键决策,这些决策指导招聘、选拔和雇佣计划的开发。

2. 员工配置战略选择

如前所述,员工配置战略的理想结果是准确及时的人才供给,即当组织需要某些人才的时候组织应当拥有这些人才。组织的员工配置无非是要像组织提供足够数量和质量的人才,组织的员工配置战略选择或制定就应该从这两个方面入手,赫尼曼(2005)将这两个方面称为员工配置的水平和员工配置的质量。员工配置水平方面的战略选择主要是从哪里获取人才、如何获得、采取什么样的方式等,而员工配置质量方面的战略选择主要是决定员工配置的基础、要求、标准等。

表1-2　赫尼曼员工配置战略决策

员工配置水平	
获取或发展人才	该战略选择是组织要决定是获取直接能够发挥作用并在短期内达到巅峰绩效的新员工，还是注重对组织内员工的培训和发展。
滞后或领先系统	该战略选择是组织要决定是根据组织目标和任务来确定需要员工的数量和类型还是在没有关于需求量和需求时间的计划情况下，就先获取人员及其相关技能。
外部或内部招聘	该战略选择主要是当空缺职位或新工作产生时，组织应该从外部还是内部劳务市场寻找员工填补空缺的职位。
核心或灵活劳动力队伍	该战略选择是组织必须决定使用核心劳动力还是灵活劳动力，或者两者混合使用。
雇佣或留任	该战略选择是组织是雇佣替换者来顶替空缺职位还是进行组织内的人员调整，以使员工配置替换成本最小化。
国内或国际	国际化经营的企业是选择在国内配置自身人员还是招聘其他国家的员工来填补或替换这些招聘岗位。
吸引或工作场所变更	该战略选择是组织希望或者着重于吸引足够数量的、合格的员工进入组织还是将工作场所迁移到劳动供给丰富的地方。
配置超编或配置不足	该战略选择是组织决定员工配置的水平，是超编还是不足。
雇佣或并购	该战略选择是组织决定雇佣新的员工弥补职位空缺还是通过兼并或购入其他企业来获得。
员工配置质量	
人员/职位或人员/组织匹配	在获取、雇佣人员时，组织是选择人员/职位还是人员/组织匹配。
特殊或一般KSAO	在获取、雇佣人员时，组织是选择具有特殊技能的员工还是具有一般的KSAO的人。
杰出或可接受的劳动力质量	在获取、雇佣人员时，组织是获取具有杰出KSAO导向的劳动力队伍（杰出质量），还是可接受的KSAO为导向的劳动力队伍（可接受质量）。
积极或被动的多样性	在劳动力市场多元化的情况下，组织是积极主动应对变化，还是被动地接受变化。

根据表1-2所述，组织的员工配置战略可以分为以下几种。

（1）获取、发展或替代战略。

获取战略主要依靠不断地吸引、选拔新员工来满足组织所需的人力资源。获取战略不需要或者很少需要对员工进行培训、发展，因为他们在进入组织之前就已经具备了一定水平的才能，可以直接进入工作状态，并且可能会在短期内达到较高的绩效水平。获取战略对组织的招聘选拔系统要求非常严格，如何吸引人才、如何对其进行测评是非常重要的内容。

发展战略主要依靠保留或发展组织已经聘用的员工来满足组织人力资源的需求。发展战略是建立在企业内部劳动力市场基础上的人力资源优化配置、持续开发的过程，主要是组织重新培育或认识员工的新价值。该策略侧重于人才培养与发展，需要对组织内的员工进行大量的培训，使之符合岗位的任职要求。发展战略也涉及人员进入组织后的再配置问题，可以通过工作轮换等方式来发掘员工潜力，增长经验,使之更符合组织要求。此外,在组织中对于管理层继任者的培养尤为重要,这关系到组织未来的发展。

替代战略主要依靠其加班、转包、雇临时工、员工租赁等方式来满足组织人力资源的需求。替代战略不是一种主要的员工配置战略选择,是一种辅助性的战略,即当组织员工配置不足时,可供选择的一种弥补方法。主要的替代方式有以下四种。

① 加班:解决工作量短期增加最常用的方法就是加班。采取加班的方法,一般来讲对组织和员工双方都有益,组织可以避免因招聘而引起的资源消耗或因新员工技术生疏而难以胜任,而员工则可以通过加班得到额外的收益。

但是,采取该方法也有其潜在的问题。过度加班往往会因疲劳而影响正常工作时间的效率。对于不在乎加班报酬的额外收益的员工来讲,加班会影响其正常的娱乐和休息时间,会带来员工的不满情绪;而很在乎这种额外收益的员工一旦不再需要加班而使报酬减少时,也会产生不满情绪。

② 转包:转包也是组织解决工作量短期增加时常用的方法。组织将自己无法完成的部分或全部工作任务转包给其他企业或承包商,由其承担部分或全部工作任务并分享一定的利润。尤其是其他企业或承包商在某些产品或服务上具有专长时,这种方法更具有吸引力,这样的安排将使双方都能获益。

但是,采用转包的方法也有其潜在的问题。在一定程度上,在转包工作量的计算和利润分配过程中,企业在利润上可能造成一定损失,而且如果当其他企业或承包商提供的产品或服务出现偷工减料等质量问题时,将会损害企业的形象和声誉。

③ 雇临时工:采用雇临时工的方法可以节省劳动力成本,并可避免因招聘而引起的各种资源的消耗。我国农村有大量的剩余劳动力,他们外出打工,就成了人们通常所说的"农民工"。农民工往往是企业雇用临时工的主要渠道。企业雇临时工不仅经济、方便,而且对充分利用闲置的劳动力资源大有裨益。

雇临时工的方法也有一定的缺点。一般这种方法只适用于不需要很高技能、不需要长时间培训和具有明显季节性的熟练工作,而这些缺少技能和培训且抱有临时观点的临时工往往会在管理上带来很多麻烦。另外,为了缓解城市人口的就业压力,许多城市纷纷出台了限制雇佣农民工的政策,这就使企业在雇佣临时工时碰到了许多困难。

④ 员工租赁:员工租赁作为招聘的替代方法,在西方国家比较多见,现在我国经济发达地区经常可以看到。企业将其部分员工解聘,同时租赁企业以同样的薪水雇佣他们,再将他们租赁给原来的企业。对于该企业来讲,采用租赁员工的方法,主要的好处便是可以根据工作量的需要,对这些员工"呼之即来挥之即去",而不必再进行大量的人力资源管理活动。但是,潜在的问题是这些员工的报酬和福利均由租赁企业支付,员工对企业的忠诚度很低,人员流失率高。

（2）滞后战略与领先战略。

滞后战略是指组织的员工配置是为了实现组织的经营战略和人力资源战略。

领先战略是指员工配置作为一个重要因素,在制定组织经营战略和人力资源战略时要考虑进去。

简单来说就是,滞后系统的员工配置,其战略性组织目标和任务会被首先确定,然后员工配置系统才确定下来,即根据组织目标和任务来确定需要员工的数量和类型。领先系统的员工配置活动,则是在没有关于需求量和需求时间计划的情况下,就先获取人员及其相关技能。新获取的这些人进入公司就使业务运转起来,因此组织战略成为新进入员工才能和观念的反映。

（3）具体素质战略与一般素质战略。

如果组织是按照具体的人岗匹配原则来招聘人才,则意味着组织在招聘时注重求职者的岗位知识和岗位技能;如果组织按照一般的人与组织匹配来招聘人才,则表明组织注重求职者是否具有组织目前和未来所需要的一般技能,如人的适应性、学习能力、文字和沟通能力、数字和统计技能等。前三项就是一般素质战略,而后一项就是具体素质战略。具体素质战略关注与工作相关的胜任力,一般素质战略关注跨多种工作所需的基本素质和能力。

（4）杰出人才战略与合格人才战略。

组织要在招聘选拔出类拔萃的人才和合格人才之间做出选择。组织招聘杰出的人才是寄希望于这些优秀人才产生真正的高绩效;而招聘合格人才则表示对引进人才没有那么高的期望,追求的是相对较低的人工成本。倾向于招聘杰出人才的战略就是杰出人才战略,而选择合格人才的战略就是合格人才战略。

（5）内部招聘战略与外部招聘战略。

该战略选择主要是当空缺职位或新工作产生时,组织应该从外部还是内部劳务市场寻找员工填补空缺的职位。一般,组织培养稳定、忠诚的劳动力队伍的意愿越高,就越需要重视内部招聘。这将让员工使用内部劳务市场作为跳板,来实现在组织内部的长期职业生涯。外部招聘一般应用于初级职位,以及内部应聘者都不适合的新产生职位。外部聘用也可能对于快速成长的组织有必要,因为这些组织新职位的产生数目要大于内部供应人才数。当然,内部招聘和外部招聘也可以结合使用。

（6）核心劳动力战略与弹性劳动力战略。

组织的核心劳动力是指那些忠于组织,在组织生产和销售服务中起关键作用的员工;而弹性劳动力是指组织在需要时随时都可以招聘到的员工,他们可以不是组织的正式员工,比如兼职和临时人员。在制定招聘战略时,组织必须决定是使用核心劳动力还是弹性劳动力,或者两者混合使用。

（7）积极多元化战略与被动多元化战略。

经济体制的多元化使人们的价值观念和生活方式越来越多元化,进入劳动力市场的求职者也越来越多元化,对此组织可以采取积极多元化招聘战略,也可以被动地接受劳动力多元化这一趋势。多元化的劳动力会给组织的管理带来一些麻烦,增加了难度和复杂性,但同时也为组织带来了新思想、新观念,提高了组织的创新能力,使组织能够更好地满足顾客的多元化需求。因此,组织需要在主动与被动之间进行权衡,选择合适的战略。

上述员工配置战略是按照不同的标准划分的,实践中常常是多种战略综合运用,企业可根据自己的实际情况与需要进行有效组合搭配。

3. 员工配置战略的制定

员工配置战略的选择和制定需要综合考虑各方面的因素,员工配置战略必须和组织的经营战略相匹配,招聘和选拔的人才必须符合经营战略实施的需要。

企业在制定员工配置战略时,必须把企业的使命、愿景和组织的竞争战略考虑在内。企业的人力资源战略必须是企业整体战略的一个有机组成部分,员工配置工作与企业的战略选择有很大的关系。事实上,企业在制定战略计划的时候,就已经将如何有效地招聘和保留员工考虑在内了。企业的管理者必须决定企业目前和未来的人员需求,企业需要什么样的人,以及其在员工配置方面的成本考虑是怎样的。

企业在制定企业员工配置战略之前,要考虑下列四个方面的问题。

（1）与组织使命和愿景有关的:
- 我们是谁?
- 我们是做什么的?
- 我们为什么存在?
- 我们是一家怎样的企业?
- 我们希望成为一家怎样的企业?

（2）与组织文化有关的:
- 我们的组织有着怎样的一种文化?
- 我们的组织文化对员工有什么样的要求?
- 哪种类型和价值取向的员工更适合我们的组织?

（3）与组织经营战略有关的:
- 我们的企业战略是什么?
- 我们的企业规模、业务发展的目标是什么?
- 我们在哪些市场、哪些业务以及哪些地区,与竞争对手进行竞争?
- 我们与竞争对手相比,竞争力体现在哪里?
- 组织经营战略的实现需要怎样的人力资源支持?现有人力资源处于何种

状态？

（4）其他有关问题：

- 在近期以及未来的几年内，我们需要什么样的新员工？数量如何？
- 我们怎样做才能够满足基本的人才需求？
- 我们是否正遭遇严重的人才"瓶颈"？可以采取哪些行动来解决？
- 组织内部是否有足够的人才来满足我们的需求？
- 我们能够投入多少人力、物力、财力用于员工配置？
- 我们的目标人才群体是哪些？他们具有什么特征？会被什么因素所吸引？
- 在我们这个行业中，其他组织是怎样搜寻、招募、留住关键人才的？
- 我们以前用过哪些招聘渠道？核心渠道是什么？是否充分利用？是否有效？我们经常在哪一地区进行招聘？
- 我们的培训开发、薪酬考核采取怎样的战略？我们能够为人才提供什么样的待遇？
- 我们是期望以高工资吸引最优秀的人才，还是希望以较低的成本雇佣人员？
- 我们是否期望员工在企业长期工作？
- 我们是期望找到一些与现有员工不太一样的人为组织带来新的思维，实现我们的组织多元化，还是期望招聘与目前的员工比较一致的人？
- 我们需要员工具备的能力特点和行为风格特点是怎样的？是否需要他们在能力和行为方面进行发展和变化？

通过对上述问题的回答，可以帮助组织更科学有效地选择与制定员工配置战略。员工配置战略是随后进行的员工配置实践的全面指导，在竞争激烈的环境里，员工配置战略的正确与否，直接决定着组织选人、用人、留人的有效性，对组织经营战略的实现具有极其重要的影响。

4. 几种典型的企业战略及其对员工配置的影响

（1）低成本战略。

在这种情况下，一个公司与其竞争对手相对而言，其竞争优势在于以比较低的成本提供某种产品和服务，公司不追求技术上的高端和创新，在提供产品和服务的效率上有较高要求。因此，在员工配置策略方面所体现出来的特点就是：

- 不打算以高工资来吸引最拔尖的人才，而是希望以中等或者较低的工资待遇招聘到能够胜任工作的人。
- 在员工配置工作方面注重效率，希望用成本较低的方法获得职位候选人，并且在人员选拔方面也采取简单高效的手段。
- 尽可能地保留现有的人才以减少招聘的成本。
- 招聘那些可以立即胜任工作的人，或者以较低的培训投资即可以使员工胜任工作。

（2）差异化战略或者创新战略。

公司期望提供与竞争对手不同的有创新的产品，以产品较高的边际利润来提高公司的收益。当公司创造出一种新的产品或服务时，它的独特性使得公司能够设定高的价格，并且消费者愿意接受这个高价格。在这种战略下，员工的招聘和保留策略体现出来的特点就是：

- 以高报酬吸引本领域中的高端人才。
- 必须设法主动接触所需的人才，而不是等待他们找上门来。
- 注重对关键员工的保留。
- 有些人才需要具有本领域独特的技能，因此往往不能直接获得已经具备这种技能的人，必须对那些有潜力的人才进行投资，培训他们使之具备公司所需的特定才能。

（3）多元化战略。

有的公司实行的是多元化战略，从事十几个不同领域的业务，那么在员工配置方面就应做到：

- 在制定新的业务扩张计划的同时就应该考虑如何高效地获取相应的人才。
- 设法从现有员工中发现适合新业务的潜能，并加以培养，通过现有人员的调配满足新业务的需要，以减轻从外部招聘的压力。
- 为新业务进行适当的人才储备。

第三节　中国员工配置的历史、现状与发展趋势

一、中国员工配置的历史与现状

西方的人力资源管理始于20世纪一二十年代的美国，其教科书和课程最早被称为人事管理，在八九十年的时间里，无论是人力资源管理实践，还是人力资源管理理论研究都得到了很大的发展。中国的人力资源管理是在1978年改革开放之后才发展起来的，30多年来，中国各类组织的人力资源工作者通过接受各种人力资源管理知识培训及实践的磨炼，走过了西方一个世纪走过的道路，就人才的配置而言，经历了从起步，到发展、繁荣的三个阶段。

1. 1978—1984年：员工配置制度的起步阶段

从新中国建立初期到改革开放前，我国实行的是干部统一调配和工人统一招工制度，强调计划配置，人事管理实行统包统配制度，单位领导缺乏选人用人的自主权，

企业的用人计划、招收范围等都由国家统一计划管理,企业几乎不存在自主的招聘工作。1978年以后,我国的劳动人事制度才得以恢复,逐步走上正常的发展轨道。

首先是废除领导职务终身制,1980年8月,中共中央政治局讨论通过了邓小平所作的《党和国家领导制度的改革》,提出干部队伍年轻化、知识化、专业化以及对于干部的提拔使用制度化的"四化"方针,为我国的干部人事制度改革拉开了序幕。1982年劳动人事部制定了《吸收录用干部问题的若干规定》,在干部吸收录用方面实行考试办法,改革限额推荐,考核录用的做法,提出了"实行公开招收、自愿报名、坚持考试、德智体全面衡量、择优录用"的办法。在干部任用方面,打破了单一的委任形式,出现了考任制、聘任制,并扩大到了选任制的范围。在企业中实行从工人中聘用干部的办法,初步探索了干部能上能下、能进能出的渠道。

总体而言,干部人事制度改革针对当时存在的突出问题取得了突破,领导班子年龄偏大、文化偏低的状况得到了改善,"大锅饭""铁饭碗""单位所有制"的弊端受冲击。但是,这个阶段的干部人事制度基本上处于探索阶段,缺乏整体配套和总体规划,传统的干部人事制度作为一种习惯力量仍然发挥着重要影响。

2. 1984—1997年:员工配置制度的发展阶段

1984年后,中国的经济改革开始进入实质性阶段,中国的改革走的是一条渐进式道路,很多改革项目需要在局部地区进行改革试验,取得经验后再进行推广,深圳承担了改革"试验场"这一历史重任。深圳在改革之初,面临的最大问题就是如何认识和处理计划与市场的关系问题,深圳从经济结构的实际出发,充分运用中央赋予的改革试验权,一开始就确立了以市场为导向的改革模式,较早地建立了资本市场、劳动力市场。在企业制度改革方面,深圳大胆地进行股份制改造,实行员工持股制度,使国有企业初步具备了比较灵活的运行机制;此外,深圳较早地进行了社会保障制度改革,建立了事业保险,实施了"再就业工程",并实行了常住人口按比例就业制度,从而较好地解决了下岗员工的安置问题;深圳较早地打破干部和工人的身份界限,实行全员劳动合同制。深圳改革的成功,为内地的许多组织提供了值得借鉴的经验。

1984年,本着"管少、管活、管好"的原则,政府开始把一部分干部管理权交给企业,改变了过去在人事任用上大包大揽的做法,扩大了地方和企事业单位的选人用人自主权,人事任用更能结合本单位的实际。1986年7月12日,国务院发布了《国有企业招用工人暂行规定》,废止了"内招"和"子女顶替"的办法,并强调指出:"企业招用工人,必须在国家劳动工资计划指标之内,贯彻先培训后就业的原则,面向社会、公开招收、全面考核、择优录用。"

1988年国家通过《企业法》,该法明确规定政府不干预企业的生产经营。政府任免和奖惩厂长,并根据厂长的提议,任免和奖励副厂级干部的管理;企业有权决定自己的机构设置和人员配备,有权招聘人才,有权对职工实施奖惩,有权按照有关规定,确定管理人员的任用和管理方式。1992年7月，中国发布了《全民所有制工业企业转换经营机制条例》，把实行劳动合同制列为国有企业经营机制的重要内容。到1994年全国实行劳动合同制职工已达到全国职工总数的40%。1995年1月中国的首部《劳动法》正式生效执行，该法明确确立了劳动合同制是我国劳动用人的基本制度，淘汰了过去的固定工制、劳动合同制等多种形式并存的状态，同时该法律也为广大劳动者的合法权益不受侵害提供了法律上的保证。1994年以后，国家加强了对养老保险、医疗保险、失业保险和工伤保险等社会保障制度的建设。

随着改革的推进，我国企业人力资源员工配置制度从无到有，由计划指导下的招聘向市场配置的招聘转变，逐步科学化、合理化、自主化。我国逐步实现劳动力资源的市场化配置，各地人才市场基本建立起来。

改革的深入使人们越来越认识到劳动人事科学的重要性，企事业单位自主权的日趋增大，用人制度的创新，迫切需要引进适应市场经济的人事管理观念和方法。1987年国际劳工组织在中国建立了人力资源开发网，将人力资源概念引入中国。1985年原劳动人事部与中国人民大学成立的劳动人事学院开始招生，首次设立了人事管理专业。1992年国家教委将人事管理专业更名为人力资源管理。人力资源管理专业逐渐发展起来。

3. 1997年至今：员工配置制度的繁荣阶段

在全球经济一体化、知识经济的趋势下，人力资源已成为组织取得和维系竞争优势的关键要素，如何组建和维持一个高素质的员工队伍，成为关乎组织战略成败的关键。1997年9月中共十五大报告强调要"深化人事制度改革，引入竞争激励机制，完善公务员制度，建设一支高素质的专业化公共行政管理干部队伍"。公务员实行了公开招聘。2002年7月，中共中央颁布了《党政领导干部选拔任用工作条例》，我国的干部人事制度在建立科学机制方面迈出了重要的一步，进入全面规范的新阶段。

近几年来，全国各地招聘人才的场所大量涌现，报纸、电视、网络等各种媒体中的招聘信息随处可见。截至2001年，我国共有人才服务机构近4 000家，从业人员1.8万余人，共建立互联网人才站点547个，全年访问量超过6 000万人次。招聘愈来愈成为我国各种企业补充员工的主要渠道。

加入世界贸易组织（WTO）以后，面对一个竞争更加激烈、变化更为迅速、高度多元化的市场，中国的经营管理进入了一个特殊的时代，中国各类组织在员工配置领域将使用系统化的科学工具，建立全方位人才测评系统，基于能力的规划模式以及依据核心能力挑选员工，提拔有创新能力的人，以提高人力资源管理的现代化水平。

随着教育体制的改革、各种人才的增多、劳动力市场出现整体供过于求的状况，以及计算机等信息技术的广泛应用等，我国企业在招聘和甄选管理中发生了很大的变化，企业增强了对招聘重要性的认识，人力资源因其在企业生产、管理中的重要作用而被经济学家和管理学家们称为第一资源。为此,对人力资源的获取也就成为管理工作的必要工作,只有这样才能运用人力资源来整合现代企业的另外两大资源——物质资源和信息资源,创造企业价值。作为人力资源的基础性工作,招聘工作也日益受到公司的高管层的重视,在整个人员招聘和甄选过程中,80.6%的企业集团的人力资源部门经理直接参与人员招聘和甄选的全过程,并根据组织的发展战略,制定相应的人力资源规划及人员招聘计划,满足组织需求,招聘渠道日益表现出多元化趋势,如表1-3所示。

表1-3 员工招聘渠道

员工招聘渠道	百分比(%)
人才市场	100
现有员工推荐	50
在报纸刊登广告	8.6
职业介绍所/猎头机构	25
张贴海报	32.2
在专业杂志上刊登广告	22.6
网上招聘	25

资料来源:赵曙明、吴慈生,"中国企业集团人力资源管理现状调查研究(一)——调查方案设计、人力资源管理政策分析",《中国人力资源开发》,2003年第2期。

在学习西方先进管理理论和甄选技术的基础上,我们不断发展适合中国具体国情的员工配置的方法与技术。目前招聘过程中的主要方法如表1-4所示。

表1-4 甄选方法

甄选方法	百分比(%)
面试	100
应聘表格	100
自制专业知识/技巧测试题	32.2
推荐考核	32.2
体检	90.3
心理分析测验	6.5
评估中心	3.2
其他	3.2

资料来源:赵曙明、吴慈生,"中国企业集团人力资源管理现状调查研究(一)——调查方案设计、人力资源管理政策分析",《中国人力资源开发》,2003年第2期。

4. 中国目前员工配置制度的缺陷

在我国员工配置制度的发展完善过程中,也有不少阻碍因素,限制其进一步发展:一方面是企业外部的原因,表现为宏观经济形势、政府管理方式和国家政策法规、劳动力市场的影响;另一方面是企业内部的原因,表现为企业的文化、企业的管理水平、企业对招聘成本理解的影响。

(1) 规划性的缺陷。目前我国大量企业只将招聘工作纳入阶段工作目标,但是针对招聘本身,没有严格按计划执行,更多的时候是在人手紧缺或者人员发生流失的情况下仓促地展开招聘;在后期效果评估方面,大部分企业没有对招聘工作形成完善的招聘质量考核体系,企业对于招聘质量的评估还停留在主观感觉的阶段,缺乏配套的质量评估体系来对招聘整体过程和效果进行客观的评价;招聘结束后,也没有建立必要的人才信息储备。

(2) 科学性的不足。中国企业目前的招聘整体水平还处在相对初级的阶段,远未达到发达国家业已形成的标准化、流程化招聘体系的地步;在招聘的各个环节中,基于主观经验的招聘方式占据了首要位置,科学化、系统化的理论还未能普及;国内招聘现状与国外相比,最大的差距在于缺乏理论体系的支持。在法制极为健全的美国,各行业职位体系已经相当完善,与之配套的能力素质模型和人才测评体系也已经十分成熟,所有人才在国民经济中有序地流动。而现阶段,中国还没有一套具备极高实际应用价值的职位体系,在缺乏标准的情况下,各类招聘机构各自为营,也仅仅能达到信息传达的目的,却无法协助企业进行严格和科学的招聘操作。

(3) 专业性的差距。我国招聘的具体形式仍然单一,除了个别岗位会采用标准化试卷或其他形式之外,对于绝大多数职位的招聘,直接面谈仍然是占主导地位的招聘形式(见表1-4),尤其是高级人才的招聘过程中,经验性面谈几乎是唯一的方式。尽管面谈是最直接的一种沟通方式,但是在缺乏必要客观性工具的情况下,往往容易受各种主观因素的影响,而使企业不能准确把握求职者的全面情况,并且大家普遍关注的是主观感觉而不是客观的量化结果;在甄选与招聘过程中,组织各部门的配合默契程度不够,比如经营部门有了招聘需求,反馈给人力资源部门,人力资源部门招聘及甄选相应人才,但是因为,人力资源部门缺乏与经营部门的沟通,不了解市场部门的业务,又缺少详细的招聘计划与工作分析,导致招聘到的人才往往并不是最合适的,增加了企业的招聘成本。

(4) 中小企业对"外部人"的排斥。中小企业规模和产权安排的独特性,决定了它在人力资源的选用上呈现出自身的特点。我国的许多中小企业都是家族型的或者准家族型的,中小企业的这种家族化的管理趋势导致它在人力资源的选用方面存在"任人唯亲"、"任人为近"、排斥"外部人"的倾向,由此衍生的"外部人"在晋升上存在的"玻璃天花板"现象,是中小企业核心人才流动率一直居高不下的主要原因。

综上所述,整个人力资源发展状况的改善是一项长期过程,应不断加强企业的人力资源基础建设,用科学、客观、理性的思路,设计规范化的人力资源体系,在此基础上不断调整和优化现有招聘流程,实现员工配置的可预见、可控和可量化的目的。

二、中国员工配置的理论研究

20世纪80年代以后,中国招聘和甄选方面的理论研究开始复苏。1980—1988年,我国大量引进、消化、吸收国外先进的研究成果,使得国内的招聘甄选理论开始发展,当时已有少数心理学工作者和测评专家在社会经济领域中开展相关的人员甄选测量的应用研究。1989—1992年这段时期,我国国家公务员考试制度开始建立,到1992年年底,全国29个省区市、国务院3个部门都不同程度地采用了各种甄选方法来补充人员,这使得员工配置的理论技术在社会上引起广泛关注。当时,在许多省区市都开始采用现代招聘甄选理论和技术来选拔局级领导,具体方法包括纸笔测试、结构化面试、情景模拟和心理(个性)测量等,因此这些方面的研究开始进一步发展。

进入20世纪90年代中期以后,国家的重要政府机构和大型企业都开始采用人事测量技术来选拔考察干部,后来逐步推广到其他企业和个人。随着中国市场经济的快速发展和企业经营机制与所有制的转变,企业之间竞争越发激烈,招聘甄选也步入了快速发展的时期,企事业等用人单位引进了各种科学、严谨和标准化的招聘甄选技术。理论研究通常落后于现实实践,我国学者在人力资源的员工配置方面的理论研究主要集中在现状调查、技术研究和战略思考上。

1. 现状调查

现状调查可用于描述性、解释性或探索性的研究,通常指在现实的社会环境中以个体为研究单位(但也有使用其他分析单位的,比如群体或互动)对现象、事实进行的观察和研究。一般而言,在进行中国国内员工配置现状调查研究时,我国的专家学者们多采用国际通用的研究方法和手段,如访谈法、问卷调查、信度、效度研究以及相关性研究等。

我国学者所进行的调查研究注重于现实描述。2003年,赵曙明、吴慈生进行了中国企业集团人力资源管理现状调查研究,对中国不同地区、不同规模、不同产业的企业集团公司人力资源管理的行为政策与实践进行了调查和实证研究。赵曙明和吴慈生的现状调查结论在中国的人力资源管理界被众人所广泛引用,调查对象主要集中在制造业,共21家,约占总数的67.6%,这与目前我国企业集团大多集中于工业制造部门相一致,调查内容包括员工招聘渠道、甄选方案、参与面试部门以及面试类型。他们的调查研究规范性强、样本量大、调查结果翔实可信,具有较高的公认度。2004年,陈国海对广东省境内84家企业的人才招聘情况采用问卷和访谈的形式进行了现状调查。结果表明:招聘渠道使用较多的依次是人才交流会、校园招聘、公司现有员工推荐、广告、在报纸上做广告,使用较多的选拔方法是面试、求职简历、体检、专业知识和技能考试。网络上也不乏对中国企业的招聘进行的调查研究,2005年,中国人力资源开发网发布了"2005年中国企业招聘调查",对企业岗位外部招聘所占比例、招聘存在问题、招聘渠道、招聘地域选择以及招聘时最看重的素质等进行了调查。

2. 技术研究

面试是我国企业采取最多的一种甄选方式,面试一般可分为结构化面试、非结构化面试以及两者相结合的半结构化面试三类。一般来说,现在中国的企业大都采用结构化和非结构化相结合的方式,我国学者对面试的研究主要集中在考察面试的信度和效度特征、面试要素之间的相关分析以及面试评价的构思特征方面。

结构化面试是在面试内容、程序和评价三个方面进行结构化的一种面试形式,包括内容结构化、程序结构化和评价结构化三个方面。结构化面试在企业员工招聘、选拔和任用中应用广泛,在国家公开选拔党政领导干部中,结构化面试已经与传统笔试的影响并驾齐驱,1998年中共中央组织部、人事部印发了《关于党政机关推行竞争上岗的意见》,规定了竞争上岗的程序和方法,把演讲答辩式的面试作为其中的一个重要环节。2000年中共中央组织部颁发了《全国公开选拔党政领导干部考试大纲》(试行),更加详细地阐述了面试目的、方法、程序和测评要素。近年来,来自管理界、心理学界的学者以及来自企业界和政府部门的人事测评专家对结构化面试进行了反复的研究和验证、开发和创新。洪自强、严进通过测量应聘我国某饮料集团公司客户经理的34名应届大学本科毕业生结构化面试的结果,对结构化面试要素内部的一致性系数、面试考官信度以及面试评价的构思特征进行了相应分析研究。结果表示:情景面试的要素内部信度和面试考官间的信度都比较高;面试成绩与认知能力、年龄、学习表现、情绪稳定性和相容性的相关性很小。

"无领导小组讨论法"(Leaderless Group Discussion, LGD)是现代人才测评中一种重要的方法和技术,在国外人才选拔测评中有广泛的应用。国内一些企业在人才选拔评价中也开始应用,国家公务员考试也将LGD列入测验的工具,这意味着无领导小组讨论在实践中发挥越来越重要的作用。国内学者对LGD的有效性和实际应用也进行了相应研究。中国人民大学劳动人事学院孙健敏、彭文彬对中国的无领导小组讨论法的设计和原则进行了深入探讨,详细叙述了无领导小组讨论的选题原则、选题类型以及具体实测操作。武汉大学(关培兰)对中国公务员系统中的无领导小组讨论作了评分信度检验(肯德尔和谐系数①,即W系数),证明了在统一评定标准方面,经过选拔和培训的评委在LGD中的评分信度是可靠的。

总的来看,我国研究证据表明LGD是一种具有较高信度和效度的人才评价方法,但对过程效度关注不够,对影响信度和效度的关键缓冲变量的研究有待进一步加

---

① 肯德尔和谐系数是评分者信度中的一种,即衡量不同评分者对同样对象进行评定时的一致性。其取值范围为(0.00—1.00),数值越大则表明评分者一致性程度越高。

强。国内的研究主要关注 LGD 与其他测验的关系,但对测验之间的增量效度尚未有实证分析。研究设计思路单一,习惯运用等级评价量表对被评价者的各个特质进行总体评价,特质导向设计思路容易导致测量构思偏移评价目标,从而使得测验的构思效度缺失。测评要素数量比较多,增加了评价者的认知负荷,致使测评要素之间相关过高,缺乏辨别效度。测评要素的选取缺乏系统的理论构思,尚未有研究依据理论设计构思。

履历分析是一项简单、实用、具有较高效度的测评技术,但常被人们所忽略。我国近年来假文凭、假证书和掺杂水分的文凭泛滥成灾,使履历分析测评技术具有较高的应用价值。履历分析测评技术在欧美发达国家早已得到了广泛的应用,很多大公司开发了适合自己特点的履历分析测评系统。然而,这种甄选技术在中国仍处于萌芽阶段,国内少有用人单位采用这种技术来进行履历筛选,也鲜有学者对这一技术进行研究。

评价中心是一种综合性的人事测评方法,现已被国内广泛应用于人员选拔和培训等领域。北京师范大学心理学院王小华、车宏生讨论了评分维度的数目对于评分结果的影响;清华大学经济管理学院吴志明也曾做过相似的研究,他的研究表明,若评分维度为 3 个和 6 个时,评分者的评分一致性都很高;若评分维度为 9 个时,评分者的评分一致性会有很大的下降。虽然评价中心具有良好的效标关联效度,但对于其结构效度的研究至今尚无统一结论。清华大学经济管理学院(吴志明)和北京师范大学心理系(张厚粲)采用多质多法和验证性因素分析的方法,对以无领导小组讨论、文件筐和人格测验构成的一个评价中心的构想效度和结构模型进行了研究。通过对 136 名被试者在四个测评维度上的施测,表明在评价中心中会聚效度低于区分效度,影响评价中心测评结果的主要因素是测评方法而不是测评维度,从而得到了一个以测评方法为潜变量的评价中心结构模型。评价中心之所以起作用是由于其多个测评方法(情景)的结果,表明测评情景对于构建评价中心有着至关重要的作用。浙江大学管理学院郭维维、王重鸣认为,单纯地用效度做评价中心的评价标准可能产生误导,他们以人力资源效用理论为基础,根据效用分析模型、效用特征的研究成果,探讨了评价中心的实用性评价。

3. 战略思考

改革开放 30 多年来,我国在招聘甄选的理论、方法、程序、工具以及专家和实践经验上取得了长足的进步与发展,但是现实情况中,企业机关等用人单位却无法有效解决人员招聘甄选问题,而只有通过战略思考才能将理论与实践相整合,来解决我国组织人力资源管理中的招聘甄选问题。

厦门大学人力资源研究所廖泉文、万希提出随着信息化时代的到来,人力资源员工配置基础性工作将向社会化的企业管理服务网络转移;中国老龄化的到来将促使企业从用人机制上积极调整聘任制度,充分发挥员工的丰富经验和较高稳定性等优势来提高组织绩效。国务院发展研究中心林泽炎研究员从组织具体实践的角度提出了选聘人才的十大战略要点[①]:(1)关注标准——人才选聘的成功效价;(2)选聘的人才不仅要适宜岗位,更要有良好的业绩预期;(3)尊重人才的历史阶段性价值;(4)重视人才的能力及业绩,更关注人才的文化价值追求;(5)人才个性特点与团队结构相兼容;(6)人才选聘技术的企业适宜性;(7)确保组织目标和员工价值的共同实现;(8)战略性、竞争性与全员性人才选聘;(9)人才选聘与培育的有机结合;(10)防范人才选聘风险。

国内还有许多学者从组织实际情况出发,并基于中国加入WTO、融入全球化发展的背景,提出了组织如何从战略高度进行有效合理的员工配置。无疑,我国招聘和甄选的理论与技术还有一段很长的路要走,在知识化、信息化与产业化同时存在的今天,中国所面临的不仅仅是引进使用国外的先进技术,更重要的是实事求是地根据中国现在的情况,有的放矢。本章将在下一部分中详细论述。

三、中国员工配置的现实问题与对策

1. 员工配置的现实问题

(1)员工配置的公平性。

员工配置中的歧视主要表现在受歧视者在受聘机会和受聘条件相同的条件下,不被聘用或是以较低的水平聘用。虽然我国现行法律有禁止这种行为的规定,但是国内劳动力市场的歧视现象仍然以各种形式存在于许多企业中,一些不合理的招工条件,如年龄、是否已婚等;大型企业集团的员工配置难以摆脱行政机制;干部任命仍然广泛地存在于国内企业中。

很多公司对于企业人才的理解不够全面,在招聘中过分注重人员的学历和工作经验,对于其创新能力、组织管理能力、学习能力等没有进行充分的评价,而这些往往是企业获得成功的重要因素。中国人力资源网"2005年中国企业招聘调查"显示,企业在用人方面,最注重的是专业技能和工作经验,很大程度上以此来判断该候选人能否胜任未来的工作。社会上普遍存在一种观点:职位=专业+学历(肖文圣,2005),很多企业不论招什么职位,一概要求本科学历和5年以上工作经验,似乎优秀人才就是一个学历和一段长时间的经历,这个公式在技术性要求较高的行业中,如建筑业,可以视为用人原则,但是,在技术性要求不高的职位或综合职位中,这个公式就不再有效,无法为企业招来有创新精神的、不拘一格的人才。

---

① 参见:林泽炎,"成功选聘人才的十大战略要点",《人才资源开发》,2003年第11期。

（2）员工配置的计划性。

企业的人力资源规划是实现企业内部人力资源合理配置的基础性工作，为企业招聘甄选工作的客观依据，它不仅包括当前的人员需求与配置，还要建立起长远的人才储备库。目前我国的许多企业在招聘时，没有系统性的人力资源规划作前提，不作深入全面的分析，没有制定出一个合理的用人计划，包括所需人员的结构、层次、类型、要求和条件，以及数量和轻重缓急，企业只是出于当前的人员需求盲目开展工作，这样就造成了招聘工作的随意性和无秩序性。由于人力资源规划比较有限，对员工的招聘与选拔很少能与企业的战略或组织能力结合起来。"2005年中国企业招聘调查"显示，40.85%的企业认为人力资源需求计划不明确，招聘计划不强，36.81%的企业认为人力资源部与业务部门配合不默契。在现实工作中，用人部门常常会提出很急迫的用人需求，致使一些招聘人员为了满足用人部门的要求而招人，但招进来后却发现根本不适合企业。要么辞退或员工自动离职，招聘人员再重新招聘，使招聘陷入招人、辞人再招人的恶性循环中；要么由于人力资源部对于用人部门的需求把握不准确或不完整，往往在磨合阶段会给企业带来较大的纠正成本，甚至会影响到工作的分配与执行。

（3）实施过程的标准化与规范化。

企业目前的招聘整体水平远未达到发达国家业已形成的标准化、流程化招聘体系的地步。在对大量招聘信息进行有效的整理和分析时，由于缺乏成熟的人力资源体系和一整套客观的评价体系，要明确判断求职者是否适用于企业的发展是非常困难的。在招聘的各个环节中，基于主观经验的招聘方式占据了首要位置，一些企业的招聘问题设计不合理，或漫无目的地闲谈，或纠缠于某一问题，科学化、系统化的理论未能普及。现阶段企业在招聘过程中一致反映出的周期长、淘汰率高、效果不理想等问题，在很大程度上是由于基础工作的不足所导致的。由于缺乏合理的招聘标准，一方面，企业把优秀的人才让给了对手；另一方面，在招聘中又出现了"人才高消费"的现象。大多数企业重使用，轻成长，有短视因素。

（4）甄选工具的可靠性。

一些发达国家广泛适用的甄选技术，在国内的部分企业也开始使用。"无领导小组讨论法"是现代人才选拔中一种重要的方法和技术，我国的国家公务员考试将其列为面试的重要方法之一，但国内在这方面的研究还不多见。这就使得"无领导小组讨论法"在实际应用和操作中产生了一系列的困惑和问题，从而影响到了该方法在人才测评领域的推广使用。特别是在国家公务员考试中，对"无领导小组讨论法"的掌握程度不够不仅影响到了考试结果的客观性，而且还间接影响到公务员考试的公平性和权威性。履历分析测评技术在欧美发达国家得到了广泛的应用，很多大公司也开发了适合自己特点的履历分析测评系统，应用较广的主要有权重申请表和传记申请表两种形式。但是,由于制度、文化、经济发展程度等方面的不同,这些申请表的很多内容不适合我们。我国近年来假文凭、假证书的泛滥,确实让企业质疑应聘者填写的信息的真实性。

评价中心于20世纪50年代首先在美国电话电报公司运用,当今研究资料在探讨该方法时,大多集中于方法本身的探讨,忽略了该方法的应用基础探讨,也没有进一步解决该方法在国内可能出现的水土不服的问题。这样导致了国内企业不会用,不敢用的现象。赵曙明教授在《中国企业集团人力资源管理现状调查研究(一)》中的所调查的31家被调查对象中,只有1家使用评价中心来甄选人。评价中心应用欠佳的原因:一是使用评价中心需要心理学的基础,国内很多企业的人力资源部人员来自其他行业,对于人的认识仅仅停留在经验的水平,不会用评价中心来选聘人才;二是很多企业不敢用评价中心,由于评价中心涉及人员众多,造成成本很高,企业感觉效价比太低,不敢用。

(5) 招聘人员的专业性。

大部分国内企业尚未处在组织科层化和结构化的阶段。许多企业还没有形成一支具有专业知识的人力资源管理者队伍,在人力资源管理活动上,仍大量集中于档案性、事务性的工作,而未能更多地与企业的战略和发展相结合。中国人力资源网"2005年中国企业招聘调查"显示,55.11%的企业认为业务部门在招聘方面所受的专业训练不够,52.13%的企业认为人力资源部招聘人员的专业训练不够。众多企业中,除了个别岗位会采用标准化试卷或其他形式之外,对于绝大多数职位的招聘,直接面谈仍然是占主导地位的招聘形式。面谈中招聘人员受主观因素影响过多,往往会因为个人喜欢某应聘人员的单方面背景而作出取舍,这也是人力资源部门人员非专业性的表现。招聘人员对未录用的人员很少写辞退信,还将其资料当作"垃圾"一样随意抛弃,这样企业不仅没有把握好招聘的宣传机会,而且对于落选者的资料也没有做资料保存。招聘人员的非专业性使企业形象受到损害。

(6) 对于招聘的评价与分析。

人员招聘的成功与否,应该由人员上任后的业绩来检验,而员工不一定就能做出良好的业绩。大部分企业会对招聘的具体操作非常重视,但是招聘过程中如何有效控制成本方面还有很大的不足,集中表现在普遍缺乏成本预测。中国人力资源网"2005年中国企业招聘调查"表明,仅有35.82%的企业计算了每招聘一个员工所花费的成本。在后期效果评估方面,国内大部分企业没有对招聘工作形成完善的招聘质量考核体系。对于招聘成本、实际结果与计划的差异、候选人意见反馈等因素,只有为数不多的企业才会关注。这表明了国内企业对于招聘质量的评估还停留在主观感觉的阶段,缺乏配套的质量评估体系来对招聘整体过程和效果进行客观的评价。

2. 中国员工招聘与选拔问题的对策

（1）做好招聘的准备工作。

尊重个体，树立以人为本的思想，公平对待前来企业应聘的每一位应聘者。在广泛推行全员性、竞争性、经营性、战略性人力资源管理的时代，招聘部门应该主动地参与企业和部门的人力资源规划、深入一线了解人员流动去向，随时掌握企业在各阶段的用人需求，以采取合适的招聘策略，及时为企业输送所需人才。人力资源部门要明确企业的中长期发展目标和企业当前的任务，在实施人力资源规划时，既考虑到组织的现实需要，也考虑到长期利益。招聘人员在招聘前应确定空缺岗位的责任、内容、操作规程及职位对胜任人员的素质要求，并以此为标准开展招聘工作。由于企业自身内部各方面的功能、作用不同，对人才的要求也不同，企业应当全面理解企业人才，而不能单纯地注重学历，将学历和经验作为衡量人才的唯一尺度。

（2）推行实施过程的标准化与程序化。

加强企业的人力资源基础建设，用科学、客观、理性的思路，来设计一整套符合企业具体实际的人力资源体系，并在此基础上不断调整和优化现有招聘流程，使整个招聘的过程达到可预见、可控制和可量化的目的。为了实现招聘高效员工，我们要做到：制定与企业经营目标匹配的完备的人力资源策略；确定职位空缺、人员配备需要的完整的程序；确定候选人来源的程序（中介公司、人才市场、报告广告、推荐、内部提升等）；岗位说明书应包括有关公司的使命、目标、价值观的明确陈述，对于任何招聘人的基本要求（户籍、学历要求、工作经验等）；通过对工作内容所作的职位描述，制定每个职员的人员要求、每个职位的胜任能力系列；面试组织专业化，招聘者要受过专业培训，熟悉面试和评估程序中使用的工具；建立新员工入职培训的整套方案；建立公司人才资源信息库，引进职业生涯设计（张发均，2002）。

（3）提高招聘工具的可靠性。

由于迅速变化的竞争环境，组织越来越依靠多样化的人力资源来胜任各种复杂的任务，人员招聘必须善于为组织提供具有应变能力且富有组织承诺的人，因此拥有和使用系统化的甄选评价工具，用现代人事测量技术武装企业，势在必行。对于从国外引进的选拔工具，要真正实现该方法在国内从理论层面向操作层面的转化，明确这些工具的优势、特点，考虑其收益和成本的比较，使这些选拔工具为企业招聘到优秀的人才。要注意的是，检验工具的有效性是企业控制招聘成本的重要措施。

（4）提高招聘人员的专业素质。

企业人力资源部门的管理人员必须具备相关的专业知识、技能和能力，增加创新意识，敢于应用先进的选拔工具。招聘人员既对企业负责，也对每一位应聘者负责。企业的人力资源部人员在招聘的过程中需要注意根据不同岗位的不同特征，采用多种招聘的方式，全方位、客观地对求职者做出评价，而不是千篇一律地采用单一的面试方法。在人力资源部为某用人部门选拔人员之前,人力资源部应当有责任通过沟通等方式,引导用人部门准确描述出职位的职责和全面具体的能力素质要求,避免增加企业今后的纠正成本。企业在安排招聘工作时,应针对应聘人员的心理特点、需要对招聘人员进行全面的培训。通盘考虑招聘工作人员的个性特点、个人修养、知识能力结构和年龄层次,使其合理搭配,形成理想的层次分布,全面提高人事人员的综合素质,培养一种尊重他人的法律文化,增加对应聘人员的吸引力。

(5) 注重招聘的评价与分析。

人员招聘的效价评定,应该包括经济效价分析和非经济效价分析。经济效价分析主要是指人员招聘、岗位适应性培训成本的效益分析。非经济效价分析主要包括人员岗位适应性、业绩表现、人才流失可能性、人与团队磨合速度等的分析。只有招聘和适应培训成本低,新员工业绩优良、流失可能性小,很快融入团队、融入组织,并对团队带来良好影响,企业才能认为该次人员招聘是成功的(林泽炎,2003)。

(6) 改善招聘环境。

政府的方针政策能够直接影响甚至决定企业人力资源管理的很多活动。在政府和企业的互动关系中,政府可以说是拥有相对支配权的,因此它所制定的有关政策对企业的人力资源管理就具有一定的引导性和支配性,进而会影响企业的招聘选拔活动。要充分发挥政府对企业的招聘管理工作的引导性作用,改革、调整或完善与劳动关系相关的各项制度,健全并完善我国的劳动法制体制,为我国招聘体制的进一步发展提供良好的社会、法制环境。

本章小结

员工配置是一个比较宽泛的概念,学者们对员工配置有多种定义,员工配置是为了创造组织效能的有利条件而从事的获取、运用和留任足够质量和数量劳动力队伍的过程。从概念中可以看出员工配置包含了对进入组织和在组织中留任的人员流动情况的管理。员工配置过程包含招募、选拔和雇佣这几个关键的要素,同时还描述了在这些人员流动过程中发生的步骤和活动。

员工配置对于组织和员工都具有重要意义。对于组织来讲,员工配置是用人的基础,用人是人力资源管理活动的中心环节之一,组织效率在一定程度上取决于员工配置,员工配置是否合理在很大程度上影响组织与人力资源之间的和谐发展。对员工来讲,员工配置是充分发挥其作用、实现其价值和得到物质与精神回报的必要条件。

组织进行员工配置的总目标是使"匹配"(fit)最大化和避免"不匹配"(misfit)。备受推崇的匹配理论认为，人与环境之间的匹配(Person-Environment Fit, P-E Fit)将会带来积极的效应。人与环境匹配被广泛地定义为当个体与工作环境的特征相匹配时出现的相容性。也许正是由于这个简单的定义，学者们提出了不同的匹配类型。人岗匹配是双重匹配，岗位要求与人的知识、技能、能力相匹配，工作报酬与人的工作动机相匹配；个人—团队匹配是指新员工和其所直属的工作团队之间的匹配，辅助匹配和互补匹配都会影响团队的绩效，但它们影响的角度不同：辅助匹配对团队的凝聚力、成员之间的合作以及团队的维持有很大的影响，而互补匹配影响的是团队绩效的完成和团队功能的完备。个人与组织匹配是指，组织希望新员工的知识、技能、能力与岗位要求匹配，也希望员工的目标与组织的目标一致，员工不只是在企业找到一份工作，也希望能融入团队、融入组织，这就涉及组织的价值观念、即将承担的工作职责。

西方的人力资源管理始于20世纪一二十年代的美国，其教科书和课程最早称为人事管理，在八九十年的时间里，无论是人力资源管理实践，还是人力资源管理理论研究都得到了很大的发展。中国的人力资源管理是在1978年改革开放之后才发展起来的，30多年来，中国各类组织的人力资源工作者，通过接受各种人力资源管理知识培训及实践的磨炼，走过了西方一个世纪走过的道路，就人才的配置而言，经历了从起步、到发展、繁荣的三个阶段。

讨论案例

联想——战略招聘的秘密

公司战略

很多企业都讲战略，但是，每个企业对战略的理解都有所不同。自2000年以后，联想一直在使用一个战略三角形来阐释什么是公司战略。这个三角形的三条边分别代表业务选择、核心竞争力、资源匹配，三个边之间是互相影响的：看一看核心竞争力是否支持你的业务选择；同时，你选择不一样的业务，意味着你需要具备不一样的核心竞争力；你的业务选择和你的资源是否匹配；你的资源匹配是否能形成公司的核心竞争能力……对于这些问题的回答过程，就是战略管理的过程（见图1-9）。

集团的一级战略,核心的内容就是业务选择。业务选择确定以后,对于每项业务来讲都会产生业务层面的战略。业务战略的核心内容就是产品线规划、确定客户群以及围绕不同客户群用什么样的产品线进行支持、通过什么样的盈利模式达成业务目标等。

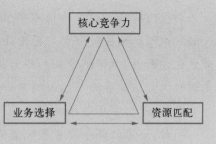

图 1-9　联想战略三角形

从公司战略到业务战略,其实是一个公司战略在二级层面的分解。而基于核心竞争力、资源平台建设进行的战略分解叫做专项战略规划,包括组织结构的变化、财务系统的支持、人力资源专项规划的支持。人力资源战略是很重要的专项战略。

人员选拔

公司的战略确定完以后,我们就要围绕战略找匹配的人,比如对人选的评估。每年,联想基本都会在战略制订后的第二个财季进行这项工作,合适的人员继续留在原岗位做,不合适的人员在这个过程中进行调整。第二个评估周期一般是在进行新一轮战略之前。联想一年有两次人员评估,对于领导梯队的建设有很大的影响。

联想对班子成员有清晰的用人标准,联想干部要求德才兼备。"德"表现在责任心、上进心、事业心、胸怀、眼界、大局观、自知之明、超越自我、公正、自律、谦逊。"才"表现在敏锐的洞察力、富有创新精神、善于总结提高、强烈的务实精神、带出一支过硬的队伍。联想建立了自己的领导力开发框架,如图 1-10 所示。

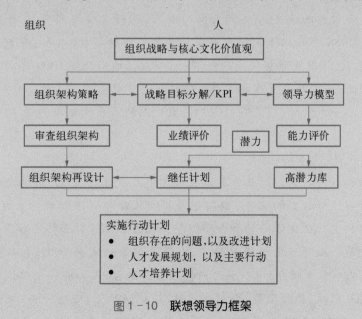

图 1-10　联想领导力框架

公司的战略与核心价值观确立后，业务部门开始对战略目标分解，同时企业开始对组织结构进行审查与再设计，组织审查很简单，从支持组织战略、组织效率最大化方面看，该组织结构的设计是正确的吗？有哪些关键领导能力、组织能力是该组织必须具备的？该组织架构有没有遗漏关键的业务、职责？组织审查每一年至少做一次，半年进行一次评估。

同时，公司的领导力素质模型确定以后，怎么在内部选出公司合适的人，以及如何从外面找到适合公司的人。有一个方法，那就是对人要从两个维度评价——业绩评价和能力评价：业绩评价是指一个人所承接的战略目标，以及在承接目标过程中所表现出来的业绩，业绩评价主要分长期业绩和短期业绩；能力评价的结果也会分成四档：楷模/榜样、优秀、良好、需要提高。根据两个维度的评价结果及公司的核心价值观，最后形成潜力评价（可晋升性评价）。评价后，高潜力的可以提升两个层级，比如：现在是经理，有可能提成高级总监；原先是总监的，有可能提成VP。中潜力的可以提升一个层级。低潜力的需要继续留在原岗位上成长。

根据潜力评估结果，我们还要审查公司的继任计划：目前岗位上可以替代的人有没有？来自哪里？在组织外部还是内部？一年之后有可能接替现任人员位置的，以及未来2—3年影响该位置的人，我们都需要进行评估。在这个审查过程中，你会发现很多很多空白，就是这些空白，直接产生了人员招聘、引进、储备和培养的需求。

国际化新挑战

招聘体系架构既要充分发挥大家的潜力，同时又要从外面不断引进新鲜血液。联想在1988年时招募的就是应届毕业生。当时招55个人，有36个本科生，19个研究生，包括现在联想集团的董事长杨元庆、神州数码CEO郭为。在联想中国这个平台上，应届毕业生发挥了非常重要的作用。

我们做了一个统计，提升到联想副总裁以上的人员大概有超过40%的人是一毕业就进入到公司、和公司共同成长的。中层人员中大概有1/3的比例，基层管理者中大概是1/4—1/5的比例。

但是，联想国际化之后，业务范围突然间发生了很大变化，通过内部培养已经没法满足公司战略转型的需要，短期之内必须从外部引进合适的人才，同时又要对这些空降兵进行文化方面的融合和调整。人力资源工作面临着非常大的挑战。

企业发展一般到一定规模以后，人力资源职能一定会分化，基本往三个方向分化：一类从事人事服务，可以成为内部的支持平台，比如有一个热线电话回答大家所有的发薪问题、福利问题、公积金问题、纳税问题等；还有一类，制订与公司战略相匹配的组织发展战略、薪酬战略等和战略密切相关的领域；另一类是代表整个人力资源部进行决策。这三类业务互相影响、互相支持,才能保证公司战略的实现。

招聘工作在很大程度上会被划分在支持和保障平台中,像联想的人力资源运营中心,实际上就是支持和保障平台。

联想中国招聘的工作主要有两个方向:一是高管招聘,围绕着管理层的招聘。二是分专业的序列招聘。比如,联想目前有32个序列,包括研发、工程、质量、采购、客户销售、渠道销售、市场研究、产品管理、人力资源等,每个专业系列都需要设定不同的人才库,采用不同的筛选手段。

每个人进入联想都需要经过一系列过程,有些过程信息化工具可以帮助你完成,有些必须由人力资源部门完成。2005年之前,联想的招聘工作也经历了一个曲折的过程,有一段时间,招聘、调配工作下放给各事业部,各事业部用人标准参差不齐,有些部门甚至把亲戚、朋友或者明显不符合公司标准的人招聘进来。

2004年,联想就把所有招聘环节收上来,形成招聘平台,人力资源运营中心对所有人有基本的把关权,部门提出需求,人力资源部提供人。改革后,对人力资源部门的最大压力是保证有足够充裕的人形成公司人才库,在人才库当中要对人才进行不断的调配,针对每一个岗位系列都有人才储备,从而保证招聘目标能够实现。

招聘体系

那么,联想招聘面临这些新的挑战,到底应该通过怎样的一个体系保证工作的运行呢?我们把复杂的招聘体系进行了三个维度的分解(见图1-11)。

业务维度	招聘专业能力维度					地域维度
PC招聘	招聘规划与分析	招聘规范流程	招聘渠道建设与管理	招聘工具方法引进开发	校园招聘 雇主品牌 招聘项	北京招聘中心
种子招聘						上海招聘中心/专岗
销售招聘						深圳招聘中心
CSC招聘						其他核心城市招聘
客服招聘						
研发招聘						
职能招聘						
其他招聘						

图1-11 联想的招聘体系

资料来源:卫弘,"联想战略招聘的秘密",《中外管理》,2007年第6期。

第一,按照业务维度分解。不同的同事负责不同的业务,每个业务背后有岗位序列的承接。

第二,按照地域维度分解。公司组织并不是集中在一个地方,在不同的地方,具有不同的招聘团队承接,从而实现全国招聘,全国使用。未来的联想希望全球招聘、全球使用,我们认为这还有蛮长的路要走。

第三,按照招聘专业能力纬度分解。包括招聘规划和分析、招聘规范流程、招聘渠道建设与管理、招聘工具方法的引进开发等。

请分组就以下问题进行头脑风暴:

1. 当一个企业成长为国际化的集团公司时,人力资源部的招聘工作发生了哪些变化?
2. 什么是联想的战略三角形?联想是如何发现招聘、调配需求的?
3. 联想如何分解招聘体系?

第二章 员工配置的环境

企业是一个开放系统，其行为方式受到外界各种因素的制约和影响，人力资源管理也不例外。员工配置活动的目的是获取、运用和留任足够数量和质量的劳动力。在很多情况下，吸引、获取满足组织要求的人员并非易事。在员工配置过程中，无论是人员获取、运用还是人员的保留，都会受到很多因素的影响。员工配置环境总体上可以划分为外部环境和内部环境两类（见图2-1）。

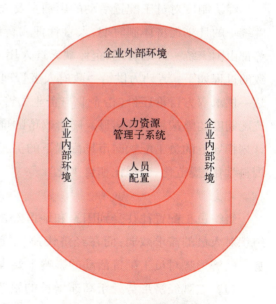

图2-1　人力资源管理的环境

资料来源：董克用、叶向峰，《人力资源管理概论》，中国人民大学出版社，2003年，有改动。

第一节　员工配置的外部环境

影响企业员工配置活动的外部因素主要有政治、经济、文化、法律等,这些因素对于组织来说虽然是不可控的因素,但是其对员工配置活动的影响作用是不容忽视的。每个因素,无论是单独的还是相互联系在一起,均能对企业的员工配置工作造成压力。因此,企业的员工配置活动必须经常尽力地识别和考虑这些因素带来的影响。

一、影响员工配置活动的经济因素

从外部环境看,经济环境既能影响一个社会经济发展状况,也能影响组织未来的发展以及组织中的员工配置活动。在这里,经济环境影响因素主要是经济制度、经济发展周期和国家的经济政策。

1. 经济制度对员工配置活动的影响

经济制度对员工配置活动的影响主要表现在对劳动力供求的调节机制上。在高度统一的计划经济体制时期,人事管理实行统包统配制度,企业用人计划、招收范围等都由国家统一计划管理,企业缺乏选人用人的自主权,几乎不存在招聘工作。其大致的过程如下:劳动力供给→政府人事管理部门分配招收指标→企业等待指标的下达→供求双方讨价还价(指企业与企业主管部门双方)。随着市场经济的开拓,统包统配制度的弊端越来越明显。随着改革的推进,企业的员工配置活动也从无到有,由计划指导下的员工配置向市场配置下的员工配置转变。企业员工配置活动正逐步实现科学化、规范化、合理化和自主化。

2. 经济形势对员工配置活动的影响

组织员工配置往往受到国家和地区经济形势的影响。当经济发展缓慢时,各类组织对人员的需求减弱;而在经济快速发展阶段,对人力资源的需求会呈旺盛的态势。经济形势对员工配置活动的影响主要表现在以下两个方面。

(1) 宏观经济形势处于高速增长的繁荣时期,市场的繁荣会带来对企业的产品或服务需求的急剧增长,企业的发展机会必然增多,而企业的规模扩张往往需要招聘更多的员工,此时,失业率较低,劳动力市场的供给量较少。经济形势萧条时,企业生产能力水平低,招聘机会少,而劳动力市场供给量却大增,此时的失业率较高。例如,2008年美国金融危机所引发的全球经济危机对我国的就业就产生了较大的影响,企业为了降低成本等原因纷纷减少了人员需求量,像家乐福、立白集团、比亚迪公司等都停止了其在全国的校园招聘。2008年11月11日2009年湖北毕业研究生双向选择大会有350多家单位提供3万余个岗位,而2007年同期共有450家企业提供岗位5万多个,招聘单位数与岗位数"缩水"情况严重。

(2)通货膨胀对企业员工配置活动的影响主要体现在招聘过程所涉及的开支上。由于通货膨胀的作用,企业员工配置活动的直接成本呈增长态势,交通费用、广告费用、招聘人员的工资、面试费用等都呈增长态势。同时,员工工资上升也影响招聘规模。另外,通货膨胀使人们对自己的人力资本投资呈增长态势,随即又限制人们的人力资本投资额度,影响人们的人力资本存量。通货膨胀对企业员工配置的影响,尤其表现在对企业高级管理层和技术人员的招聘上。

3. 国家经济政策

(1)宏观经济政策。

政府对宏观经济的调控,也会在很多方面影响企业的员工配置活动。政府支持资本市场形成的政策、政府税收政策等都会影响企业资金运转,从而影响企业招聘的规模。政府所购买的产品和服务,在很大程度上决定着劳动力市场职位的种类和数量,而这种政府财政开支在国民生产总值中占相当比重。

(2)微观经济政策。

国家以及各级行政机关通常也会适时出台相关的经济政策,影响劳动力市场和组织内部的各项人力资源管理政策。如果政府采用积极的促进经济增长的政策,为某地区的经济增长给予一系列的优先政策,必然会创造更多的发展机遇,为了发展的需要就会增加对人才的需求,企业的招聘工作量将会增加。当然,当地人才的竞争也必然会加剧。如我国实施的西部大开发战略,使西部地区增加了对人才的需求,因此当地政府为企业制定了一系列优秀人才到西部创业的政策,这也是当地人才供求矛盾的一种反映。

可以说,经济环境对员工配置活动的影响是巨大的,因而很有必要对其进行综合分析,弄清哪些条件是相关的,相关的这些条件具体会产生哪些影响,企业应采取哪些应对措施。

二、影响员工配置活动的政治因素

影响企业员工配置活动的政治因素主要包括一国的政治环境、政府的管理方式以及政府的方针政策等。

1. 政治环境的影响

政治环境主要是指政治局面的稳定性。对于单个企业来说,政治环境一般并不能直接作用于其内部的人力资源管理活动,但是却能够影响整个企业系统,进而影响作为企业子系统的人力资源管理活动及其子活动员工配置。

一国的政治环境对于在该国进行经营的企业来说是非常重要的外部因素,政治局面的稳定虽然不是企业发展壮大的充分条件,但却是企业生存的必要条件,动荡的政治环境必然导致企业无法正常地运转,进而危及企业的存在。从目前的国际形势来看也是如此,凡是政局混乱或者战乱不断的国家,企业的状况都非常糟糕。企业的发展状况会影响到其自身的人力资源管理,从企业系统的内部来看,有效的员工配置活动是企业正常运转的前提条件之一,发展良好的企业可以给人力资源管理活动及其子活动员工配置工作提供相对较大的空间和较多的支持,状况不佳的企业在进行人力资源管理及其子活动员工配置工作时就会受到很多制约。

2. 政府管理方式和方针政策的影响

对企业而言,政府管理方式和方针政策能够直接影响甚至决定企业人力资源管理的很多活动,从纵向上看,政府管理方式和方针政策的连贯性和延续性能够影响企业的人力资源管理及其子活动员工配置。连贯的政府管理方式和方针政策虽然不是企业人力资源管理活动保持稳定的充分条件,但却是它的必要条件,如果政府的管理方式和方针政策经常发生变化的话,那么企业的人力资源管理及其员工配置活动也必须相应地经常进行变动,这就会造成企业内部人力资源管理及其员工配置活动的波动。而人力资源管理政策及其员工配置政策的频繁变动,不仅会影响人力资源管理的效果,也会影响企业吸引、获取、保留人才的效果,这非常不利于企业的发展。

政府管理方式和方针政策的具体内容给企业人力资源管理活动及其子活动员工配置带来的影响就可以理解为是它的横向影响。政府是国家政权的行使者,在整体社会生活中居于主导地位,因此政府对企业的管理方式就直接决定了企业进行人力资源管理活动及其子活动的空间。如果政府对企业控制过严的话,就会削弱企业的自主权,企业人力资源管理活动及其子活动员工配置的活动空间也相应比较狭窄;反之,企业就会拥有较大的自主权,从而使得人力资源管理及其子活动员工配置的活动空间也相应比较宽泛。例如早些年我国的国有企业,国家在很大程度上直接控制着国有企业,对其工资分配、人员招聘等活动都做出了明确的规定,使得国有企业根本没有空间和余地来根据自己的实际情况对员工配置活动做出调整;而与此同时,民营、合资等企业大量兴起,国家对它们的管理比较宽松,这些企业在员工配置等方面也拥有更多的自主权,因此他们更能吸引人才。又比如几年前,北京市政府为了促进本市下岗工人的再就业,规定外地人员不能从事某些行业,这些政策颁布对企业的员工配置政策就会产生直接的影响,企业在填补相关的空缺岗位时只能在北京市的范围内进行,招聘的范围就缩小了。

三、劳动力市场对员工配置活动的影响

劳动力市场是企业从外部获得其所需要的人员的蓄水池。企业员工的能力在很大程度上决定着企业能否顺利地完成自己的任务。由于可以从企业外部雇佣新的员工，因此劳动力市场是企业员工配置活动必须要考虑的一个外部因素。劳动力市场是随时变化的，这就必然引起一个企业劳动力的变化。

劳动力市场是员工配置工作的主要场所和前提条件。企业的人员结构、人员素质水平、工作结构、现有或预期的人力资源最终取决于劳动力市场的结构和作用。劳动力市场状况也影响着企业员工配置计划、范围、来源、方法和所必需的费用等方面。为有效开展员工配置工作，员工配置工作者必须密切关注劳动力市场条件的变化。

1. 劳动力市场的供求变化直接影响员工配置活动的质量

一般而言，当劳动力市场需求大于供给时，企业的招聘工作的难度会相应有所增加，人员缺口不易填补；当劳动力市场供给大于需求时，企业可供选择的人才较多，比较能够选聘到符合企业要求的人员。从劳动供给的角度来看，中国劳动力供给最为丰富的时间还会维持10年左右，之后，劳动年龄人口绝对数量将不再增长，其规模会逐渐缩小（张车伟，2007）。与其他国家比较，我国的劳动参与率较高，特别是青年和妇女的参与率较高。但是，由于在校学生会有所增加、自动失业者的比例增加、女性就业结构和比重趋向合理以及丧失劳动能力的伤残人口比重会有所下降，我国的劳动参与率会在年龄构成上有所改善，在总量水平上有所下降（金玉秋，2005）。因此，从劳动力供给总量来看，目前我国劳动力供给总量不会一直持续增加，而是会到某个时点（2011）后逐渐缩小，而且会因为劳动参与率下降使得整个规模下降得更快。从劳动力的需求看，按照经济增长保持8%—9%的速度，每年可新增800万—900万个就业岗位，加上补充自然减员，可安排就业1 200万人左右，然而年度劳动力供求缺口仍在1 200万人上下。而在农村，虽然乡镇企业和进城务工转移了2亿人，由于土地容纳的农业劳动力有限，按1.7亿计算，则农村富余劳动力还有1.2亿人以上。因此，从总体上看，在未来相当长的一个时期内，城乡劳动力供大于求的基本态势将长期存在（王杨，2009）。

2. 劳动力市场的不完善将影响员工配置活动的成本

在完善的劳动力市场，供求双方信息充分，中介机构提供职业指导和就业咨询，开展各种能力或心理测评，开展人事代理活动，这样企业主和应聘者都能得到充分的信息交流和评估，降低交易成本。在一个国家（地区），劳动力市场中介机构（如劳务市场、职业介绍所、就业服务中心、学校的就业指导结构等）越发达，企业就越倾向于

利用外部力量进行招聘工作。相反,这些机构越薄弱,企业就越可能倾向于企业内部人员调整或以行政手段强制统一分配人员。

3. 影响员工配置的市场因素还有专业、地理和竞争对手的情况

劳动力市场根据不同分类标准,可以有多种分类。依据层次来分,可以分为一级劳动力市场和二级劳动力市场;依据企业内外来分,可以分为企业内部劳动力市场和企业外部劳动力市场等。尽管劳动力市场有各种各样的分类,实际上,真正影响劳动力市场供求双方的只是相关劳动力市场。人力资源专家会将专业能力(需要的资格和技能)、地理(未来的员工愿意居住地或者愿意经常往返的距离)以及生产相关产品或者提供相似服务的其他竞争对手情况(既包括参加竞争的企业主,也包括参加竞争的劳动者)这三个因素综合考虑,选定自己的相关劳动力市场。一个职业所需要的资格和技能使该职业有别于其他职业,使不同职业之间的流动受到了限制,尤其是技术含量高的职业更不易流动,例如,律师很难进入建筑设计师市场。地理因素使相关劳动力市场界定范围更小、更清晰。一般来说,所需技能越稀缺、技术含量和知识含量越高的职位,其招聘市场越大,有的扩大到国际市场范围;所需技能越简单,其招聘市场越小,有的缩小到本区、本镇。

我们在表2-1中列出了按照地理范围和员工群体划分的相关劳动力市场。

表2-1 按照地理范围和员工群体划分的相关劳动力市场

		员工群体/职业					
	地理范围	生产工人	文职和办公人员	技术人员	科学家和工程师	管理人员	主管
相关劳动力市场	地方市场:在相对比较小的范围内,如北京市范围	可能性很大	可能性很大	可能性很大			
	区域市场:在几个省的范围内,如在华北、东北范围	只有在短缺或紧急的情况下	只有在短缺或紧急的情况下	可能性很大	可能性很大	可能性很大	
	全国市场:在全国范围内				可能性很大	可能性很大	可能性很大
	国际市场:跨越几个国家				只有在极为短缺时或针对特殊技能	只有在极为短缺时或针对特殊技能	可能性很大

资料来源:G. T. Milkovich, J. M. Newman, *Compensation*, Business Publication, 1984, p.222。

不过,劳动力市场的地理范围并不是固定不变的。现代发达的交通工具和通信方式缩短了人们的空间距离,使得企业可以在更大的空间范围内寻找所需的人员,求职者的流动倾向也有所增强。求职者还因生活环境、工资等原因扩大流动范围,扩大相关劳动力市场的范围。经济较为落后的地区，由于受到条件的限制，有时不得不降低人员的资格层次和要求，退而求之，可选择的范围也相应缩小。

四、文化与社会习俗对员工配置活动的影响

1. 文化

从狭义角度理解文化是指人们的观念形态，包含价值观念、伦理道德、风俗习惯以及宗教信仰等。对于整个社会而言，文化具有重要的社会整合和社会导向的作用，它内在地影响着人们的思维方式和行为方式。由于文化能够影响人们的思维方式和行为方式，因此会对人力资源管理活动中的员工配置产生重要的影响。

Hofstede 所研究的文化理论显示，文化背景与招聘具有很强的相关性。在权力距离大的民族文化国家中，企业在人力资源管理实践中倾向于采用专制的领导行为和集体的决策方式。Hofstede 研究发现，印度是一个高权力距离的国家，在研究印度银行的过程中，Sekaran 和 Snodgrass 指出，高级经理的独裁行为导致雇佣政策和工作分配中的集权决策，高级经理不愿意针对这些政策问题同员工或者工会协商。个人主义文化背景的企业希望雇佣具有个人工作技能或经验的人从事某项工作，它们鼓励求职者向企业投递个人简历，在美国、澳大利亚和英国等个人主义文化国家，企业大都采用这种方式招聘新员工。在日本、葡萄牙等集体主义文化国家，企业强调求职者的可信任度、忠诚度和与同事的相容性，它们愿意招募有所了解的人。

2. 社会习俗

社会习俗也会对企业的员工配置活动产生影响。社会习俗会影响人们的择业观念，这些观念直接影响人们的职业选择甚至对交友的选择。例如，受"官本位"意识、"学而优则仕"等观念的影响，很多家长希望孩子以后成为白领阶层，而不愿孩子成为蓝领，这就导致了技工学校生源的匮乏，对企业而言就意味着高级技工的招聘难度加大。有些企业打出年薪十几万元来吸引高级技工，而上海市有些企业甚至为高薪引进的高级技工提供了与博士生入沪同样的优惠政策。

五、技术进步对员工配置活动的影响

技术进步对企业员工配置的影响，反映在以下三个方面：一是技术进步引起招聘职位分布以及职位技能要求的变化；二是技术进步对招聘数量变化的影响；三是技术进步对招聘质量的影响。这三个方面的划分不是绝对的，存在着相互交叉。

1. 技术进步与劳动力市场

技术进步对劳动力市场的影响主要体现在对就业职位变化的影响和劳动力供需

双方的影响。

(1) 技术进步对就业职位变化的影响。

技术进步对劳动力市场的直接影响和间接影响,最终会通过就业职位的变化表现出来。其影响主要表现为以下四个方面(刘永仁,2000):

第一,就业职位减少。这种影响主要表现在技术应用的初级阶段。由于技术进步及其应用导致资本投资增加从而使资本对劳动的替代效应发生,因此会出现减员增产或增产不增人的现象,导致就业职位的绝对或相对减少。

第二,就业职位的替代。这种影响会在较长时期内起作用,其过程是技术的进步及其推广促使劳动力与劳动工具的重新组合,资本与劳动比率提高,对劳动力的素质要求发生变化,旧的劳动技巧被淘汰或降级;新的劳动技巧产生,就业职位发生相应的变化,传统的就业职位逐渐被新的职位所取代,新职业代替旧职业。

第三,就业职位转移。这种影响主要表现在宏观方面,其具体表现为:技术进步的不平衡性及其在生产部门的应用,使维持生存的生产部门的劳动生产率提高,进而使得其他生产部门和服务部门的生产率提高,从而使劳动力按比较生产率由高生产率部门向低生产率部门或新部门转移。

第四,就业职位的增加,其具体表现为:由于新技术的传播和应用需要劳动力,进而创造了新的就业职业或部门,使就业职位逐步增加。

以上四个方面的影响是明显的,它包括了劳动力市场在微观、宏观、短期和长期的四种变化。在一定时期内,这四种效应会同时存在发挥作用,即技术进步同时引起某种就业职位减少、新职业取代旧职业、劳动力在就业部门之间按比较生产率转移和某种就业职位增长。

(2) 技术进步对劳动力供需双方的影响。

技术进步对于劳动力市场供给与需求两方面的影响也是十分明显的。在劳动力供应方面,技术进步带来如下变化:劳动力现有的技巧失去价值或贬值,已会的本领无用或效用降低;对劳动力素质要求趋于提高,质量重于数量;劳动力的知识技巧要不断更新(刘永仁,2000)。

技术进步在劳动需求上引起的变化除了前面所讲的就业职位减少、替代、转移、增加四个方面之外,还可以概括为以下三个方面的观点(刘永仁,2000):

第一,技术进步使劳动力需求减少。持此种观点者认为技术进步以革新为主,使整个生产过程发生变化,减少每单位产量需要的劳动,没有减少资本或原料,产量不能提高,或不能提高足够的幅度去抵消单位产量劳动投入的下降。

第二,技术进步对劳动力需求影响不大。持此种观点者认为技术进步对劳动需求的影响甚微,因为某些生产活动中劳动需求会减少,而另一些生产活动中劳动的需求会增加,两者相互抵消。

第三,技术进步会引起劳动力需求增加。持此种观点者认为技术进步在不同生产活动中的劳动需求变化会抵消平衡,而且认为技术进步通过促进消费和创造有利的投资机会,从总体上增加劳动需求。

2. 技术进步与企业人力资源招聘数量

随着新技术的应用、企业劳动生产率的提高,在生产经营规模不变的情况下,企业人力资源需求总量必然会减少。例如,对于电信运营部门而言电信技术的进步带来的是人力资源需求数量的减少,因为当基站和交换机的设备升级时,人均准备数量明显增加,但就整个电信产业或移动公司而言,整体上对人力资源需求数量减少了。

我们在表2-2中列举了某移动公司各技术年份每百基站维护人员数量变化的统计。

表2-2 某移动公司各技术年份每百基站维护人员数量变化统计表

年 度	人员总数	基 站	每百基站维护人员数量
2000年年底	442	592	75
合 计	442	592	75
2001年年底	529	1 844	29
2002年年底	562	2 313	24
2003年年底	638	3 221	20
合 计	1 729	7 378	23
2004年年底	600	4 389	14
2005年年底	704	5 839	12
2006年年底	716	9 719	7
合 计	2 020	19 917	10

资料来源:吴学红,"电信技术进步与贵州移动人力资源管理应对策略",贵州大学硕士论文,2007年。

3. 技术进步与就业者的基本素质

技术进步要求就业者要具备更高的教育水平和熟练的技术。Acemoglu(1998)以19世纪和20世纪80年代以来的两次大的技术变迁为例,从技术进步内生化的角度,分析了技术进步对工人的受教育水平或者技能的需求的问题。他的研究表明,当技术进步提高,要求工人的受教育水平也相应提高;一种是非技能化效应,即技术进步时,企业对工人的受教育水平或者技能的要求反而降低。他认为,20世纪特别是20世纪80年代以来技术进步是"技能偏向型"的技术变迁,因此这种技术进步会导致劳动力市场上对教育水平较高者需求的增加。

我们在表2-3中列举了某电信企业各年份不同学历维护人员的质量变化情况。

表2-3　某电信企业各年份不同学历维护人员的质量变化情况

年　度	基站年代	人员总数	本科以上	本科以上	大专人数	大专人数增加	中专以下人数	中专以下人数增加
2000年年底	V1	442	221		177		44	
2000年平均	V1	443	242		161		40	
2001年年底	V1A	529	289		192		48	
2002年年底	V1A	562	270		180		112	
2003年年底	V1A	638	319		205		114	
2001—2003年平均		576	292	21.0%	192	19.5%	91	127.1%
2004年年底	V2	600	300		200		100	
2005年年底	V2	704	302		184		218	
2006年年底	V2	716	325		179		212	
2004—2006年平均		673	309	5.7%	188	-2.4%	176	92.9%

资料来源：吴学红，"电信技术进步与贵州移动人力资源管理应对策略"，贵州大学硕士论文，2007年。

当然，技术进步对不同行业的影响是不同的，如表2-4所示。

表2-4　技术进步对若干产业部门就业数量和质量方面的影响

影响＼部门	雇佣劳动力减少	增产不增人或增产减人	降低就业技巧或使技巧多余	对新技巧需求	需要更高水平的管理技巧
农业	√	√	√	√	√
煤矿业	√	√			
铁路业		√	√	√	
纺织业	√	√	√		
水泥工业			√		
钢铁业	√				
金属加工	√	√	√	√	√
机械工具制造业	√	√	√	√	
计算机辅助设计	√	√	√	√	√

注：√为有影响的部分。
资料来源：廖泉文，《招聘与录用》，中国人民大学出版社，2003年。

六、国家政策法规对员工配置活动的影响

在分析招聘的外部环境时，还有一个不可忽视的因素，即相关政策和法规。员工配置是企业人力资源管理行为中的重要环节，按照相应的法律、法规及合法的程序录用员工，不仅可以为企业选择合适的人才，而且可以避免日后劳动争议事件的发生。市场经济日渐规范，法律环境对企业的经济运行至关重要，减少员工配置过程中产生

的法律纠纷以及日后员工流出时产生的劳动争议,对提高组织运行的有效性是十分必要的。

我国在人力资源方面的法律体系尚不健全。我国1994年通过了《劳动法》,它是我国劳动立法上的一个里程碑。以《劳动法》为准绳,我国已经颁布了一些与招聘有关的法律、法规、条例、规定和政策,包括《国营企业招用工人暂行规定》《职业介绍规定》《就业登记规定》《企业经济裁减人员规定》《集体合同规定》《企业劳动争议处理条例》等。2008年开始施行并于2015年修正的《中华人民共和国就业促进法》(以下简称《就业促进法》)和2018年第二次修正的《中华人民共和国劳动合同法》(以下简称《劳动合同法》)等的实施,加强了对劳动者的保护,严格了用人单位的招聘义务和法律责任,给企业的用工规范提出了更多、更高的要求。

在本书第一章我们阐述了员工配置的核心活动包括招聘、选拔和雇佣,这三大环节中存在的法律问题很多,组织和员工都应该明确自己的权利和义务,正确处理相互间的关系。

1. 招聘阶段的法律问题

员工配置活动中的招聘工作主要是确认和吸引更多的、符合条件的求职者前来应聘。要想更多的人知道企业的用人信息,企业就必须发布其招聘信息。在招聘信息发布环节,需要企业特别注意的是招聘广告和反欺诈方面的禁止性规定。

在国际劳工组织所确认的劳工标准中,有8个"基本劳动标准"(又称核心劳动标准)是不论成员国经济发展水平如何,为保护工作中的人权应当遵守的最基本的标准之一就是反歧视标准。反歧视标准主要体现在1958年《(就业和职业)歧视公约》(第111号公约)和1951年《对男女工人同等价值的工作赋予同等报酬公约》(第100号公约)这两个公约中。

我国《劳动法》第12条、《就业促进法》第3条规定,劳动者就业,不因民族、种族、性别、宗教信仰不同而受歧视,劳动者依法享有平等就业和自主择业的权利。《劳动法》第13条规定,妇女享有与男子平等的就业权利。在录用职工时,除国家规定的不适合妇女的工作或岗位以外,不得以性别为由拒绝录用妇女或者提高对妇女的录用标准。

原劳动部办公厅《关于〈劳动法〉若干条文的说明》对反歧视作了进一步的明确规定,第13条规定,"本条中的'平等的就业权利'是指劳动者的就业地位、就业机会和就业条件等"。"本条中的'国家规定不适合妇女的工作或者岗位'具体规定在劳动部颁布的《女职工禁忌劳动范围的规定》(劳安字[1990]2号)中。"

当前,出现在劳动力市场上较为普遍的歧视种类有:地域歧视、性别歧视、年龄歧视、容貌身高歧视、对"乙肝病毒携带者"的歧视等。毛海强(2007)对北京、上海、广州、武汉、成都五城市的招聘广告中就业歧视问题的调查结果表明我国目前的招聘广告中存在着严重的就业歧视,歧视广告占调查广告的 66.2%。现实中存在的这些形形色色的就业歧视早就超越了《劳动法》第 12 条规定的范围。但是,到目前为止,中国并没有制定关于就业歧视方面的法规。虽然目前劳动者因就业歧视而提起诉讼的案件还不多见,然而随着公民平等权意识的觉醒以及世界贸易组织"核心劳工标准"的推广,此类案件日后必为人们所重视。如 2002 年 2 月 22 日《广州日报》报道:2002 年 1 月 7 日,四川大学法学院一位男性学生将中国人民银行成都分行告上法庭。事缘 2001 年 1 月 3 日被告在成都某报头版头条刊登广告招录行员,规定招录对象为:"男性身高 1.68 米,女性身高 1.55 米以上。"该生身高 1.65 米,被排除在报名对象之外,遂以被告招考国家公务员这一具体行为含有"身高歧视",违反了《宪法》第 33 条"法律面前人人平等"为由提起诉讼,成为我国首例宪法平等权案。

因此,作为企业,要想避免招聘阶段的法律风险,需要做好以下工作。

(1) 明确并细化招聘需求。

用人部门提出的招聘需求通常是企业招聘的起点,要根据企业的人力资源规划和相应的工作说明书对招聘需求进行确定,如哪些岗位需要招人、招多少等。这些问题的具体答案在招聘活动中发挥着两个方面的作用:第一,为企业发布招聘信息提供依据;第二,为企业制定应聘者的甄选标准提供依据。完备而准确的招聘信息增加了吸引到足够数量的合格应聘者的可能性,而明确的选聘标准则有助于在甄选过程中确定关键考核点,提高筛选的正确率,降低雇佣不合格员工的可能性。

(2) 发布合法有效的招聘信息。

招聘信息的发布是招聘阶段的首要环节。发布招聘信息时,注意内容的合法性和有效性一方面可以规避法律风险,另一方面则有利于应聘者根据自身条件确定是否应聘,提高招聘质量。具体而言,企业发布招聘信息应该遵循以下三个原则:第一,抓住应聘者可能关注的关键和重点信息,如实发布,如尽可能详细地说明有关工作内容、职业危害等。第二,尽可能避免在招聘信息中出现歧视性内容,目前我国法律规定的歧视范围包括不得有民族、种族、性别、宗教信仰歧视,不得有传染病歧视和残疾歧视。第三,招聘信息应具有专业性和可操作性,《劳动合同法》第 8 条规定:用人单位招用劳动者时,应当如实告知劳动者工作内容、工作条件、工作地点、职业危害、安全生产状况、劳动报酬,以及劳动者要求了解的其他情况。这一条款的颁布对企业的招聘具有实质性的影响,因为企业再也不能使用"薪酬面议""工作环境良好"等模糊不清的字眼,例如,"本公司提供优厚的待遇"等表达方式显得含混笼统,不具可操作性,可以将"提供优厚的待遇"改为"该岗位根据工作业绩年薪为 3 万—8 万元"。尽管招聘信息只属于要约,但鉴于《劳动合同法》对告知义务的严格要求,企业在发布招聘信息时应尽可能从实际出发,以避免在签订劳动合同阶段因为所发布信息与实际情况不符而产生不必要的争端。

2. 选拔阶段的法律问题

招聘信息发布之后,会有大量的应聘者进行应聘,企业要从诸多的应聘者中选出符合企业岗位要求的应聘者。在选拔阶段,组织和员工应在诚实守信的基础上建立劳动关系。若任何一方违反了诚实守信原则,向对方提供虚假信息,就是对对方知情权的侵害,由此可能会产生一系列法律后果。

组织和员工都有知情权。组织的知情权表现在组织在招聘新员工时,如需了解员工的身体健康状况、工作经历、知识技能水平、证件情况等重要信息,则应聘者有义务将真实情况告知组织。如果应聘者提供的是虚假信息,则属于欺诈行为。《劳动法》第18条规定,采取欺诈、威胁等手段订立的劳动合同无效。员工的知情权体现在组织在招聘员工时,应将组织所执行的薪资制度、应聘职位、薪资结构、劳动条件、工作内容、岗位职责等关键信息告知应聘者;在雇佣员工时,组织应将管理制度明确告知员工。应聘者有权要求组织提供上述信息,对于不知情的信息,在发生劳动争议时员工可以通过法律途径争取权益。

因此作为企业,要想避免选拔阶段的法律风险,要做好以下三个方面的工作。

(1) 根据不同岗位设计应聘者信息登记表。

在进行员工选拔之前,要先收集应聘者的相关信息,这一阶段被称为收集招聘信息阶段。在收集招聘信息阶段,要注意的工作就是对应聘者的关键信息进行针对性了解,其中尤其是跟岗位胜任条件息息相关的内容以及本公司价值观"零容忍"的方面。因为关乎胜任条件以及企业的"零容忍",也就意味着应聘者如有不符会遭辞退或者转岗,对此我国立法有明确限制性规定。

《劳动合同法》第8条规定:用人单位招用劳动者时,应当如实告知劳动者工作内容、工作条件、工作地点、职业危害、安全生产状况、劳动报酬,以及劳动者要求了解的其他情况,但是对于劳动者的情况有"了解权利"而不是对等的劳动者的"告知义务"。也就是说,企业要向应聘者告知与工作相关的内容及胜任工作的要求等信息,即使应聘者不问也要告知;而应聘者的信息是在没有被问及时,可以不必主动告知企业,而且企业向个人了解的情况限于"与劳动合同直接相关"的基本情况。不同的岗位需要的信息不尽相同,要求也有所不同,为了使企业从繁杂的简历筛选中解脱出来,企业可以将招聘岗位所需要了解的应聘者信息规范化设计,要求应聘者按标准化的应聘信息登记表如实填写,并签字确认。

(2) 对应聘者认真进行背景调查。

虽然企业要求应聘者如实填写相关信息,但是在实际中,经常有应聘者伪造学历、身份证、资格证、工作经历、学术成果、科技发明等弄虚作假的情形发生,因此,企业就需要对应聘者进行背景调查,以辨别应聘者提供信息的真伪。在背景调查中,除了对其过去的工作业绩、性格人品、综合能力等情况进行调查之外,重点是应聘者与原单位签订竞业禁止协议的情况,以及该员工与原单位的劳动合同是否完全解除。

《劳动法》第99条规定,用人单位招用尚未解除劳动合同的劳动者,给原用人单位造成经济损失的,该用人单位应当依法承担连带赔偿责任。所以,组织在招聘员工时,为了防范这种法律风险,可根据所招聘职位的重要性来建立相关的审核程序。对于中高层管理人员、技术研发人员等重要职务,可要求员工提供其与原单位解除劳动合同的证明材料。在员工无法提供的情况下,组织可要求员工提供原单位的联系方式或证明人,以便进行工作背景调查。

此外,组织应对因员工进入本单位工作而可能侵害原单位权益的法律风险予以防范。组织应认识到,如果员工与原单位签订了有关法律文件,致使员工进入本单位工作构成违约,或员工使用其"原单位有关资源"而使本单位对员工原单位造成侵权,无论员工的行为出于善意还是恶意,本单位都可能要承担一定的责任。人力资源部门在招聘、录用员工时,应询问拟录用员工是否与原单位签订有保密协议、竞业限制协议等法律文件,以及该员工在本单位工作是否违反了相关协议,必要时可制作相关确认文件。

3. 员工雇佣阶段的法律问题

经过员工选拔阶段,企业基本确定了拟录用的应聘者,一般情况下企业还会试用应聘者一段时间,以考察应聘者在真实岗位上的真实表现是否符合岗位工作的要求。如果应聘者经过试用期考察,能够胜任岗位工作要求,则予以转正,否则劳动合同解除。从相关的法律条款来看,《劳动合同法》的实施对于雇佣阶段的影响较大,具体体现在劳动合同的签订、试用期的确定及报酬、试用期劳动合同的解除等。企业要想避免雇佣阶段的法律风险,要做好以下工作。

(1) 试用阶段。

第一,发放录用通知时应注意措辞。在企业确定了拟录用的应聘者后,要向这些应聘者发放录用通知。在发放录用通知的时候一定要注意措辞,因为作为要约的"录用通知"一经发出,就对用人单位发生了法律约束,而应聘者可以选择接受和不接受。但是,如果是作为要约邀请的"录用意向书"(或者签订劳动合同意向书)一经发出,对用人单位和应聘者都不具有法律约束。

第二,注意使用期的期限。《劳动合同法》第19条规定:劳动合同期限三个月以上不满一年的,试用期不得超过一个月;劳动合同期限一年以上不满三年的,试用期不得超过两个月;三年以上固定期限和无固定期限的劳动合同,试用期不得超过六个月。而且,第19条第3款规定:试用期包含在劳动合同期限内。劳动合同仅约定试用期的,试用期不成立,该期限为劳动合同期限。

第三,注意反强迫劳动。反强迫劳动在《劳动合同法》中有比较具体的规定。第9条规定:用人单位招用劳动者,不得扣押劳动者的居民身份证和其他证件,不得要求劳动者提供担保或者以其他名义向劳动者收取财物。第26条规定：以欺诈、胁迫手段或者乘人之危，使对方在违背真实意思的情况下订立或者变更劳动合同的，该劳动合同无效或者部分无效。第38条规定：用人单位以暴力、威胁或者非法限制人身自由的手段强迫劳动者劳动的，或者用人单位违章指挥、强令冒险作业危及劳动者人身安全的，劳动者可以立即解除劳动合同，不需事先告知用人单位。第84条规定：用人单位违反本法规定，扣押劳动者居民身份证等证件的，由劳动行政部门责令限期退还劳动者本人，并依照有关法律规定给予处罚。用人单位违反本法规定，以担保或者其他名义向劳动者收取财物的，由劳动行政部门责令限期退还劳动者本人，并以每人500元以上2000元以下的标准处以罚款；给劳动者造成伤害的，应当承担赔偿责任。第86条规定：劳动合同依照本法第26条规定被确认无效，给对方造成损害的，有过错的一方应当承担赔偿责任。

第四，注意试用期薪酬给付。《劳动合同法》第20条规定：劳动者在试用期的工资不得低于本单位相同岗位最低档工资或者劳动合同约定工资的80%，并不得低于用人单位所在地的最低工资标准。

第五，重视试用期内的考核与工作行为记录。《劳动合同法》对试用期作了较为详细和全面的规定。特别是在与试用期员工解除劳动合同方面，新法规定：除非有法定理由否则企业不得在试用期内解除劳动合同，所以企业必须出示大量证据以证明员工不符合录用条件或经培训和换岗仍然不能胜任工作。因此，要规避试用期问题带来的法律风险，企业就要建立比较完善的试用期员工管理规定。除了依法对试用期限、试用期报酬等方面进行约定之外，需要重视对员工试用期内的绩效考核工作表现记录。

(2) 劳动合同的签订。

《劳动合同法》规定，在确定录用员工后，企业应在一个月内与新员工签订劳动合同。如果企业自用工之日起超过一个月而不满一年未与劳动者订立书面合同时，应当向劳动者每月支付双倍的工资；如果自用工之日起满一年不与劳动者签订书面劳动合同，将被视为双方已订立无固定期限劳动合同。此项规定对实践中的事实劳动关系问题进行了明确规定，并加大了处罚力度，因此企业在录用员工时必须及时与员工签订书面合同。

在签订劳动合同时，须注意以下四个方面的问题：

第一，《劳动合同法》明确规定了试用期的长短，并规定在试用期中，除了有证据证明劳动者不符合录用条件外，用人单位不得解除劳动合同。因此，企业应当在劳动合同中正确约定试用期限，否则试用期将不成立，而成为正式的合同期。在合同中还要明确规定试用期内的工作考核及考核标准等问题，这样辞退试用期中的员工就会有根有据。

第二，在劳动合同中应明确约定试用期及转正后所执行的薪资结构、薪资数额、支付方式、扣缴个人所得税额、缴纳社会保险等有关事项。

第三,可在劳动合同中约定违约金。但要注意的是,《劳动合同法》规定,用人单位只能在培训服务期和竞业限制两方面约定由劳动者承担的违约金,其他情形的违约金都是无效的。

第四,为了保护企业的商业秘密,企业可以和员工在劳动合同中约定竞业限制条款。根据《劳动合同法》的规定,企业只能与高级管理人员、高级技术人员和其他知悉商业秘密的人员签订竞业限制条款。合同中应当约定竞业限制的范围、地域、期限(最长不超过两年)。在竞业限制期限内,企业应当按月给予劳动者经济补偿,否则竞业限制条款不会发生法律约束力。

虽然企业的外部环境是不可控的,但是并不是没有办法识别和防范的。在应对外部环境时,企业可以选择事前反应(Proactive Response),也可以选择事后反应(Reactive Response)。事前反应是在预期环境变化时就采取行动,而事后反应是在环境改变之后而随之所做的行动。例如,当《美国残疾人法》还正艰难地通过国会审议时,有些公司就已经开始履行它的预期条款;而那些一直等到残疾人法生效以后才对所需要的变化制订计划的管理者,他们这样的反应则是一种事后反应。事前反应者总是主动而不是被动反应,当一个未预料到的环境发生变化时,事前反应者已超出了环境改变迫使他们所做的事情。而人力资源经理也发现,事前反应的态度能够降低歧视诉讼的频率(蒙迪,2003)。

第二节 员工配置的内部环境

与外部环境相对应,员工配置的内部环境就是指在企业系统之内能够对员工配置活动产生影响的各种因素。相比外部环境,内部环境的各种因素都处于企业的范围之内,因此企业能够直接地控制和影响它们。

和外部环境一样,员工配置的内部环境也包括很多具体的内容,凡是在企业内部同时又能够对企业的员工配置活动产生影响的因素都在这个范围之内。由于员工配置是任何企业必不可少的要素之一,因此,从这个意义上讲,构成企业的所有因素可能都是员工配置的内部环境。但是,通常对员工配置内部环境的分析主要是从以下六个方面进行考虑的。

一、企业战略

在第一章中我们已经明确员工配置活动是企业人力资源管理的一个子系统,它必须服从和服务于整个企业发展的需要。然而,企业的发展是在战略的指引下进行的,企业的员工配置活动必然会受到企业战略的影响。企业战略的划分不同,相应的员工配置活动也会不同。

1. 成长战略、稳定战略、收缩战略与员工配置

简单地说,企业发展战略是用来解决企业在一定时期内的发展方向和发展目标问题,企业发展战略一般有三种类型:成长战略、稳定战略和收缩战略。成长战略又可分为内部成长战略和外部成长战略。内部成长战略指企业主要依靠自身的资源和积累来实现经营规模或经营领域的扩大;外部成长战略则是指企业借助兼并收购,主要依靠外部的资源来实现经营规模或领域的扩大。稳定战略是指企业保持目前的经营规模或经营领域,既不扩大也不缩小,以实现企业的稳定运行。收缩战略是指企业缩小自己经营的规模或减少自己经营的领域。

表2-5 成长战略、稳定战略、收缩战略与员工配置

企业的着眼点		成长战略		稳定战略	收缩战略
		内部成长战略	外部成长战略		
		不断增强自身力量	兼并/收购公司	做好目前的事情	紧缩
人力资源管理活动	员工配置	雇佣和晋升	人员重新配置	内部调整	留住核心员工
	培训开发	多样化的培训	冲突的解决	提高现有技能	态度和士气的提高
	薪酬管理	目标激励	管理实践的统一	内部公平	与公司业绩相联系
	绩效管理	结果导向	管理实践的统一	强调工作的质量	行为导向

资料来源:董克用、叶向峰,《人力资源管理概论》,中国人民大学出版社,2003年。

在内部成长战略下,企业发展的重点是增强自身的实力,要借助内部的资源来实现企业经营规模或经营领域的扩大,为此企业就需要从外部招聘大量的人员,随着大量新员工的进入,原有的老员工要晋升到合适的位置上去。由于不同的企业具有不同的制度和文化,因此员工配置的重点就是重新安排员工。在稳定战略下,由于企业的规模要保持不变、企业的运行要维持稳定,因此员工队伍也要保持相应的稳定,员工配置活动主要是进行企业内部的调整。至于收缩战略,由于企业的规模要缩小,因此人员必然会产生流动,但是为了今后的发展,必须稳定住核心的员工队伍,提高他们的士气。

2. 防御型战略、探索型战略、分析型战略与员工配置

迈克斯和斯诺依据生产任务方法将企业战略划分为三种,即防御型战略、探索型战略和分析型战略。探索型战略着眼于创新、冒险、寻求新的机会以及成长。防御型战略与探索型战略相反,其采用者更关注稳定甚至收缩,而不是冒风险和寻求新的机会,它力求保持现有的顾客,而不寻求创新或成长;防御者主要关心内部的效率和控

制,以便为稳定的顾客群提供可靠的、高质量的产品。分析型战略的采用者试图维持一个稳定的企业,同时在周边领域创新,这种战略介于探索型战略和防御型战略之间。在这三种不同战略类型的企业中,应采用不同的员工配置方法。

当企业采取防御型竞争战略,其特征为狭小的市场,追求生产效率和成本控制,内部采取中央集权控制、高度正式化和精心设计控制系统来提升组织绩效。在这个战略下所需要的员工为本行业生产和销售的专才。因此,其员工配置活动主要在于内部市场,员工的晋升空间比较狭窄。

当企业采取探索型战略时,需要对新产品与新市场持续开发,而发展新产品和创造新市场需要创新型的员工,因此应在内部采用分权化的控制系统及能够配置所需资源的机制,而所搭配的人力资源战略为 Schuler 提出的帮助者战略。因此,其员工配置活动以从外部市场多元化方式获取够资格的人力资源为主,并配合成就测验进行甄选。

当企业采取分析型战略时,会寻求新产品市场机会,同时也会维持现有市场的稳定,因此同时需要稳定与创新的员工,而所搭配的人力资源管理战略为 Schuler 的累积者战略,其人员甄选大部分来自外部市场,员工的晋升空间比较狭窄。

表2-6 防御型战略、探索型战略、分析型战略与员工配置

企业特征	防御型	探索型	分析型
生产—市场战略	有限、稳定的生产范围;可预测的市场	广阔的、变化的生产范围;变化的市场	稳定的、变化的生产范围;可预测的、变化的市场
研究与开发	主要局限在产品改进上	广泛的;强调首先打入市场	集中的;强调第二个进入市场
生产	高价值/低成本;强调效率和过程管理	强调效率和产品设计	高价值/低成本;强调过程管理
市场	主要局限于销售工作	集中于市场研究	广泛的市场活动
人力资源计划	正式的、广泛的	非正式的、有限的	正式的、广泛的
招聘决策	侧重在内部招聘、晋升	侧重从外部招聘	既注意内部招聘,也重视外部招聘

资料来源:R. E. Mile, C. C. Snow, *Organizational Strategy, Structure and Process*, Mc Graw Hill, 1978, p. 225。

在比较狭窄但同时也稳定的市场经营的企业,实行的是防御型战略,招聘时,应该注意那些有财政金融和生产制造背景的人,以利于稳定市场份额;一个实行探索型战略的企业,在招聘时应该特别注意那些有工程研究和市场开发背景的人,以利于企业开发新产品和新市场;一个以分析型战略见长的企业,由于面对的是复杂的市场,应该在招聘中注意发掘那些具有应用研究才能、市场开发才能和制造才能的人。

3. Porter 竞争战略与员工配置

Porter 提出了三种基本的竞争战略,包括成本领先战略、差异化战略和集中战略。实行成本领先战略的企业拥有高度市场占有率或较低原料成本优势,在其产业

中以低成本的方式生产,通过运营效率、规模经济、低价采购原材料及严格控制成本等方式,取得竞争优势。实行差异化战略的企业强调高品质、创新设计、品牌形象及良好服务,以追求产品或服务的独特性,使其价值提升,因此企业会投资大量研发费、广告费,掌握顾客的需求,创造差异化的竞争优势。实行集中战略的企业分为成本集中战略与差异化战略,针对特定的目标,如特定顾客、地理区域或特定产品类型,选择上述两种战略之一,来满足特定目标群的需求,取得竞争优势。

Gomez-Mejia、Balkin 和 Cardy 探讨了每一类型的竞争战略最适应的人力资源战略:当企业采用成本领先战略时,其主要是通过低成本来争取竞争优势,配合低成本竞争战略的人力资源战略强调的是有效性、低成本生产、高结构化的程序来最小化不确定性,并且不鼓励创造性和创新性。因此,其员工配置活动工作要注重效率,希望用成本较低的方法获取职位候选人,并且在人员选拔方面也采取简单高效的手段,招聘那些可以立即胜任工作的人,或者以较低的培训投资即可以使员工胜任工作,而且要尽可能地保留现有的人才以减少招聘的成本。

当企业采取差异化竞争战略时,通过创造产品或服务的独特性来获取竞争力,因此,这类企业的一般特性是具有较强的营销能力,强调产品的设计和基本研究,公司是以产品的品质著称,其所配合的人力资源战略则是强调创新性及弹性。因此,员工配置活动主要是以高报酬吸引本领域中的高端人才,注重对人力资源的投资以及对关键员工的保留。

当企业采取集中战略时,其特性是结合了成本战略和差异化战略,因此所配合的人力资源战略将是上述人力资源战略的综合,因此员工配置活动也应是上述员工配置战略的综合。

除此之外,加尔布雷斯(Galbraits)和内桑森(Nathanson)也研究了人力资源管理工作与企业战略和组织结构的关系,认为它们三者之间应该相匹配。从表2-7中我们也可以看出相应战略下的员工配置活动的侧重点。

表2-7 企业战略、组织结构和人力资源管理的关系

企业战略	组织结构	人力资源管理			
		选拔	评价	奖励	发展
单一产品战略	职能制	运用主观判断标准进行选拔	根据人事合同进行主观评价	家长式作风,报酬分配的随机性大	主要凭借个人的工作经验,随机性大,侧重于单一职能的能力提高
纵向一体化战略	直线职能制	运用规范的标准进行选拔	以生产率和成本的数据做客观评价的基础	奖励与效益及生产率挂钩	主要通过工作的轮换使工作技能和能力提高

（续表）

企业战略	组织结构	人力资源管理			
		选拔	评价	奖励	发展
产品系列进行相关多种经营战略	事业部制	运用系统的标准进行选拔	以投资回收率、劳动生产率和企业做出的贡献等客观评价作为基础	根据获利能力和对整体公司的贡献进行奖励	主要通过在一个事业部内工作的轮换及在其他事业部内任职，使工作技能和能力提高
在多个国家里生产多种产品	全球性组织	运用系统的标准进行选拔	以多种目标为基础，如投资回收期、不同产品和国家要达到的利润等作为客观评价的基础	根据已计划的多种目标和适当的高层管理的裁决来确定奖励	主要通过在其他事业部内任职或在其他子公司内任职，使工作技能和能力提高

二、企业生命周期

企业生命周期就是指一个企业的诞生、成长直至最后消亡的过程。对于企业生命周期的划分比较典型的是美国奎因和卡梅隆的四阶段论，即将企业的生命周期划分为创业阶段、聚合阶段、规范化阶段和协作阶段（见图2-2）。

在创业阶段，企业刚刚出现，面临的生存压力比较大，因此企业发展的重点是吸

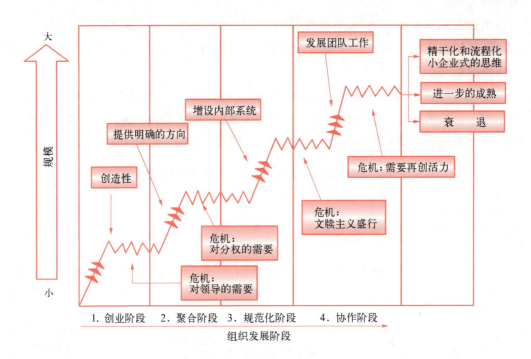

图2-2 企业的生命周期

引优秀的人才并迅速地开拓市场,以谋求在激烈的竞争中生存下来。与此相适应,人力资源管理的各项职能活动也比较简单,由于初创时期企业的灵活性非常大,因此员工配置工作没有明确的标准。初创期的企业人员需求量较少,但是质量要求很高,最好能够独当一面支撑一个部门,主要是挑选那些具有相关工作经验的应聘者。

当企业生存下来之后,随着企业的不断发展壮大,员工的数量会越来越多,单靠创业者个人或几个人已不可能对企业进行有效的控制,这就出现了所谓的领导危机。企业要想继续发展下去,就必须改变目前的状态,由专业的管理人员来进行管理。为了适应这种转变,企业就需要从内部选拔或从外部招聘相应的人员,员工配置工作在这时就显得非常重要。

在企业进入聚合阶段后,企业就开始有明确的经营目标及方向,这时的人力资源管理要根据发展战略的不同来提供不同的支持,前面已经介绍,不再赘述。这一阶段由于企业的规模扩大、人员增多,因此需要设置不同的部门,这就要进行细致的工作分析,界定各个部门与部门内部成员之间的工作与活动。这样,企业的员工配置工作就有了标准,需要根据岗位的活动以及具体要求来挑选人员。因为有了配置的标准,所以该阶段的员工配置工作需要用更为成熟的招聘和甄选方法以获取符合企业要求的员工。聚合阶段企业的规章制度还很不完善,高层管理者在管理中的控制作用还比较突出,这就带来了企业发展过程中的另一个问题,即自主危机。为了解决自主危机,就人力资源管理而言,需要进行详细的工作分析,清楚地界定各个部门和岗位的工作职责和职权,而员工配置活动需要根据这种变化不断调整企业内部的人员,进行企业内部的员工配置。

在规范化阶段,企业建立起了完备的规章制度,高层管理者更多的是思考战略性与全局性的问题,企业发展的重点也更多地转向维持稳定的运行和提高企业的效益。这个阶段人力资源管理活动更加规范,要依照既定的制度办理。在员工配置上,多表现为"高高配置",即高能力的人配置到较高的位置上。但是,在这一阶段企业也容易滋生官僚主义、创新精神减弱等问题,因此这一阶段企业的人力资源管理的核心是激励企业的灵活性,对于员工配置工作就是要建立人力资源储备库,采取比竞争对手更为优秀的人才垄断战略。

在企业进入协作阶段以后,人力资源管理与前几个阶段相比也有所不同。随着企业的继续发展,它逐步成熟完善起来,由于人的惰性和制度的惯性,企业会不可避免地进入一个衰退时期。企业如果想要继续发展,就必须进行新的变革,这时,企业的员工配置工作需要从外部招聘新的管理人员,给企业注入新的血液,带来新的活力。

三、企业文化

对于企业文化的含义,到目前为止存在着各种各样的定义,归纳起来可以做这样的解释：企业文化是指企业在发展过程中逐步形成的企业成员所共同具有的价值观念、道德准则等观念形态的总和。作为精神层面的东西，企业文化并不是抽象的，它总是以一定的具体实体为载体而表现出来，如企业的形象、企业的制度等。

企业文化对人力资源管理的影响主要表现在它能够影响甚至决定人力资源管理的方式、内容等，在不同的企业文化下，人力资源管理的具体活动是不同的。同样，不同的企业文化也会导致不同的员工配置活动。为了研究成功的组织是如何寻找和保持优秀员工的，Harris 对 250 家成功的组织进行了调查研究，结果发现影响组织成功地寻找和保持优秀员工的一个重要的因素是组织文化，因为组织文化能够决定组织选拔和保留优秀员工队伍的程序和方法（John，2000）。另一项对澳大利亚 223 名人力资源管理专家或招聘经理的调查显示，90% 的人认为员工配置活动必须和企业文化相适应。

在实际中，因企业文化不同，员工配置活动的差别也比较大。有些公司进行招聘只是单纯的招聘，而有的公司则把招聘当成一种营销行为，为了打出公司的品牌和知名度。有的公司可能会直接在人才市场上招聘，而有的公司则可能本身有人才储备，人才空缺时只会在公司内部招聘，而外部招聘则只在某个特定时间进行。不同的企业侧重的招聘渠道也不一样。这些不同，实质上都是企业文化的表象。

企业文化对员工配置的影响主要表现在以下三个方面（陶莉、郎涛，2004）。

1. 企业文化不同，其招聘的对象不同

有什么样的企业文化，直接决定了企业需要招聘什么样的人才。进入企业的新员工，总是需要一段磨合时间，才能逐步适应企业的内外部环境和条件。如果新员工自身就具有与企业文化一致的特质，就可以较快地了解和适应新的工作环境和岗位。反之，新员工将需要很长的一段时间来适应这种环境和氛围，并且逐步改变自己以期能够融入这样的文化。这不仅会花掉其很大部分的精力，而且如果不能成功，他们将会感觉处处受压抑、受排挤，最后的结果是要么消极怠工，要么选择离开。对于企业而言，每次的招聘都有不低的成本，如果招聘的员工最终流失，企业在物质和精神上的损失都相当巨大。

特别是作为企业文化核心的价值观，在企业中扮演着极为重要的角色。每一个人在进入企业成为企业一员以前，大都形成了自己的价值观念，个人的价值观与企业的核心价值观是否一致，不仅直接影响到企业的核心价值观能否为企业员工所接受，而且如果招聘的员工的价值观与企业的主流价值观相左，则会使员工的个人目标和企业的目标不一致，这会大大削弱企业的竞争力，导致员工付出了极大努力，不但不能得到企业的承认，反而可能损害企业的利益。

2. 企业文化不同，其员工配置的方式和途径不同

企业在招聘时究竟采用哪种招聘方式，要视其具体情况而定。仅就企业招聘的

来源看,大多数企业实行内部招聘和外部招聘并举。因为现代的企业运作日趋复杂,不可能有哪个企业可以完全依靠内部招聘或者外部招聘一种单一的招聘方式完成它对人才的补充。只是对这两种招聘方式存在着谁为主、谁为次的问题,这就需要根据企业文化来做出抉择。只有选择与企业文化相适宜的招聘方式,才能在更好地发挥出内部招聘和外部招聘优势的同时,规避其劣势。否则,老员工难以接受,积极性严重受挫,新员工受到敌视,难以开展工作,最后导致整个企业的竞争力、凝聚力、发展前景都受到严重影响。同时,选择招聘方式还要随着企业文化的发展而适时调整,保证其始终与企业文化保持一致。

一般而言,强调创新和学习的企业文化要求以外部招聘为主,这样的企业一般外部环境和竞争情况变化非常迅速,选择外部招聘可以经常为企业带来新的观念和思维方式,增强企业的活力。发展迅速的高新技术企业大多属于这样的企业,如IT企业。然而,强调稳定的企业文化要求以内部招聘为主,因为这样的企业外部环境比较稳定,企业需要的是平稳的发展,选择内部招聘可使企业内部安定,并且它的激励作用更能让员工对企业不起异心,从一而终。这对于传统型的企业,如工业企业更为有效。

不同的企业文化,使得企业即使选择相同的招聘方式,也会选择不同的招聘途径。这样,企业可以更加细化地挑选适合自己的人才,减少招聘中的"沉没成本"。保守、沉稳,并且有着几十年计划经济传统的国有企业更多地选择主管推荐这一途径,特别是上级组织推荐,甚至选派。然而,相对较灵活和开放的民营企业可能选择职务公开招募和竞争上岗。同样选择外部招聘,国有企业和民营企业可能更多地选择利用媒体信息资源招聘和校园招聘,而追求法律允许下效用最大化的欧美企业则可能更多地选择就业代理机构和猎头公司,甚至不惜重金也要挖竞争对手的"墙脚"。在具体做法上,它们也有一定的区别,国有企业习惯于被动地接受推荐和选派员工,招聘采用守株待兔的做法,在招聘现场支一张桌子,树一块牌子,摆几个凳子;只注重了解应聘者的情况,而疏于向对方介绍自身的情况;对招聘到的员工既没有进一步的系统培训,也没有职业发展计划;对没有录取的应聘者更没有任何解释和说明。外企特别是著名的外企,在招聘时不仅派出强大的、专业的招聘队伍,而且准备充分,印制各种精美的介绍企业情况、工作情况的宣传材料,在了解应聘者的同时,也让对方了解自己;如果没有录取应聘者,也要友好地回信予以说明。在双向沟通中既完成了招聘任务,又很好地宣传了企业,赢得了人们的信任和潜在的应聘者。

3. 企业文化不同,其员工配置的策略不同

随着各种竞争压力接踵而至,采用何种招聘策略对许多企业来说至关重要。企业无论规模大小,在招聘工作之前都必须做出以下策略决定:① 企业招聘员工的人数;② 企业要涉足的劳动力市场;③ 企业应当采用的雇佣方式;④ 企业需要的员工的知识、技能、能力和经历;⑤ 招聘中法律因素的影响;⑥ 是否需要委托代理机构;⑦ 关于职务空缺的信息如何传递;⑧ 企业招聘工作的力度等。作为企业文化,它可以直接影响企业将采用或者侧重哪些招聘策略组合。合乎企业文化的招聘策略组合,可以更大程度地发挥出企业招聘的作用,达到企业找寻合适的人填补岗位空缺的目的,同时还能大大降低招聘成本;而只注重形式、不合企业文化的招聘策略不但费时费力,最终还难以找到合适的人选。

例如,企业文化按照行业的风险高低和反馈快慢,可划分为四种:高风险、反馈慢(攻坚文化);高风险、反馈快(强人文化);低风险、反馈慢(过程文化);低风险、反馈快(拼命干、尽情玩文化)。攻坚文化型企业(如航空、石油企业)强调仔细权衡、周密策划、深思熟虑、有远大志向;强人文化型企业(如广告、影视、出版)强调坚强、乐观、进取心强;过程文化型企业(如银行、保险、公共事业)注意过程和细节、遵纪守时、谨慎周到、稳定保守;拼命干、尽情玩文化型企业(如房地产、批发、餐饮)要求服务周到。

企业文化的不同,直接导致企业采取不同的招聘策略。

- 对于高风险、反馈慢的石油、航空企业来说,招聘策略应当偏重②③④⑧项,企业应主要涉及高学历的劳动力市场,并且绝大部分雇佣固定员工;学历的高低、经验的丰富程度都应当成为招聘的重要依据;由于企业的高风险性,企业招聘的力度很大,需要仔细甄选应聘者。

- 对于高风险、反馈快的广告、影视、出版企业来说,招聘策略应偏重①②④⑤项,一般不需要很多的员工,但主要涉及高学历劳动力市场;除学历和经验要求外,反应力的迅速也应当成为招聘的依据,同时必须密切留意相关法律法规的规定和变化。

- 对于低风险、反馈慢的银行、保险、公共事业企业来说,招聘策略应偏重②③④⑦项,主要涉及中高学历劳动力市场,雇佣固定员工;招聘时应聘者求实、稳重、谨慎的个性特征应当成为招聘的依据;在传递职位空缺信息时应偏重向内传递。

- 对于低风险、反馈快的房地产、批发、餐饮企业来说,招聘策略应偏重①②③④⑤项,一般需要员工较多,但主要涉及中低学历劳动力市场;由于企业经营随时间不同需要人数变动很大,应主要采用灵活雇佣方式,可向一些机构租借临时员工,以应不时之需;招聘时学历不是最重要的考察因素,要注重经验、反应力的考察,同时密切留意相关法律法规的规定和变化。

董克用(2003)从控制程度、开放程度、个人—集体意识、结果—过程倾向、风险容忍程度、冲突宽容度、人本程度、公平观念、奖励导向、管理关系导向这 10 个方面来描述企业文化。当企业的控制程度比较高,就意味着管理者对员工更多的是进行直接的监督控制,员工配置工作就没有那么复杂,不需要过分详细的工作分析,管理者可以直接界定和调整员工的工作内容。当企业的开放程度比较高时,它不会排斥外部的人员,因此在员工配置时,就可以从内部、外部两个渠道来进行;反之,当开放程度低时,由于企业员工不欢迎外部的人员,填补职位空缺尤其是高级职位空缺就要更多地从企业内部来晋升选拔。在强调个人的企业中,个人的能力大小决定了其工作绩效的好坏,因此,员工配置活动的重点是对其能力等的考察,员工配置活动的基础是人与职业或人与工作的匹配;而在重视集体的企业中,工作更多地是以团队的方式进行,因此,员工配置活动的基础是人与组织、人与团队、人与人的匹配。如果企业的管理看重工作结果,那么员工配置活动的重点是用最少的花费招到最合适的人,注重员工配置工作的成本;如果企业注重工作过程,员工配置活动需要有计划地进行,强调员工配置活动的规范和有效,要符合相关的法律、法规和企业的相关规定。如果企业管理是以"事"为出发点,则员工配置工作的重点就是强调"人"要匹配"事",在招聘时严格地以岗位的要求来甄选人员;如果企业管理是以"人"为出发点,则员工配置的重点是强调"事"要适合"人",在招聘时更多的是考察应聘人员的基本素质和能力,进入企业后经过一段时间的适应再来确定新员工的具体岗位。公平观念的不同也会造成员工配置实践的不同:企业如果以绝对的标准对待公平,员工配置活动就会追求结果的平等;如果以相对的观点来看待公平,员工配置活动就会注重过程的公平。管理关系导向对员工配置活动的影响主要体现在管理方式方面:在单项命令式的管理中,员工处于被管理的地位,也不能参与员工配置工作的决策,员工配置活动也不会征询员工的意见;相反,在双向互动式的管理中,员工可以参与管理决策,人员调配活动也会充分考虑员工的意见。

四、组织结构

如果企业的员工配置基础是人与岗位的匹配,要求个人特征与工作岗位的特征有机地结合起来,那么,组织结构将是员工配置工作的一项重要的考虑因素。

组织结构存在着各种各样的类型,根据企业的复杂化、正规化以及集权化的不同,可以将组织结构划分为两类:一类是机械模式,其特点是僵化的部门制,高度正规化和集权化;另一类是有机模式,其结构扁平,正规化程度较低,信息自由流通,员工参与决策程度较高,即分权化。

组织结构对员工绩效、工作满意度的影响非常大。有些人喜欢在有机结构中自由、灵活地发挥自己的才能;而有些人在机械结构中,也就是工作任务标准化程度很高,且任务比较明确时,绩效最高,工作满意度也呈现出最佳状态。因此,组织在招聘员工时,必须考虑到应聘人的个体特点是否与组织结构相适应。比如,虽然由于越来越多的劳动力受过高等教育,与过去相比,他们更渴望工作具有内在的激励性;但我们也不能忽视这样的事实,即仍有一部分人偏爱常规性强和高度专门化的重复性工作,这些人希望工作对智力的要求低一点,能够提供一种安全感。另外,我们还不应该忽视应聘者其他方面的一些特点,比如,有些人喜欢独处,有些人则喜欢上司随时的指导,有些人对于控制跨度大的工作比较满意,而有些则希望能少承担分散决策带来的责任。所以,一个组织在招聘员工时应运用权变理论对待员工特质与组织特点的契合问题。

在机械式的组织结构中,由于各岗位的工作职责相对固定,对岗位的工作职责和职权有明确的规定,因此,员工配置工作具有相对明确的标准,按照岗位的职责以及要求来招聘人员即可。当在有机式的组织结构中,工作职责不再是固定的,而是处于不断调整变化中的,没有非常清晰的工作分析,只有概括性的工作描述,因此,员工配置工作应该重视对应聘人员的基本能力和基本素质的考察,选拔的员工应该有能够承担多项工作的能力。在具体操作中,机械式的组织可能更应倾向于选择那些喜欢依赖地位较高的权威人物,喜欢用正规、具体的各种规则来指导自己的工作程序,并希望在工作中与别人保持正规关系的应聘者,因为这些人较适合在机械结构中工作;而那些官僚倾向低,对自主性要求高的应聘者则更适合在有机结构中工作。

当然,组织结构还有其他的划分方法,相应的员工配置工作也有不同的侧重点,如之前表2-7中将组织结构划分为职能制、直线职能制、事业部制、全球性组织。职能制的组织在进行人员选拔时主要运用主观判断标准进行选拔;直线职能制的组织主要运用规范的标准进行选拔;事业部制的组织和全球性组织都是主要运用系统的标准进行选拔。

五、企业的形象和地理位置

企业是否在应聘者心中树立了良好的形象以及是否具有较大的号召力,将从精神和行动两方面影响组织的员工配置活动。每一个人都希望自己能够身处优秀的公司为其服务,应聘者会以有能力进入公众认可的优秀企业而自豪,所以具有良好社会形象的企业在招聘宣传会、招聘方式选择等前期工作中可以不费吹灰之力,单凭它们在公众中声望,就能很容易地吸引大批的应聘者。

企业所处的地理位置在很大程度上影响求职者的意向。特别是我国经济发展不平衡,这在很大程度上造成我国各地区人才分布的极不平衡。一方面,经济发达地区各类人才蜂拥而至;另一方面,经济发达地区各类人才纷纷外流,这在很大程度上又制约了这些地区经济的发展。经济欠发达地区各类人才相对充足,这为员工配置工作提供了更多的机会。经济欠发达地区环境艰苦,人才匮乏,这就增加了这些地区员工配置工作的难度。现在国家和地区推出一系列政策,鼓励各类人才到经济相对落后的地区工作,这些经济相对落后地区的企业和单位在吸引人才方面也采取了很多优惠而灵活的政策,这些政策和措施为经济落后地区吸引人才提供了条件。

六、企业的管理水平和人力资源管理政策

企业的管理水平对企业员工配置工作的影响体现在：首先，员工配置过程实际上也体现着企业的管理水平的状况。一般来说，企业的管理水平越高，各项管理制度越规范，员工配置工作的效率也就越高，越能够招聘到企业所真正需求的人员。同时，高水平管理的企业，由于其发展的可预见性，能够吸引大量的高素质的人才前来应聘。其次，招聘过程中招聘人员的形象也会影响招聘的质量。招聘人员仪表端庄、热情高效、耐心细致、政策水平高，既能提高招聘效率，也能给公众特别是应聘者留下良好的印象，吸引高素质的应聘者。反之，不仅会拒应聘者于千里之外，而且向公众传递的是企业形象不佳的信息。

企业的人力资源管理主要是通过企业的用人政策、企业的报酬及福利待遇等方面来影响员工配置活动的。企业的人力资源管理是一个系统，各个子系统之间是相互关联、密不可分的，其他的人力资源管理活动势必会影响到企业的员工配置工作。例如，企业的薪酬政策、培训政策等都直接决定了企业在劳动力市场上的竞争力。IBM 中国公司除了向员工提供极具竞争力的薪金外，还制定了完善的福利计划，包括带薪假期、住房补助、进修资助、医疗及退休保障计划，以及各类保险计划等。上海某公司建立了完善的员工培训体系，鼓励员工接受继续教育，如硕士或博士学历教育，公司为员工负担学习费用。此外，公司还为员工购房买车提供无息贷款，所有这些政策都将提高公司在劳动力市场上的竞争力。

影响企业员工配置工作的因素还很多，包括企业的承受能力、员工配置工作的成本、企业对人才需求的紧迫性等，这里就不一一细说了。总之，企业应根据自身不同的实际情况有效地组织员工配置活动，保证企业对人员的需求能够及时得到满足。

本章小结

企业是一个开放系统，其行为方式受到外界各种因素的制约和影响，人力资源管理也不例外。员工配置活动的目的是获取、运用和留任足够数量和质量的劳动力。在很多情况下，吸引、获取满足组织要求的人员并非易事。在员工配置过程中，无论是人员获取、运用还是人员的保留，都会受到很多因素的影响。员工配置环境总体上可以划分为外部环境和内部环境两类。

影响企业员工配置活动的外部因素主要有政治、经济、文化、法律等，这些因素对于组织来说虽然是不可控的因素，但是其对员工配置活动的影响作用是不容

忽视的。经济环境影响因素主要是经济制度、经济发展周期和国家的经济政策；政治因素主要包括一国的政治环境、政府的管理方式以及政府的方针政策；劳动力市场是员工配置工作的主要场所和前提条件，企业的人员结构、人员素质水平、工作结构、现有或预期的人力资源最终取决于劳动力市场的结构和作用；由于文化能够影响人们的思维方式和行为方式，因此会对人力资源管理活动中的员工配置产生重要的影响。技术进步对企业员工配置的影响，反映在对招聘数量和质量的影响上，尤其是2008年1月1日开始施行的《中华人民共和国劳动合同法》，加强了对劳动者的保护，严格了用人单位的招聘义务和法律责任，给企业的用工规范提出了更多、更高的要求。

与外部环境相对应，员工配置的内部环境就是指在企业系统之内能够对员工配置活动产生影响的各种因素。相比外部环境，内部环境的各种因素都处于企业的范围之内，因此企业能够直接地控制和影响它们。和外部环境一样，员工配置的内部环境也包括很多具体的内容，凡是在企业内部同时又能够对企业的员工配置活动产生影响的因素都在这个范围之内，包括企业战略、企业生命周期、企业文化和组织结构等。

讨论案例

招聘环境分析

一、企业概述

核工业第二研究设计院是中国核电行业的主要研究设计单位，其知识密集型特性决定了人力资源在该院的核心地位。人力资源部作为专职人力资源管理的职能部门，其人力资源管理的最终目标是为企业的发展创造最大价值，即通过组建一支企业发展所需要的员工队伍（建立队伍）和造就一种能激发员工动力的新型的管理机制（形成机制），并通过多种人力资源管理职能来实现这种创造价值的目标。招聘工作分为内部招聘和外部招聘两种形式，一般需要经历需求分析、选拔评价与录用、效果评估三个阶段。

二、招聘环境分析

环境分析是员工招聘的前提条件。影响企业招聘策略的外部环境因素包括社会劳动力市场、产品和服务的市场状况；内部因素包括企业内部的政策、职位的性质等。

1. 劳动力市场

毕业生就业市场,是该院外部员工招聘的主要市场。从供需总量看,明显供大于求,但在部分专业上,局部呈现出资源约束型,如该院所需要的核反应堆工程、核化工等主要专业,近年明显呈现供应不足的局面。这种局面是前几年市场需求不足、毕业生就业市场狭窄、师资力量的薄弱和生源不足等多方面原因造成的。目前能够培养核能专业人才的高校仅仅局限在清华大学、西安交通大学、上海交通大学、哈尔滨工程大学、南华大学等几所高校,且以本科毕业生为主,每年约三四百人,更高层次的人才(如硕士、博士)比较稀缺,远远不能满足国家提出的大力发展核电计划对人才的需要。

对该院来说,地处北京的地理优势,是吸引人才的有利条件之一。首先,在大学毕业生的招聘上,可以充分利用国家部委对在京企业的优惠政策和集团公司的大力支持吸收大量合格的专业人才;其次,在对社会人员的招聘上,坚持以劳动合同制为基础,淡化户口、地域的限制,强调不求所有,但求所用,对优秀人才争取在政策范围内解决其家庭及生活问题,以达到长期使用或留住人才的目的;最后,面对即将到来的核电建设高峰,针对核电现场设计与服务工作需要,逐步推行在当地区域人才市场招聘临时员工及节约人力成本。

2. 产品和服务市场状况

该院所从事的核电产业,受国家政策和宏观调控的影响很大,在"九五""十五"期间,没有得到大力发展,批准开工的仅有的几座商用核电站,但也带有试验性质,导致整个核工业系统,尤其是设计院的任务量明显不足,建立起来的核电设计队伍,特别是核专业人才流失严重。2004年底,随着国家能源政策的调整,核电迎来了大发展的契机,作为核电产业链上的设计院,其良好的发展前景成为众多人才选择的理想目标。

3. 企业内部的政策

该院现在面临着核电发展的大好机遇,市场不断扩大。一方面,针对核电设计以项目组织管理的方式,需要将大量的工程技术人员选拔到技术管理岗位上;另一方面,面对同时承接几个核电设计任务的实际情况,需要从社会劳动力市场补充大量的从事基础性工程设计任务的技术人员。因此,该院目前在人员招聘实践中采用的是内部提升与外部招聘同时并重的方式,内部提升重在解决管理中的结构性问题,外部招聘则侧重于解决人才总量不足的问题。

4. 职位的性质

该院对外招聘的职位基本上属于基础的专业设计岗位,对应聘者,特别是那些大学毕业生,具有一定的挑战性。另外,在专业技术职称的评审晋升上,职称与待遇挂钩,一定程度上起到了激发员工积极性的作用。

该院作为国家核工业建设的中坚力量,几十年来企业和职工工作的相对稳定性,在市场经济中树立的良好社会声誉,具有一定市场竞争性的工资和福利政策水平,工作本身具有的挑战性,符合国家核电产业政策的光明发展前景,平等和谐的人际关系,开放的沟通和以人为本的管理风格等,都是企业吸引优秀人才的有利因素,也是该院在招聘时应该对外宣传的重点。

资料来源:胡华涛,"人力资源招聘环境分析及效果评价",《核工程研究与设计》,2006年第3期。

请分组就以下问题进行头脑风暴:
案例企业的招聘优势有哪些?其最大的优势是什么?

第三章

员工配置的基础：人力资源规划

员工配置是一个复杂、完整而又连续的程序化操作过程。有效的员工配置系统可以为组织不断补充新生力量，实现组织人力资源的合理配置。员工配置是一个有目的、有计划的活动，不是凭经验和感觉进行的。组织的员工配置工作是建立在两项工作的基础上来完成的：一是组织的人力资源规划，二是工作分析。人力资源规划为员工配置工作指明方向，其成果是组织进行员工配置工作的指导性文件，有了人力资源规划，组织才可能进入科学的员工配置工作的操作阶段。

第一节 人力资源规划概述

任何资源,尤其是稀缺资源,都需要有系统的规划,使得资源的数量、质量符合组织要求,并及时满足组织需求,确保组织业务运转和战略目标的实现。人力资源作为一种组织关键的资源,更加需要得到系统的规划,确保组织的"人"在数量上、质量上、结构上、流动上都符合该组织的需求,促进该组织的发展。

一、人力资源规划

人力资源规划到底是什么?这是研究人力资源规划各个细节问题之前,都不可回避要回答的问题。学界对于人力资源规划的定义纷繁复杂,但是仍然可以纳入几个比较大的流派中去。Robert M. Emmerichs, Cheryl Y. Marcum, Albert A. Roobbert(2004)将人力资源规划的定义分为以下三种类别。

1. 目标导向的定义流派

这个流派认为,人力资源规划是确保组织的人力资本投资及时得到有效回报且有效实现组织战略目标的一系列组织行为。具体来说,是为了追求:明确组织满足战略目标所需要的劳动力;开发一系列人力资源管理政策和实施步骤,也就是一个综合的行动规划,确保有需要的时候获得合适的劳动力;形成令人信服的理论基础,以获得新的权威来安排资源,实施人力资源管理政策和体系,来满足组织的战略目标。

这个流派的思想较为看重人力资源规划与组织战略的整合,强调实现战略目标是人力资源规划的核心目标,领导者的战略意图也会集中表现在人力资源规划上。

目标导向的人力资源规划提出了人力资源规划的三个目的,强调的是"为什么进行人力资源规划",因此,它适用于公司领导决定是否需要进行人力资源规划。

2. 结构导向的定义流派

结构导向的定义流派阐述了人力资源规划的目标,认为人力资源规划就是要解决四个问题:第一,组织为了实现战略目标,未来将需要什么样的关键人力资源能力?这些获得的能力和特征将如何分布?第二,现有的人力资源应该如何分布才能满足未来需求?第三,如果组织保持现有的政策和体系,未来的人力资源各种特征的分布状况如何?第四,针对未来需要的人力资源分布和人力资源存量,人力资源管理政策和制度、资源决策和其他的行为应该如何变化?

结构导向的人力资源规划强调"人力资源规划是什么",它确定了人力资源规划的四个基本问题,以及回答这些问题所需要的信息。这种观点还提供了开展人力资源规划活动的一个蓝图,组织领导可以用这样的方法来开发人力资源规划的模型和机制。

3. 过程导向流派

这一流派倾向于把人力资源规划看成一个持续的过程,如 Walker(1980)提出,人力资源规划是在变化的环境下分析组织的人力资源需求,并且开展相应的工作以满足这样的需求的一个过程。这一流派认为人力资源规划由四个步骤构成(见图3-1)。

过程导向的人力资源规划强调"怎样进行人力资源规划",它描述了人力资源规划的四个步骤,而且强调三个关键要素:组织战略目标的确定和详细说明、对组织未来所需的人力资源结构分布的估计、一个调整现有人力资源分布以实现未来需要的模型。公司领导可以用这种方法来确定和动员实现人力资源规划所需要的资源。

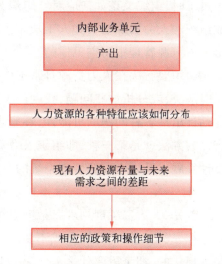

图3-1 过程导向学派的人力资源规划步骤

简单来说,人力资源规划是指在组织发展战略和经营规划的指导下进行人员的供需平衡,以满足组织在不同发展时期对人员的需求,为组织的发展提供符合质量和数量要求的人力资源保证。再通俗一些讲,就是对组织在某个时期内的人员供给和人员需求进行预测,并根据预测的结果采取相应的措施来平衡人力资源的供需。

通过人力资源规划,我们要能够回答或者说要能够解决下面三个问题:

(1)组织在某一特定时期内对人力资源的需求是什么,即组织需要多少人员,这些人员的构成和要求是什么。

(2)组织在相应的时期能够得到多少人力资源的供给,这些供给必须与需求的层次和类别相对应。

(3)在这段时期内,组织人力资源供给和需求比较的结果是什么,组织应当通过什么方式来达到人力资源供需的平衡。

可以说,上述三个问题形成了人力资源规划的三个基本要素,涵盖了人力资源规划的主要方面,如果能够对这三个问题做出比较明确的回答,那么人力资源规划的主要任务也就完成了。

二、人力资源规划的作用

当组织需要某类人员,而在人力资源市场上又无法寻找到该类人员,组织应该如何处理?如果组织付出了高昂的培训费用,但是由于大批老员工的离职,使组织必须再次支付培训费用,组织应该怎样应对?当组织培养的核心员工成为竞争对手的骨干员工时,组织又该如何应对?组织为了为避免人力资源短缺储备了大量人才却造成组织的人力资源浪费和人工成本上升,组织又该怎么办?这些问题都是组织在日常人力资源管理中司空见惯的。

组织要解决在人力资源日常工作中所发生问题的方法无非是:遇到这些问题就及时解决;或分析这些问题,找到产生这些问题的原因,避免再次出现类似情况;或预先估计出现各种问题的可能性,在管理中有意识地加以避免。在这三种方法中最为有效的方法就是第三种,即组织人力资源规划法。人力资源规划的实施,对于组织的良性发展以及人力资源管理系统的有效运转具有非常重要的作用。

1. 人力资源规划有利于组织战略、目标、愿景的实现

首先,人力资源规划可以帮助组织识别战略目标。组织在不断变化的社会环境中生存,战略目标不可能一成不变。人才的稀缺性使组织认识到,战略是现实的,不是理想化的,那个需要什么人才就可以找到什么人才的时代已经走远了,在当今社会,必须将"需要什么人才与能够获得什么人才"结合起来,才能形成理性的战略。人力资源规划通过需求预测、供给预测,可以使组织辨识战略、目标、愿景的现实性和科学性。

其次,人力资源规划有助于创造组织实现战略目标的内部环境。组织的内部环境是一个多种资源综合作用的复杂体系,人力资源是其中一个关键要素。通过人力资源规划,进行合理的员工配置、安排、流动,可以实现多种资源的优化配置,促进资源使用效率的提高,为组织战略目标的实现提供一个良好的内部环境。

第三,人力资源规划能为战略目标提供人力资源保障,这是非常显而易见的。只有人力资源数量、质量、结构都支持组织战略目标,且个体目标与组织目标一致的时候,才能确保组织战略的有效达成。人力资源规划工作正好能够保证组织的人力资源与战略的匹配。

2. 人力资源规划有利于人力资源管理工作的开展和提升

(1)确保企业生存发展过程中对人力资源的需求。

不同的企业组织,不同的生产技术条件,对人力资源的数量、质量结构等要求是不一样的。在激烈的市场竞争中,组织需要不断地开发新产品、引进新技术,才能在竞争中立于不败之地。新产品的开发和新技术的引进引起组织机器设备和员工配置比例的变化,这需要组织对其所拥有的人力资源不断进行调整,以保证新产品和新技术条件下工作对人的需要以及人对工作的适应性。在组织发展过程中,如果不能事先为组织发展提供各个阶段所需的人才,组织则不可避免地会出现人力资源短缺的现象,从而影响正常的生产活动。

组织通过人力资源规划,可以减少组织发展过程中的人事安排的困难,使组织在用人的时候能够事先考虑好员工将来在组织中的可能位置。不进行人力资源规划的组织,组织的发展将是随意的,用人缺乏计划性,并随时潜伏着各种危机,制约组织发展。

(2) 使人力资源管理活动有序化。

在组织日常的人力资源管理活动中,无论是确定各种岗位上人员的需求量和供给量,还是职务的设计和人员的配置,不通过人力资源规划组织的目标都是很难实现的。例如,组织在什么时候需要补充人员、补充哪个层次的人员、采取哪些补充方式、根据岗位要求如何组织培训等,这些工作如果没有有效的人力资源规划,组织的人力资源管理将是一片混乱。所以,人力资源规划是组织人力资源管理具体活动的依据,它为组织的人员录用、晋升、培训、人员调整等提供了准确的信息和依据。

(3) 有助于组织降低人工成本的开支。

虽然人力资源对组织来说具有非常重要的意义,但是它在为组织创造价值的同时也给企业带来了一定的成本开支。理性的组织又是以利润最大化为目标的,追求以最小的投入实现最大的产出,因此组织不可能使拥有的人力资源超出自己的需求,这样不仅造成了人力资源的浪费,而且还会增加人工成本的开支。通过人力资源规划,组织就可以将员工的数量和质量控制在合理的范围内,从而节省人工成本的开支。

(4) 为其他人力资源活动提供重要依据。

不管如何定位人力资源规划与人力资源管理之间的关系,人力资源规划都能为人力资源管理各个板块的工作提供背景和目标设置。需要什么样的人,需要多少人,什么时候需要人,什么岗位需要人,这些问题都可以通过人力资源规划解决,而这些问题的回答,就是员工配置、培训开发、薪酬管理、绩效管理、职业生涯规划等各板块的工作目标。人力资源规划对于员工配置工作来说尤其重要,是员工配置工作的基础。因为,组织根据工作分析的结果与对员工现有的工作能力的分析,决定员工配置的数量和质量,并对人力资源的需求做出必要的修正,然后组织根据人力资源的供需计划和员工配置的结果(即短缺人员或剩余人员的数量)来决定招聘与解雇员工的数量,所以人力资源供需计划是员工配置的基础。

3. 从个体角度来看,人力资源规划有利于组织员工制定个人发展计划和实现其长期利益

人力资源规划在组织层面展开,也会对个体产生重大的影响。人力资源固化可以使个体看到未来组织在各个层面对人力资源的需求,也就是对个体的发展要求。这就为个体设定了一个目标,可以指导个体设计自己的职业生涯发展规划,这对提高个体综合素质、实现个体目标、提高个体工作质量和生活质量都是非常有益的。

三、人力资源规划的内容

人力资源规划的内容,也就是它的最终结果,主要包括两个方面。

1. 人力资源总体规划

人力资源总体规划是组织人力资源在规划期内开发利用的总目标、总任务、总政策、总预算和主要实施步骤的安排。简单来说,它是指对计划期内人力资源规划结果的总体描述,包括预测的需求和供给分别是多少,做出这些预测的依据是什么,供给和需求的比较结果是什么,组织平衡供需的指导原则和总体政策是什么等。总体规划主要在组织战略层次上,就组织人力资源供需的预测结果所反映出来的人力资源需求和供给不平衡进行总体调节。可以说,在总体规划中,最主要的内容就是供给和需求的比较结果,也可以称作净需求,进行人力资源规划的目的就是得出这一结果。

2. 人力资源业务规划

人力资源业务规划主要在组织业务经营层次上,确定为实现人力资源总体规划需要实施的各种业务规划,是总体规划的分解和具体实施,它包括人力资源晋升规划、人员补充规划、人力资源培训规划、人力资源流动规划、人力资源补偿规划、人力资源职业生涯规划、人力资源缩减规划。每一项业务实施规划可以由规划的目标、政策、步骤和预算等组成,只有通过这些业务规划的具体实施才能使组织人力资源总体规划的目标得以实现。

(1) 人力资源晋升规划。

人力资源晋升规划是根据组织需要和人员分布状况制定员工的提升方案。人力资源晋升规划的目标在于通过尽量将员工放在能够使其发挥作用的工作岗位上,以求调动员工的劳动积极性并以最低成本使用人力资源。员工的晋升,不仅使员工个人利益可以在自己的才能发挥中得到实现,而且也意味着员工所面对的责任、挑战和自尊的增加。工作中更大的责任和自我实现的结合,能使员工产生强烈的工作积极性,组织能以较小的人力资源投资获得较大的回报。

晋升规划一般用晋升条件、晋升比率、晋升时间等指标表示。例如,某企业某一级别的晋升条件如表3-1所示。

表3-1 某企业某一级别的晋升条件

某级别的年资(年)	1	2	3	4	5	6	7	8	9	10
晋升的百分比(%)	0	0	25	40	50	60	0	0	0	0

此规划表明,某级别向上一级别晋升的最低年资为3年,第3年的晋升率为25%,第4年为40%,第5年为50%,第6年为60%,其他年资很难有晋升的机会。

组织的人力资源晋升规划必须按照职务的不同类型分别拟定,而且每一类职务晋升的年资与相对应的最低条件必须以十分清楚的、具体的指标列出。组织中不同类别的晋升指标及指标调整变化,都会对员工心理产生较大的影响。如果晋升的年资延长,则表明员工晋升的时间比较长,员工如果没达到晋升年限将继续等待下去;如果降低晋升率,则表明员工获得晋升的希望越来越小,员工可能会选择离开组织。所以,组织的人力资源晋升规划应全面衡量、慎重考虑,否则将会引起员工的不满情绪,对员工的平等竞争和组织经营管理造成不良影响。

组织依据人力资源的晋升政策和战略目标,可以制定出组织人力资源晋升规划。在晋升规划中,要指出晋升职务名称、晋升人员所在部门、晋升人数、晋升以后增加的成本、晋升条件和晋升时间,以及晋升后的预计效果。根据这些具体内容,组织人力资源管理部门就可以对本规划期内的员工晋升活动进行有效的管理控制,使组织的员工晋升能够为组织的人力资源发展带来活力。表3-2是某企业员工晋升规划表。

表3-2 某企业员工晋升规划表

晋升职务	晋升人员部门	晋升人数	晋升后成本增加数	晋升条件	晋升时间
经理	市场部				
主任					
业务员					
	合　计				
高级工程师	技术部				
主任					
工程师					
	合　计				
组长	生产部				
技术员					
技术工人					
晋升预计效果					

资料来源:陈京民、韩松,《人力资源规划》,上海交通大学出版社,2006年。

(2)人力资源补充规划。

人力资源补充规划是组织根据组织运行的实际情况,对组织中长期内可能产生的空缺职位加以弥补的计划,旨在促进人力资源数量、质量和结构的改善,是组织吸收员工的依据。

一般来讲,人力资源补充规划是和人力资源晋升规划相联系的,因为晋升规划会造成组织内的职位空缺逐级向下移动,最后积累到最低层次的人员需求上来。当然,较高的职位也有空缺,有时必须从外部劳动力市场以较大的代价方能获得。所以,在组织进行招聘录用活动时,必须考虑到若干年后员工的使用情况。只有在员工的安排和使用上用发展的观点看问题,才能制定出合理的人力资源补充规划,使组织每一发展阶段都能有恰当的人选胜任工作要求。

组织人力资源补充规划需要确定补充数量、制定补充政策、构建补充方案和预算。补充数量是指组织人力资源需要补充的具体数量和技能结构,其中外部补充数是从组织人力资源规划中的人力资源总需求中扣除通过内部配置、晋升、培训等内部补充后的数量。补充政策主要是确定内部补充还是外部补充,这取决于组织的用工制度是否是终身制以及所需要人员类型是怎样的。如果是终身雇佣制常常倾向于内部补充,为员工提供发展机会;如果补充继续的特殊人力资源时,可使用外部补充。补充方案一般由补充方法、补充信息发布形式、补充范围、补充预算等内容组成。补充预算的大小和补充方法、具备空缺岗位资格的申请人的可获得性、工作类型和在组织中地位、该项工作应付的报酬、是否要调动等因素有关。

在制定补充规划时,必须注明需要补充的人力资源类型、技能等级、需要补充部门、补充人数、补充方式、补充时间、补充以后增加的效益、补充以后增加的支出等。表3-3是某企业人力资源补充规划表。

表3-3 某企业人力资源补充规划表

补充人员职务	补充部门	人　数	补充方式	增加费用	补充时间
经理	市场部				
主任					
业务员					
	小　计				
高级工程师	技术部				
主任					
工程师					
	小　计				
管理员	生产部				
技术员					
技术工人					
	小　计				
	总　计				

资料来源:陈京民、韩松,《人力资源规划》,上海交通大学出版社,2006年。

(3) 人力资源培训规划。

人力资源培训规划是为组织长期、中期、短期所需要弥补的空缺职位事先准备合适的人力资源而制定的培训计划安排。组织人力资源培训规划与组织人力资源的晋升规划、补充规划、调配规划和员工职业生涯发展规划密切相关。如果在员工培训中，单纯的为员工培训而培训，目的性和针对性不强，往往会使员工缺乏培训积极性，组织进行培训投资后，不能得到应有的培训回报。因此，培训规划的制定必须与组织的人力资源晋升规划、补充规划、调配规划和员工职业生涯发展规划相联系。

人力资源培训规划的编制可按照如下步骤进行：第一，根据组织人力资源发展的战略需要和组织的可能条件，制定组织人力资源培训的总体目标，然后将总体目标分解成若干子目标，并根据各个子目标的要求制定相应的培训项目规划，将培训总目标具体化。第二，根据组织人力资源发展总体规划要求和员工及部门的申请，按照各个培训项目的轻重缓急进行资源分配，优先满足重点培训项目对人力、物力和财力的需要。第三，对组织培训规划进行综合平衡，主要是考虑培训与组织生产经营活动正常运转的平衡、组织人力资源的需求与个人生涯发展目标的平衡。此外，在平衡过程中还需要考虑满足组织急需人力资源的培训和培训费用支出等问题的解决。

(4) 人力资源流动规划。

人力资源流动规划是有计划的安排人员流动，以实现组织内部人员最佳配置。人员流动计划有多方面的作用，主要体现在以下四个方面：第一，当组织要求某种职务的人员同时具备其他职务的经验和知识时，就应使之有计划的流动，以培养高素质的复合型人才。第二，当上层职位较少而等待提升的人较多时，通过配备计划进行人员的水平流动，可以减少他们的不满，以平和的心态等待上层职位空缺的产生。第三，当组织人员过剩时，通过配备计划可以改变工作分配方式，对组织中不同职位的工作量进行调整，解决工作负荷不均的问题。第四，定期地安排员工在不同类型的工作岗位上工作，能提高员工的工作效率。

(5) 人力资源补偿规划。

组织人力资源补偿规划应该能够根据员工的劳动付出给予相应的补偿，尤其是在知识经济时代，企业的发展在很大程度上取决于员工的创新精神能否得到充分的发挥。而员工的创新才干能否充分发挥，在很大程度上取决于员工能否从自己的创新中获得相应的回报，因此，组织的人力资源补偿规划要有利于激励组织人员的创新精神和潜力的发挥。

组织人力资源补偿规划的内容主要包括现值补偿规划、福利保障补偿规划和期望补偿规划。

① 现值补偿规划的基本任务是在保证组织能够得到持续发展，提高组织劳动生产率的前提下，正确安排组织工资总额，逐步提高组织员工的平均工资，以调动组织

员工的劳动积极性,促进组织经济发展。为此,需要根据组织的具体情况采用适宜的工资奖金分配政策。

② 员工的福利保障补偿主要是由保险性质、养老性质和抚恤性质的补偿以及员工的假日补偿等内容组成。保险福利补偿主要通过为员工办理有关医疗、伤残等社会保险或为员工提供医疗补贴、伤残补贴等方式来解决;养老补偿主要由组织通过为员工办理养老社会保险或为员工提供养老退休金等方式来解决;抚恤性质补偿主要是指组织为亡故员工无生活保障的配偶、子女及父母所给予的一定抚恤金,以帮助其维持生活;员工的假日补偿是指组织为员工所提供的工作日内的休息时间、每周休息时间、国家法定节假日、探亲假和年休假等休息时间。员工的保障补偿通常与员工为组织工作时间的长短以及为组织所作的贡献有关。

③ 期望补偿与现金补偿根本不同之处是将员工的现在劳动与组织未来的发展紧密地联系在一起。该补偿方法主要用于组织经营者和对组织发展能够做出重大贡献的员工,例如为了防止在组织新产品开发中具有决定性作用的创新人员被竞争者挖走,可以采用期望补偿的方法,将这些员工和组织紧密地联系在一起。

(6) 人力资源职业生涯规划。

职业生涯规划是指组织对员工的职业发展做出系统的安置。员工职业生涯规划既是员工个人的发展规划,也是组织人力资源规划的有机组成部分。组织通过员工职业生涯规划,能够把员工个人的职业发展和组织需要结合起来。特别是对于有发展前途的员工,组织要设法将其保留下来,使其成为组织宝贵的资源。为了防止这部分人员流失,就必须有计划地使他们在工作中得到成长和发展。组织如果不能满足个人发展的需求,就会导致人员的流失。

组织在员工职业生涯中的任务应该包含对员工能力、兴趣及职业发展要求和目标的分析与评估,提供关于企业内部所需要的职业发展信息以及员工的职业发展咨询等。为了完成这些任务,组织在员工职业生涯规划中需要:建立新员工辅导制度、设立职业资料中心、举办职业生涯开发研讨会、开展职业之路活动、进行培训、教育成效评估、实施各类培训和教育活动。组织员工职业规划的主要目的是通过帮助个人实现其职业生涯计划来发展组织人力资源,有利于组织对人力资源进行有效的管理和合理配置。表3-4展示了职业生涯规划表。

表3-4 职业生涯规划表

职位名称	职位需求数	预计短缺数	员工职业目标数	促进职业发展方式					投资数	效益数
				培训	讨论	咨询	辅导	信息		

(续表)

职位名称	职位需求数	预计短缺数	员工职业目标数	促进职业发展方式					投资数	效益数
				培训	讨论	咨询	辅导	信息		

资料来源：陈京民、韩松，《人力资源规划》，上海交通大学出版社，2006年。

（7）人力资源缩减规划。

当组织发展前途不佳时，往往需要采取人力资源缩减战略。为实现组织人力资源的缩减战略需要制定组织人力资源缩减规划，通常的人力资源缩减方案主要有提前退休、企业关闭、劳动力转移、缩减工作时间、分担工作和解聘等。

在制定组织人力资源缩减规划时，必须要确定被裁减人员的类型、裁减的形式和裁减的时间。也就是说，根据这三种内容就可以构成组织不同的缩减规划。这些缩减规划方案组合应该遵守以下原则：先采取分担工作减少工时为主，后采取裁员为主的缩减规划；先裁减劳动合同到期的员工和即将达到退休年龄的员工，后裁减在劳动合同期中的缩减规划；先采取自愿停薪留职或自愿辞职，后采取被动裁员的缩减方案；采取暂时裁减，当组织经营形势好转时，再吸收原被裁减的员工的缩减规划；先裁减非关键岗位员工，后裁减关键岗位员工的缩减规划；先裁减资历短的员工，后裁减资历长的员工的缩减规划；先裁减业绩差员工，后裁减业绩好员工的缩减规划。这些不同类型缩减规划的制定，必须按照组织人力资源发展战略规划来具体确定组织各个部门所需要缩减员工的专业、技能等级和人数。

在缩减规划中还需要对不同的缩减规划所产生的后果进行分析、评价，分析内容主要集中在人员缩减以后可能会发生的人员重置费用、人员缩减后因为人工成本的降低而提高的效益。根据分析结果再选择可执行的组织人员缩减规划。

表3－5是某电子企业人力资源业务规划表。

表3－5　某电子企业人力资源业务规划表

规划名称	规划目标	政　　策	实施步骤	预　　算
总体规划	总目标：人力资源总量、素质、绩效	政策：分配政策、生活待遇、人事制度	主要步骤： 第一年：…… 第二年：……	总预算： ××万元 第一年：×元 第二年：×元
人力资源补充规划	满足企业对人力资源总量、素质、专业结构的需要	人员标准、来源、起点标准	每年实施步骤：×月拟定招聘标准、×月广告宣传、×月招聘、×月签约	招聘费用××××元

(续表)

规划名称	规划目标	政策	实施步骤	预算
人力资源晋升规划	提高人力资源结构和人力资源使用效益	人力资源选拔标准、资格、晋升比率、未晋升资深人员安排	确认晋升方案、考核晋升对象、晋升对象试用、晋升方案确认	晋升材料处理费用、晋升人员工资变化导致人工成本增加数额
人力资源培训规划	提高人力资源的素质、提供后备人力资源、转变员工工作态度	培训时间的保证、培训效果的保证(待遇、考核、使用)	培训计划拟订、培训场所和培训教师安排、接受培训员工条件确定、员工自我申请、部门批准、主管部门批准、高层领导批准	培训场所和教师费用、员工脱产培训对业务处理影响造成的损失
人力资源流动规划	优化企业组织结构、部门人力资源配置优化、提高业务处理效率、后备人力资源职务轮换	上岗条件、职务轮换规定、任职时间	各部门提交岗位需求计划、根据总体规划审核计划选择合适人选、部门审核人选、与候选人交流意见、完成配置	人员岗位变动以后的工资福利待遇变化等
人力资源缩减规划	降低人工成本、提高生产率	退休政策、解聘政策和程序、压缩工时规定	部门提交降低劳务成本解聘计划、审核解聘计划、确定解聘人员、与解聘人员交流意见	人员解聘安置费用
人力资源补偿规划	保持关键人力资源、提高员工士气、增加员工绩效	工资政策、奖励政策	核算补偿总额、评估补偿效果、拟订补偿方案、拟订实施方案	工资和奖金增加额
人力资源职业生涯规划	开发人力资源、保留人力资源	员工晋升政策、员工培训政策	公布企业及部门人力资源需求目标、员工考核与潜能评估、员工职业生涯研讨、员工职位安排预测	研讨会费用、员工评估费用、辅导员补贴

资料来源：陈京民、韩松，《人力资源规划》，上海交通大学出版社，2006年。

四、人力资源规划的基本过程

人力资源规划需要按照一定的程序进行，在诸多的人力资源规划过程模型中布兰汉姆的模型被证明是最有影响力的模型之一，Pilbeam 和 Corbridge(2002)对这个框架模型进行了继承，如图3-2所示。David Lane(2000)在其主编的人力资源管理教材中，总结了人力资源规划的主要内容，形成了一个系统框架，如图3-3所示。这个框架很好地将战略和人力资源规划结合起来，而且落实到了实施计划上，是一个比较全面和理想的人力资源规划框架。

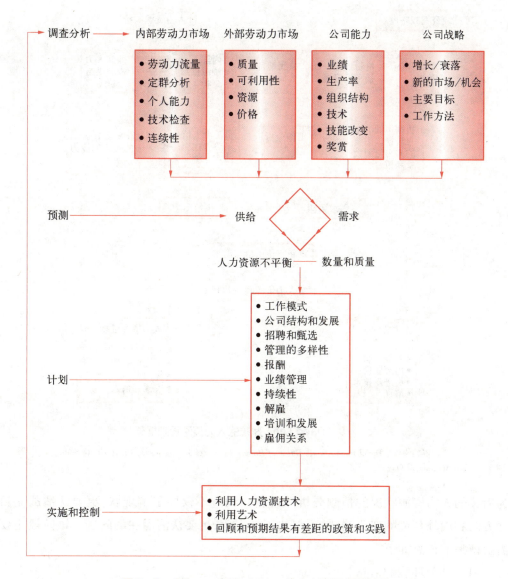

图 3-2 Pilbeam 和 Corbridge 的人力资源规划过程

资料来源：伊恩·贝尔德维尔、莱恩·霍尔登、蒂姆·克莱顿编著，《人力资源管理》，经济管理出版社，2008 年。

不论是哪种理论框架，也不管其倡导的人力资源规划内容和维度多么个性化或者复杂化，其基本步骤是一致的，只是在具体操作的时候可以选择规划重点，进行个性化设计。总的来说，人力资源规划的步骤主要包括调查分析、预测、制定人力资源平衡计划以及规划实施、评估及反馈四个阶段。

1. 调查分析阶段

本阶段主要是调查收集有关人力资源计划所需要的信息资料并进行分析研究，

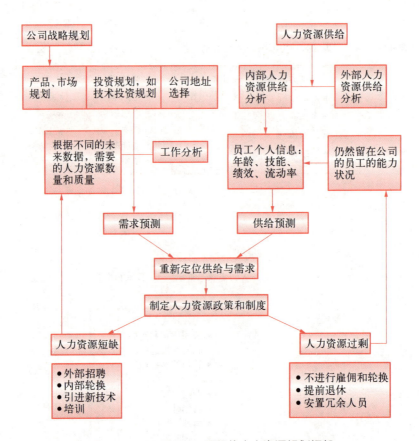

图3-3 David Lane 理想的人力资源规划框架

资料来源：David Lane, *Study Guide of Human Resources Management*, University of South Australia, 2005。

为后续的人力资源状况的预测分析做准备。调查不仅要了解现状，更要认清战略目标方向和内外环境的变化趋势，不仅要了解表象，更要认清潜在的问题。该阶段主要需要搜集的信息如下。

(1) 外部环境的信息。

这些信息包括两类：第一类是经营环境的信息，如社会环境、政治、经济、文化以及法律环境等，由于人力资源规划同组织的生产经营活动是紧密联系在一起的，因此这些影响组织生产经营的因素都会对人力资源的供给和需求产生作用；第二类是直接影响人力资源供给和需求的信息，如外部劳动力市场状况、竞争对手的人力资源管理政策等。伊恩·贝尔德维尔(2008)认为对外部劳动力市场进行调查和分析主要是在组织能够负担的价格内判断组织需要的劳动力种类的可获得性。人力资源规划的负责人可以从当地劳动力市场、国内和国际劳动力市场上收集这些数据。

(2) 内部环境的信息。

这些信息也包括两个方面：一是组织环境的信息，如组织的发展战略、经营规划、生产技术以及产品结构等,生产技术、产品结构等是对组织现实状况的简单描述,能够帮助组织识别现实的优缺点,而组织战略等关注的焦点是组织未来的发展方向,它可能对组织未来需要的人力资源的数量和种类产生影响;二是管理环境的信息,如组织的组织机构、组织文化、管理风格、人力资源管理政策等,这些因素都直接决定着组织人力资源的供给和需求。

(3) 现有人力资源的信息。

对于组织内部的人力资源供需与利用情况的调查分析,通常是人力资源计划中最重要的部分。这一部分一般包括现有员工的一般情况(年龄、性别等)、知识与经验、能力与潜力、兴趣与爱好、目标与需求、绩效与成果、人力资源流动情况、人力资源结构与现行的人力资源政策等。只有及时准确地掌握组织现有的人力资源状况,人力资源规划工作才有意义,因此,需要借助于完善的人力资源信息系统,以便能够及时更新、修正和提供相关的信息。

2. 人力资源预测阶段

这一阶段的主要任务就是要在充分掌握信息的基础上,选择使用有效的预测方法,对组织未来一段时期的人力资源供给和需求做出预测。通常,劳动力需求预测都是围绕与组织当前及未来某种状态有关的具体工作类型和技能领域来进行的。一旦确定了工作和技能的类型,规划者就需要搜集相关信息来预测:组织未来对具有某种特定技能的人或从事某种类型工作的人的需要是会上升还是会下降。当预测出劳动力需求之后,组织还需要得到关于所能够得到的劳动力供给的指标。内部劳动力供给的确定要求组织对当前分布在组织内部的各种不同工作类型的员工人数进行详细的分析;然后还要根据组织在不久的将来可能会因员工退休、晋升、调动、自愿流动以及解雇等原因引起的变化来对上述分析稍作调整。

3. 制定人力资源平衡计划阶段

在供给和需求预测出来以后,就要根据两者之间的比较结果,通过人力资源的总体规划和业务规划,制定并实施平衡供需的措施,使组织对人力资源的需求得到正常的满足。人力资源的供需达到平衡,是人力资源规划的最终目的,进行供给和需求的预测就是为了实现这一目的。在制定相关的措施时要注意,应当使人力资源的总体规划和业务规划与组织的其他计划相互协调,只有这样制定的措施才能够得以有效的实施。

4. 规划实施、评估及反馈阶段

人力资源规划的最后一个阶段就是人力资源规划的执行以及人力资源规划整体有效性的评估。规划如果不应用到实践过程中,那么制定这些综合性的规划就没有意义。规划的执行涉及很多角色,比如直线经理、员工代表等,但是各个角色参与的程度有很大的不同。人力资源规划是一个长久持续的过程,由于组织内外诸多不确定因素的存在,造成组织战略目标的不断变化,也使得人力资源规划不断变更,因此人力资源规划应当不断被修正。

实践中,组织一般只注重人力资源规划的制定与实施过程,而忽视了人力资源规划的评估工作。从另一个角度来分析的话,就是评估人力资源规划的有效性。纽约大学的 Susan E. Jackson 和 Randall S. Schuler(1990)提出,对于人力资源规划有效性的检验,应该根据不同的规划类型而有所不同,也就是说,要有分别针对短期、中期、长期人力资源规划的评价技术。

(1) 短期人力资源规划:其目标一般很容易量化,如吸引多少求职者、招聘了多少员工、员工绩效水平如何等,因此比较容易评估其有效性。例如,美国某公司为了适应劳动立法,短期人力资源规划要与劳动立法匹配,因此就可以检验在招聘过程中有没有出现歧视。在短期人力资源规划有效评估中,也经常用到行为或者态度指标,如满意度、员工轮换等。

(2) 中期人力资源规划:范围更广,而且环境的不确定性更大,因此较多地用部门或者业务单元的生产率等经济指标进行评估,较少用行为或者态度指标。

(3) 长期人力资源规划:长期人力资源规划有效性的评估方法还比较匮乏,还在不断摸索中,缺乏系统研究。总的来说,长期人力资源规划的有效性体现在整个公司的经济效益和稳定性上,还可以体现在员工、管理者自身能力的提高和个人职业生涯目标实现上。

Edgar H. Schein(1977)将人力资源规划与开发作为一个整体进行研究。他认为,评价人力资源规划与开发体系是否有效有以下几个方面的标准:

- 涵盖人力资源规划与开发体系的所有内容;
- 确保组织人力资源管理工作是完整的;
- 确保对组织的成长和发展进行规划和监控;
- 为进入组织的人员成长和发展过程提供服务,这些个人的成长和发展过程必须满足组织和个人双方的要求;
- 能及时处理效率下降、技能短缺、员工流失、退休以及反映员工职业发展新方向需求或者不能胜任工作的情况;
- 保证有员工退出组织时,及时补充劳动力,有新的工作产生时也能够及时补充劳动力。

Halim Kazan 教授于 2005 年对人力资源规划有效性的影响因素进行了实证研究,他选取 400 家小型和中型企业作为研究对象,采用因素研究法对问卷数据进行分析,最后得出了这样的结论:

- 影响人力资源规划有效性的主要因素有:战略管理、工会、部门发展、迅速的技术变革、顾客需求、研发、全面质量管理、选择的技术及其有效性、组织生产率。

- 影响人力资源规划有效性的次要因素有：工作任务管理、公司财务状况、公司规模、竞争策略的选择、经济环境变化和工作环境变化、对员工真实需求的掌握、战略业务单元与公司的分离。

第二节 人力资源预测与平衡

人力资源预测指在对组织的内外部环境进行调查分析的基础上，根据组织的战略目标和经营计划对未来一定时期内人力资源供需状况所作的预测。人力资源预测是人力资源规划中的一个重要环节，包含对组织人力资源环境的了解、预测组织未来人力资源需求、预测组织未来人力资源供给、组织人力资源供需平衡分析等内容。组织人力资源规划的依据就是人力资源需求预测、供给预测和供需平衡分析的结果，因此，组织人力资源预测是人力资源规划中一个必不可少的环节。

一、人力资源需求预测

人力资源需求预测是指以组织战略目标、发展规划和工作任务为出发点，综合考虑各种因素的影响，对组织未来人力资源的数量、质量和时间等进行估计的活动，它是制定人力资源规划的起点。只有在科学的人力资源需求预测基础上进行的人力资源规划，才能使组织人力资源活动成为一种具有自我意识和目的性的活动，有计划、有目的地协调组织人力资源发展，使其与组织发展战略相适应。

（一）人力资源需求预测的步骤

人力资源需求预测分为现实人力资源需求预测、未来人力资源需求预测和未来流失人力资源需求预测三个部分。人力资源需求预测的典型步骤如下所示：

(1) 根据职位分析的结果，来确定职位编制和员工配置；
(2) 进行人力资源盘点，统计人员的缺编、超编及是否符合职位资格的要求；
(3) 将上述统计结论与部门管理者进行讨论、修正统计结论；
(4) 该统计结论为现实人力资源需求；
(5) 对预测期内退休的人员进行统计；
(6) 根据历史数据，对未来可能发生的离职情况进行预测；
(7) 将步骤 5 和步骤 6 统计和预测结果进行汇总，得出未来流失人力资源数量；
(8) 根据组织发展规划，如引进新产品，确定各部门的工作量；
(9) 根据工作量的增长情况，确定各部门还需要增加的职位及人数，并且进行汇

总统计;

(10) 该统计结论为未来增加的人力资源需求;

(11) 将现有人力资源需求、未来流失人力资源和未来增加的人力资源需求汇总,即得出组织整体人力资源需求预测。

通过人力资源需求预测的典型步骤,就可以预测出组织的人力资源需求。在实际的操作中,应分别对组织的短期、中期和长期人力资源需求进行预测。预测的准确性可以用预测结果与到时的实际结果对照,不断加以调整,使预测结果与实际结果相接近。

图3-4展示了组织人力资源需求预测流程。

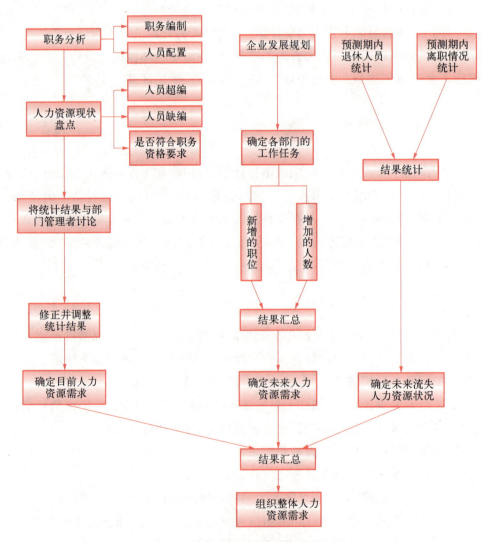

图3-4 人力资源需求预测流程图

资料来源:孙宗虎、李艳,《招聘、面试与录用管理实务手册》,人民邮电出版社,2009年。

人力资源需求的预测包括定性预测和定量预测,下面将进行逐一分析。

(二) 人力资源需求预测的定性方法

1. 现状规划法

人力资源现状规划法是一种最简单的预测方法,较易操作。它假定企业保持原有的生产规模和生产技术不变,企业的人力资源也处于相对稳定状态,即企业目前各种人员的配备比例和人员的总数完全适应预测规划期内人力资源的需要。在此预测方法中,人力资源规划人员所要做的工作是测算出在规划期内有哪些岗位上的人员将得到晋升、降职、退休或调出本组织,再准备调动人员去弥补就行了。一般组织内管理人员的连续性替补都采用这种方法。现状规划法是假定组织各岗位上需要的人员都为原来的人数,它要求组织较稳定,技术不变,规模也不变。这一前提条件很难长期成立,因此适用于短期人力资源需求预测,长期的预测效果较差,但能为长期预测提供一条简单易行的思路。

2. 经验预测法

它是利用现有的情报和资料,根据有关人员的经验,结合本组织的特点,对组织人力资源需求加以预测。经验预测法可以采用"自下而上"和"自上而下"两种方式。"自下而上"就是由直线部门的经理向自己的上级主管提出用人要求和建议,征得上级主管的同意;"自上而下"的预测方式就是由公司经理现拟定出工司总体的用人目标和建议,然后由各级部门自行确定用人计划。如果能将两种方法结合使用效果更好:先由公司提出人力资源需求的指导性建议,再由各部门按公司指导性建议的要求,会同人事部门、生产部门等确定具体人力资源需求;同时,由人事部门汇总确定全公司的人力资源需求,最后将形成的人力资源需求预测交由公司经理审批。

此方法是根据以往的经验,对人力资源进行预测规划,预测的效果受经验影响较大,因此,保留组织历史的档案并采用多人集合的经验,可减小误差。这种方法比较简单,适用于技术较稳定的企业的中、短期人力资源预测规划。

3. 德尔菲法

德尔菲法是发现专家对影响组织发展的某一问题的一致意见的程序化方法。这里的专家可以是基层的管理人员,也可以是高层经理;他们可以来自组织内部,也可以来自组织外部。总之,专家应该是对所研究的问题有发言权的人员。德尔菲法是20世纪40年代在兰德公司的"思想库"中发展起来的。这种方法的目标是通过综合专家们各自的意见来预测某一领域的发展状况,适合于对人力需求的长期趋势预测。

德尔菲法分为"背对背"和"面对面"两种方式。背对背方式可以避免某一权威专家对其他专家的影响,使每位专家独立发表看法;面对面方式可以使专家之间相互启发。

德尔菲预测技术的操作方法是：首先在企业中广泛地选择各方面的专家，每位专家都拥有关于人力资源预测的知识或专长。这些专家可以是管理人员，也可以是普通员工。这些专家不需要面对面坐在一起开会，他们要做的是：

(1) 设计一系列问卷，要求专家提供可能的解决方案；

(2) 匿名、独立地完成第一组问卷；

(3) 汇编结果复印再分发给每位专家，要求他们再次提方案；

(4) 再将方案汇编，直到专家们的意见趋于一致。

德尔菲法的基本过程如图3-5所示。

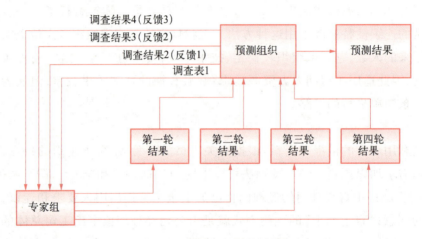

图3-5 德尔菲法的基本过程

听取专家对未来发展的分析意见和应采取的措施，并通过多次反复达到在重大问题上较为一致的看法。通常经过四轮咨询，专家们的意见可以达成一致。而且，专家的人数以10—15人为宜。

在运用德尔菲法进行人力资源需求预测时，为提高预测结果的准确性，组织必须遵循以下基本原则：① 提供充分且完备的信息，包括已经收集的历史资料和有关的分析结果，使预测者能够做出准确的判断。② 所提出的问题尽可能简单，以保证所有专家能够从相同角度理解相关概念。③ 所提出的问题应该是专家能够答复的，或其专业特长之内的。④ 问题的回答不需要太精确。预测者可以粗略估计数字，但要说明数字的可靠程度。⑤ 尽可能将过程简化，不问与预测无关的问题。⑥ 保证所有专家能够从同一角度去理解员工分类和其他有关定义。⑦ 专家讲明预测对组织和下属单位的意义，以争取他们对德尔菲法的支持。

(三) 人力资源需求预测的定量方法

除了定性方法，组织人力资源需求预测还可以采用数学模型进行定量分析预测，具体包括趋势预测法、多元回归预测法、劳动定额法、趋势外推法、生产函数模型法、比率预测法和计算机模拟法。

1. 趋势预测法

趋势预测法是一种基于统计资料的定量预测方法,一般是利用过去5年左右时间里的员工雇佣数据。

(1) 简单模型法。

这一模型假设人力资源需求与企业产出水平(可用产量或劳动价值表示)成一定比例关系:

$$M_t = M_0 \times \frac{Y_t}{Y_0}$$

也就是说,在获得人员需求的实际值 M_0 及未来时间 t 的产出水平 Y_t 后可算出 t 时刻人员需求量的值 M_t,这里 M_0 并非指现有人数,而是指现有条件及生产水平所对应的人员数,它通常是在现有人员数的基础上,根据管理人员意见或参考同行情况修正估算所得。使用此模型的前提是产出水平同人员需求量的比例一定。

(2) 简单的单变量预测模型(一元线性回归分析)。

简单的单变量预测模型仅考虑人力资源需求本身的发展情况,不考虑其他因素对人力资源需求量的影响,它以时间或产量等单个因素作为自变量,以人力数为因变量,且假设过去人力的增减趋势保持不变,一切内外影响因素也保持不变。使用此模型的前提是产出水平同人员需求量的比例不一定。

例:某公司12年的产量和员工数量如下表所示:

年 份	1	2	3	4	5	6	7	8	9	10	11	12
产 量	10	13	14	15	18	13	12	11	13	19	20	21
员工数量	20	21	20	22	23	24	22	22	23	25	26	27

注:以时间为自变量。

预测方程为:

$$y = \alpha + \beta\chi + \xi \tag{3-1}$$

其中:y——员工数量;

χ——时间;

α、β——常数;

ξ——随机变量。

运用最小平方法可推导出 α、β，公式如下：

$$\alpha = \bar{y} - \beta\bar{x} \qquad (3-2)$$

$$\beta = \frac{\sum(x-\bar{x})(y-\bar{y})}{\sum(x-\bar{x})^2} \qquad (3-3)$$

将数据带入公式(3-2)和(3-3)：

$$\sum x_i = 78 \qquad \bar{x} = 6.5 \qquad \sum y_i = 22.92$$

$$\sum(x-\bar{x})^2 = 143 \qquad \sum(x-\bar{x})(y-\bar{y}) = 72.4$$

$$\beta = \frac{72.4}{148.92} \qquad \alpha = 22.92 - \frac{72.4}{148.92} \times 6.5 = 72.4$$

假定 $\xi = 0$，则 $y_{13} = 15.67 + 0.486 \times 22 \approx 27$（人）（注：计算式中22是第13年的预测产量）。

（3）复杂的单变量预测模型。

这一模型是在人力需求当前值和以往值及产出水平的变化值的基础上增加劳动生产率变量而建立的，由于考虑了劳动生产率的变化，其更具实用性。劳动生产率的变化一般与技术水平有关，因此，实际上考察的是技术水平变动情况下的人力资源需求的变化。技术水平的变化比较容易预测，因为新技术从研究成功到运用一般总有一个时滞。用公式表示为：

$$M_t = \frac{M_0}{Y_0}Y_t + \left(\frac{M_0}{Y_0} - \frac{M_{-1}}{Y_{-1}}\right)\bar{Y}_t \qquad (3-4)$$

其中：M_t——t 时刻人力资源需求预测值；

M_0——$t=0$ 时的人员需求量；

Y_0——$t=0$ 时的生产水平；

Y_t——t 时刻人力资源需求量；

M_{-1}——基期前一期的劳动力数；

Y_{-1}——基期前一期的产出水平；

$\bar{Y}_t$——t 时刻人力资源需求量预测值。

可以使用计算机应用软件如 EXCELL、SPSS 等统计工具来拟合预测方程，减少手工计算时的误差,提高计算速度。使用计算机可处理更多的历史资料,考虑更多的历史资料可增加数据结论的准确性。

2. 多元回归预测法

实际上,组织人力资源需求量是由多个因素决定的,多元回归分析方法就是通过对组织多个影响人力资源需求量的分析,而达到比较准确的预测结果,多元回归分析方法在组织预测中比较常用。

多元回归分析方法的典型步骤如下所示。

(1) 选择相关变量。选择一个相关的因素,对这个因素进行调查,找出它与人力资源的需求量5年以上的历史资料。

(2) 建立多元回归方程:

$$Y = \beta_0 + \beta_1 X_1 + \beta_2 X_2 + \cdots + \beta_n X_n \quad (3-5)$$

其中:Y——人力资源需求量;

β_0、β_1、$\cdots$、β_n——回归方程系数;

X_1、X_2、$\cdots$、X_n——选取的相关变量。

(3) 根据历史资料确定多元回归方程的系数,列出回归方程。

(4) 由多元回归方程求出目标值所对应的人力资源需求量。

多元回归计算比较复杂,手工计算耗时多,容易出错,使用EXCELL、SPSS等统计软件可避免这些因素对准确性的影响。

3. 劳动定额法

劳动定额法是对劳动者在单位时间内应完成的工作量的规定。具体操作方法是:组织根据以往的历史数据,先计算出某一工作单位时间(如每天)每人的劳动定额(如产量),再根据未来的生产量目标计算出要完成的总工作量,然后根据前一标准折算出所需要的人力资源数量。我们建立如下方程:

$$N = \frac{W}{q(1+R)} \quad (3-6)$$

其中:N——人力资源需求总数量;

W——企业总的任务量;

q——企业该任务的定额标准;

R——人力资源规划期间劳动生产率的变动系数。

我们有, $\qquad R = R_1 + R_2 - R_3 \qquad (3-7)$

其中:R_1——企业技术进步引起的劳动生产率提高系数;

R_2——经验积累产生的生产率提高系数;

R_3——由劳动者及某些因素引起的生产率降低的系数。

4. 趋势外推法

趋势外推法又称时间序列预测法。它是按已知的时间序列,用一定方法向外延伸,以得到现象未来发展趋势。具体又分为直线延伸法、滑动平均法和指数平滑法三种。

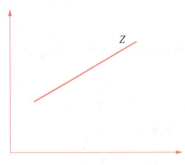

图 3-6　直线延伸法图示

(1) 直线延伸法。

直线延伸法是在组织人力资源需求量在时间上表现出的明显均等延伸趋势的情况下才运用。如图 3-6 所示,可由需求线 Z 直接延伸得出未来某一时点的组织人力资源需求量。

(2) 滑动平均法。

滑动平均法一般是在组织人力资源需求量的时间序列不规则、发展趋势不明确时,采用滑动平均数进行修正的一种趋势外推法。它假定现象的发展情况与较近一段时间的情况有关,而与较远时间的无关,故将近期内现象的已知值的平均值作为后一期的预测值。主要适用于短期预测。

(3) 指数平滑法。

运用指数平滑法进行预测时,可建立如下公式:

$$\hat{X} = \alpha X_t + (1 - \alpha) X_{t-1} \tag{3-8}$$

其中:$\hat{X}$——新平滑值;

　　α——平滑系数或平滑加权系数;

　　X_t——时间序列中新数据;

　　X_{t-1}——计算出的平滑值。

平滑系数 α 的选择,直接决定着预测的精确度。一般是选择几个 α 值,从而进行多方案分析。经验证明,α 值一般应为 0.3、0.2、0.1 或 0.05。

5. 生产函数模型法

最典型的生产函数模型是道格拉斯生产函数,如下所示:

$$Y = A(t) L^{\alpha} K^{\beta} \mu \tag{3-9}$$

其中:Y——总产出水平;

　　$A(t)$——总生产率系数(近似于常数);

　　L——劳动力投入量;

　　K——资本投入量;

　　α、β——分别为劳动和资金产出弹性系数,且 $|\alpha| + |\beta| \leq 1$;

μ ——对数正态分布误差项。

6. 比率预测法

比率预测法是基于对员工个人生产率的分析来进行的一种预测方法。进行预测时,首先要计算出人均的生产效率,然后再根据组织未来的业务量预测出对人力资源的需求,即:

$$所需的人力资源 = \frac{未来的业务量}{人均的生产效率} \quad (3-10)$$

如果考虑到生产率的变化,计算公式可以做如下修改:

$$所需的人力资源 = \frac{未来的业务量}{目前人均的生产效率 \times (1+生产效率的变化率)}$$
$$(3-11)$$

7. 计算机模拟法

计算机模拟法是进行人力资源需求预测方法中最为复杂的一种,也是相对较准确的方法。这种方法是在计算机中运用各种复杂的数学模型对在各种情况下组织人员的数量和配置运转情况进行模拟测试,从模拟测试中得出各种人力资源需求的方案以供组织选择。计算机模拟法综合运用了以上的一些预测方法,因此需要组织建立完善的人力资源信息系统,进行系统软件的开发。

在选择人力资源需求预测方法时,组织应该根据自身的实际情况进行选择,因为组织的规模和其所处的环境各不相同,无法用同样的方法进行预测。一般来讲,制定短期规划可以选择一些较为简单的方法,而制定中、长期计划可以选择一些较为复杂的方法。

二、人力资源供给预测

人力资源供给预测就是指对在未来某一特定时期内能够供给组织的人力资源的数量、质量以及结构进行估计。一般来说,人力资源的供给包括内部供给和外部供给两个来源:内部供给是指从内部劳动力市场提供的人力资源;外部供给则是指从外部劳动力市场提供的人力资源。

(一)人力资源供给分析

由于人力资源的供给来源于组织内部和外部,因此对供给的分析也要从这两方面入手。相比内部供给来说,组织对外部人力资源供给的可控性是比较差的,因此,人力资源供给的预测在大多数情况下主要是侧重于内部的供给。

1. 外部供给的分析

由于外部供给在大多数情况下并不能被组织所直接掌握和控制,因此外部供给的分析主要是对影响供给的因素进行判断,从而对外部供给的有效性和变化趋势做出预测。

一般来说,影响人力资源供给的因素主要包括以下五个:第一,组织所在地的人力资源现状。这包括人力资源的整体情况,尤其是有效的人力资源情况,例如,组织需要哪一类的人才?这一类人才的市场供给情况如何?其他组织对这一类人才的需求如何?第二,组织所在地对人才的吸引程度。例如,组织所在地的居住环境如何?组织所在地的地域文化怎么样?在组织所在地工作是否具有安全感?组织所在地是否对各类人才具有包容性?第三,组织自身的吸引力程度。这包括组织薪酬对人才的吸引程度怎样?组织能够提供的各种福利对人才的吸引程度如何?员工在组织工作发展前景如何?组织目标是否与员工个人发展目标一致?第四,预期经济增长。这里最主要的是组织所在行业的经济增长情况,如果预计行业经济增长率将增高,那么其他相关组织对相关人力资源的需求增加,组织的相关人力资源供给减少。第五,全国范围的职业市场状况。这包括该行业全国范围内的人才需求状况;国家关于该类职业在就业方面的法规和政策;全国范围内该职业从业人员的薪酬水平和差异;全国相关专业的大学生毕业人数及分配情况等。

2. 内部供给的分析

由于人力资源的内部供给来自组织内部,因此组织在预测期内所拥有的人力资源就形成了内部供给的全部来源,所以内部供给的分析主要是对现有人力资源的存量及其在未来的变化情况做出判断。

(1)现有人力资源的分析。

由于人力资源自身的自然变化比如退休、生育等会影响到未来的供给,因此在预测未来人力资源供给时,需要对现有的人力资源状况做出分析。一般来说,现有人力资源的分析主要是对年龄结构做出分析,因为人力资源自身的变化大多与年龄有关,此外员工的性别、身体状况等也要进行分析。

(2)人员流动分析。

人员的流动主要包括两种。一是人员流出。流出的人员数量就是内部人力资源供给减少的数量,造成人员流出的原因有很多,如辞职、辞退等。二是人员在组织内部流动。虽然这种流动对于整体组织来说并没有影响到人力资源的供给,但是对内部的供给结构却造成了影响。在分析组织内部的人员流动时,不仅要分析实际发生的流动,还要分析可能的流动,也就是说,要分析现有人员在组织内部调换职位的可能性,这可以预测出潜在的内部供给。例如,对于某一职位,在未来的第三年有15名员工可以从事该职位,那么对于这一职位来说就有15人的内部供给。

跟踪人员流动方向的一个简单方法就是识别员工晋升模型和/或员工各个职位之间的多向流动,以及员工从公司的流入和流出或者职责的转换。

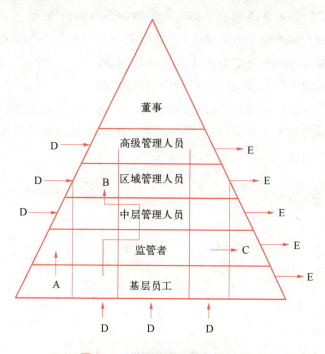

图3-7 公司内员工的"流动"

注:A:向上移动——晋升、成熟;
B:发展并向上移动——多向发展、经验、弹性和多样化;
C:多向移动——工作轮换、个人发展和多样化;
D:招募新人——人才储备、发展、商业目标、多元化;
E:人才浪费——年龄结构、集合、多元化、新技术。
资料来源:伊恩·贝尔德维尔、莱恩·霍尔登、蒂姆·克莱顿编著,《人力资源管理》,经济管理出版社,2008年。

(3)人员质量分析。

人员质量的变化会影响到组织内部的供给,质量的变动主要表现为生产效率的变化。当其他条件不变时,生产效率提高,内部的人力资源供给相应就增加;相反,内部的供给就减少。影响人员质量的因素有很多,如工资的增加、技能的培训等。除了对显性的人员质量进行分析,还要对隐性的人员质量进行分析,如加班加点,因为加班使得每个人完成的工作量增多了,这同样也增加了内部的供给。

(二)人力资源供给预测的步骤

组织人力资源供给预测是一个比较复杂的过程,它的步骤呈现出多样化的特征。一般情况下,组织的人力资源供给预测可采取如下步骤(如图3-8所示):

（1）对现有人力资源进行盘点,了解员工状况;
（2）分析组织的职位调整政策和历史员工调整数据,统计出员工调整的比例;
（3）向各部门的人事决策者了解可能出现的人事调整情况;
（4）将步骤2和步骤3的情况汇总,得出组织内部人力资源供给预测;
（5）分析影响外部人力资源供给的地域性因素;
（6）分析影响外部人力资源供给的全国性因素;
（7）根据步骤5和步骤6的分析,得出组织外部人力资源供给预测;
（8）将组织内部人力资源供给预测和组织外部人力资源供给预测汇总,得出组织人力资源供给预测。

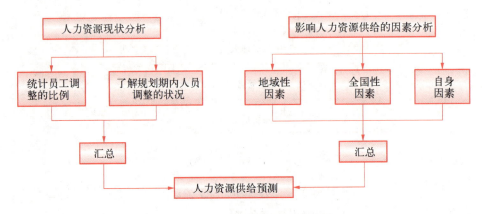

图3-8　人力资源供给预测流程图

资料来源：孙宗虎、李艳,《招聘、面试与录用管理实务手册》,人民邮电出版社,2009年。

(三) 人力资源供给预测方法

人力资源供给预测的方法主要是针对内部供给预测而言的,预测的方法也有很多,这里简单介绍四种。

1. 技能清单

技能清单是用来反映员工工作技能特征的一张清单,其内容包括教育背景、工作经历、培训背景、持有的证书、主管部门的评价等。技能清单是对员工综合素质的一个反映,有助于决策者和人力资源计划人员对组织现有人力资源状况进行总体把握,估计现有员工调换工作岗位可能性的大小,决定有哪些员工可以填补以前的空缺,从而使组织的人力资源得到更为合理、有效的配置。从某种意义上讲,技能清单是员工的工作能力记录,其中包括基层操作员工的技能、研发人员的科研水平和中高层管理人员管理能力的种类及所达到的水平。

技能清单可以为以下工作提供参考：晋升人选的确定、管理人员继续培养计划、特殊工作的安排、培训、职业生涯规划、工资奖励计划与组织结构分析。对于人员流动频繁或经常组建临时性项目小组的组织,其技能清单中要包括所有的员工;而对于那些组织人员流动频率不高,主要使用技能清单来制定管理人员继续培养计划,其技能清单中可以只包括管理人员,如表3-6所示。

表3-6 人员技能清单示例

姓名:		职位:		部门:	
出生年月:		婚姻状况:		到职日期:	
教育背景	类别	学校		毕业日期	主修科目
	大学				
	研究生				
技能	技能种类			所获证书	
训练背景	训练主题		训练机构	训练时间	
志向	是否愿意从事其他类型的工作?			是	否
	是否愿意到其他部门工作?			是	否
	是否愿意接受工作轮换以丰富工作经验?			是	否
	你最喜欢从事哪种工作?				
你认为自己需要接受何种训练	改善目前技能和绩效的训练				
	晋升所需的经验和技能训练				
你认为自己可以接受何种工作					

2. 人员核查法

人员核查法是对组织现有人力资源质量、数量、结构和在各职位上的分布状态进行核查,以掌握企业拥有的人力资源具体情况及其利用潜力,并在此基础上,评价当前不同种类员工的供应状况,确定晋升和岗位轮换的人选,确定员工特定的培训或发展项目的需求,帮助员工确定职业开发计划与职业道路。

它的典型步骤如下所示:

(1) 对组织的工作职位进行分类,划分其级别;

(2) 确定每一职位每一级别的人数。

表3-7 企业供需状况分析表

级别	类别	管理类	经济类	工程技术类	一般执行类
1	现有数	12	8	8	3
	需要数	11	9	12	4
	差异数	1	-1	-4	-1

（续表）

级别\类别		管理类	经济类	工程技术类	一般执行类
2	现有数	20	12	16	7
	需要数	20	14	16	6
	差异数	0	-2	0	1
3	现有数	32			11
	需要数	36			12
	差异数	-4			-1
4	现有数				13
	需要数				11
	差异数				2

注：级别1为最高级。

在表3-7中，管理类中的高级管理人员现有12人，需求为11人，差异数为1人，即该岗位在规划期内应该调剂出1人，而工程技术类的最高层却要补充4人。

现状核查法只是一种静态的人力资源供给预测方法，不能反映组织中人力资源动态的、未来的变化，所以只适用于中小型组织短期内人力资源的供给预测，存在很大的局限性。

3. 岗位接替模型

在组织人力资源管理中为了能够对一些岗位出现的空缺及时进行补充，或者能够有意识地为不同的岗位准备接替人员，常常需要对一些重要的岗位设计岗位接替模型。岗位接替模型表明了每个不同岗位的接替状况，它记录了每个接替人员的能力、工作经历、工作绩效和所需要改进之处等内容。由此可以用来确定每个关键职位的接替人选，评价接替人选目前的工作情况以及是否达到了提升的要求。例如，在图3-9中，公司总经理林云的人选主要有李文和王海两人。至于由谁来接管，还需要根据两人的经历、能力、业绩以及存在的缺陷等因素进行对比后才能判断。如果李文接替了总经理一职，就需要有人来接替李文提升以后所产生的销售副总经理一职。

岗位接替模型主要用于确认特定职位的内部候选人。建立岗位接替模型的关键，首先是根据岗位分析的信息明确不同岗位对员工的具体要求；然后确定一位或几位较易达到这一岗位要求的候选人，或者确定哪位员工具有潜力，经过培训后可以胜任这一工作；最后，再把各岗位的候补人员情况与员工的职业生涯发展计划综合起来考虑，协调好员工职业生涯发展计划与不同岗位接替之间的关系。

4. 马尔可夫模型

马尔可夫模型是通过全面预测组织内部人员转移从而预知组织内部人力资源供

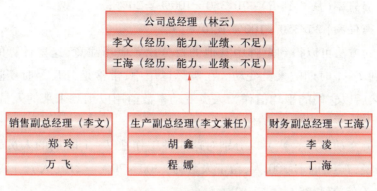

图3-9 岗位接替模型

给的一种方法。它是一种比较有效和合理的方法,有利于管理者综合考虑各种影响因素,系统地考虑组织内部的人员供给状况。但是,它是建立在这样一个前提下的,即组织内部人员是有规律地转移,而且其转移概率有一定的规则。

马尔可夫模型所考虑的人员变动主要有调入、上升、下降、平调或调出五种情况。通过计算某一时间段内某项工作的人员变动比率,来对未来该工作岗位的人员数量做出估计。举个例子,表3-8就是利用马尔可夫模型预测企业A、B、C、D四种工作的人员供给情况时所用到的矩阵。该矩阵左方是目前这四种工作各有多少人,通过中间的人员变动可能性矩阵的计算,得到了右方在将来某一时刻这四种工作各需要多少人的预测结果。

表3-8 马尔可夫分析模式

现在的雇佣人数 ($T-0$时期)(人)	变动可能性矩阵($T-2$时期)					雇佣人数预测 ($T+1$时期)(人)
		A (350人)	B	C	D	
A:300	$T-1$ 时期	A	70% (245人)	—	10%	—	300×70%+275×10%≈238
B:150		B	20% (70人)	80%	—	—	300×20%+150×80%=180
C:275		C	—	—	60%	—	275×60%=165
D:360		D	—	—	10%	90%	275×10%+360×90%=352
		离开	10% (35人)	20%	20%	10%	离开组织的人数:300×10%+150×20%+275×20%+360×10%=151

中间的变动矩阵是从过去的某一时期($T-2$)到过去的另一时间($T-1$)人员变动可能性的数据。例如,对工作A来说,$T-2$时A有350人,到了$T-1$时只有245人留在原岗位,70人提升到B,35人离开了组织。因此,可以计算出:

工作A留任率(从A到A):245/350×100%=70%;

工作 A 提升率（从 A 到 B）：$70/350 \times 100\% = 20\%$；

工作 A 离任率：$35/350 \times 100\% = 10\%$。

用同样的方法可以得到矩阵中其他的百分比。应当注意，这里计算的变动率只是从 $T-2$ 到 $T-1$ 时期的人员变动。在实际运用中，常常是分几个时期收集人员变动率数据，然后以它们的平均值作为人员变动率数值用以预测未来的人员流动情况。这样可以使人员变动率更加准确可靠。

得到人员变动率后。就可以分别对这四种工作在 $T+1$ 时期的人员数作出预测了。对 A 来说，$T-0$ 时有 300 人，留下人数为：$300 \times 70\% = 210$（人）。

由 C 到 A 的有：$275 \times 10\% = 28$（人）。

因此，预测 $T+1$ 时 A 工作共有：$210 + 28 = 238$（人）。

很明显，和目前的 300 人相比 A 工作少了 62 人。经过相似的计算，也可以得到其他工作在 $T+1$ 时期的预测人数。

一般来说，在信息充分的条件下，统计学方法的准确性和可靠性都比定性方法要高，随着计算机技术的飞速发展，统计学方法正在受到管理层特别是专家们越来越多的关注。但是，统计学方法的准确性和可靠性是以其灵活性和对完全信息的依赖为代价的，现代的劳动力市场已经变得越来越纷繁复杂和难以预料，在这种情况下，单纯使用以历史趋势为依据的统计学方法就很可能会带来偏差。所以，管理者和人力资源管理专家对形势的感觉和主观判断在人力资源预测方面的重要作用也是不容忽视的。在有些现实情况下，定性方法的协助已经变成解决问题的不可缺少的重要方法。由于统计学方法、定性方法在优势方面具有互补性，因此，在实际的人力资源预测中，对于这些预测技术人们常常是配合使用的。

三、人力资源供需的平衡

人力资源规划的最终目的是要实现组织人力资源供给和需求的平衡，因此，在预测出人力资源供给和需求之后，就要对这两者进行比较，并根据比较的结果来采取相应的措施。

一般来说，人力资源需求与人力资源供给存在以下四种关系：

（1）供求平衡：人力资源需求和人力资源供给相等；

（2）供不应求：人力资源需求大于人力资源供给；

（3）供过于求：人力资源需求小于人力资源供给；

（4）结构失衡：某类人员供不应求，而某类人员又供过于求。

一般而言，在整个组织的发展过程中，组织的人力资源状况始终不可能自然地处于供求平衡的状态。实际上，组织常处于人力资源的供需失衡状态，大体有以下几种情况,见表3-9。

表3-9 组织发展不同阶段的人力资源供需状态

组织发展状态	组织人力资源表现状况	组织人力资源供需状况
扩展时期	人力资源需求旺盛,供不应求	供给不足
稳定时期	人力资源数量稳定,有退休、离职、晋升、降职、职位调整、补充空缺等情况	结构失衡
衰退时期	人力资源需求量小,离职人员多于补充人员	供大于求

当企业面临人力资源富足或是短缺时,一般可以采取如图3-10所示措施解决。

如果需求超过供给

增加外部供给
- 改变招聘和甄选的标准
  ——不同的年龄、性别和种族
  ——不同的技术、技能和经验
- 改变招聘和甄选活动
  ——改变做广告的方式
  ——把目标锁定在不同的劳动力市场上
  ——引入新的甄选技术
  ——提供职业再定位
- 改变条件和环境
  ——更大弹性的工作
  ——提高工资和福利

提高内部供给
- 培训和开发现有员工
- 改变内部流动模式
  ——不同的晋升方式
  ——鼓励多向流动
- 提高保持力
  ——改变工作条件和环境
  ——更具弹性的工作模式
- 减少旷工

减少需求
- 重新设计工作
- 用不同的方式利用现有工人
  ——加班
  ——利用多技术工人
  ——高绩效工作团队
- 转包工作
- 对工作重新定位
- 自动化操作

如果供给超过需求

减少供给
- 提前退休
- 被动性/自愿冗员
- 援助职业变化选择性的雇佣
- 暂借、休假和职业暂停

不鼓励保持力
- 短期合同
- 兼职合同

增加需求
- 扩大产品和服务的市场
- 多样化

图3-10 需求和供给分解图

资料来源:伊恩·贝尔德维尔、莱恩·霍尔登、蒂姆·克莱顿编著,《人力资源管理》,经济管理出版社,2008年。

上述平衡供需的方法在实施过程中具有不同的效果,例如靠自然减员来减少供给,过程就比较长;而裁员的方法见效比较快。表3-10对这些方法的效果进行了比较。

表3-10 供需平衡的方法比较

	方　　法	速　　度	员工受伤害的程度
供给大于需求	裁员	快	高
	减薪	快	高
	降级	快	高
	工作分享或工作轮换	快	中等
	退休	慢	低
	自然减员	慢	低
	再培训	慢	低
	方　　法	速　　度	可以撤回的程度
供给小于需求	加班	快	高
	临时雇佣	快	高
	外包	快	高
	培训后换岗	慢	高
	减少流动数量	慢	中等
	外部雇佣新人	慢	低
	技术创新	慢	低

资料来源:雷蒙德·A·诺伊等,《人力资源管理》,中国人民大学出版社,2001年。

本章小结

员工配置是一个复杂、完整而又连续的程序化操作过程,员工配置不是凭经验和感觉进行的,而是一个有目的、有计划的活动。组织的员工配置工作是建立在两项工作的基础上来完成的:一是组织的人力资源规划,一是工作分析。人力资源规划为员工配置工作指明方向,有了人力资源规划,组织才可能进入科学的员工配置工作的操作阶段。

人力资源规划是指在组织发展战略和经营规划的指导下进行人员的供需平衡,以满足组织在不同发展时期对人员的需求,为组织的发展提供符合质量和数量要求的人力资源保证。人力资源规划是对组织在某个时期内的人员供给和人员需求进行预测,并根据预测的结果采取相应的措施来平衡人力资源的供需。

人力资源规划的实施,对于组织的良性发展以及人力资源管理系统的有效运转具有非常重要的作用。首先,人力资源规划有利于组织战略、目标、愿景的实现;其次,人力资源规划有利于人力资源管理工作的开展和提升,确保企业生存发展过程中对人力资源的需求,降低企业人工成本的开支;第三,从个体角度来看,人力资源规划有利于组织员工制定个人发展计划和实现其长期利益。

人力资源规划的内容,主要包括两个方面:一是人力资源总体规划,是指对计划期内人力资源规划结果的总体描述,包括预测的需求和供给分别是多少,做出这些预测的依据是什么;二是人力资源业务规划,人力资源业务规划主要在组织业务经营层次上,确定为实现人力资源总体规划需要实施的各种业务规划,是总体规划的分解和具体实施,它包括人力资源晋升规划、人员补充规划、人力资源培训规划、人力资源流动规划、人力资源补偿规划、人力资源职业生涯规划、人力资源缩减规划。

人力资源规划需要按照一定的程序进行,在诸多的人力资源规划过程模型中布兰汉姆(2002)的模型和David Lane(2000)的模型被证明是最有影响力的两个模型。不论是哪种理论框架,也不管其倡导的人力资源规划内容和维度多么个性化或者复杂化,其基本步骤是一致的。人力资源规划的步骤主要包括调查分析、预测、制定人力资源平衡计划以及规划实施、评估及反馈四个阶段。

讨论案例

人力资源供需分析预测

一、BF规划院简介

BF规划院是我国水利水电行业中享有盛誉的甲级勘测设计科研单位。2003年由部属事业性质整体转制,成为以水利水电勘测、设计、科研、工程监理为主,跨地区、跨行业、跨国经营的综合性科技型企业。该院在行业中率先通过ISO9001质量体系认证,并通过国家计量认证。较早取得独立开展对外经济技术合作业务资格,持有水利、电力、建筑、水运、公路、市政、农林等七个行业的从业资质。可为国内外业主提供水利、水电工程规划、设计、监理、咨询、科研和城市建设等多层次全方位的服务。

BF规划院现有员工1 126名,其中,教授级高级工程师56人,中高级技术人员

619人。拥有中国工程院院士1人,中国工程设计大师3人,国家级中青年突出贡献专家2人,天津市授衔专家2人,享受政府特殊津贴的专家36人,国家"百千万人才工程"第二层次人才1人。国家一级注册结构师14人,一级注册建筑师7人。入选各类权威机构的水利水电咨询专家200余人。BF规划院是目前全国水利、水电行业中拥有院士、设计大师、知名专家最多的勘测设计单位,职工队伍总体情况是好的。从年龄结构上看,在未来15年内退休人员数量很少,已趋稳定;从数量、专业结构以及整体素质上看能够适应水利市场发展变化和生产经营需要。

二、BF规划院2007—2009年三年人力资源需求预测

BF规划院三年发展目标是:以创新的理念、科学的管理、领先的技术、优质的产品、诚信的服务,把BF规划院建设成能够为水利水电建设提供全过程服务、国内同行业中最具竞争力、国际上有一定影响的科技型企业。该院预计,储备大中型项目不少于6个,实现收入年均增长10%,年人均产值达到业界平均水平。到2009年末,实现收入达到同行企业平均水平。

据此,可推算出各年度的人均收入增长率为10%。考虑到同行企业在此后的三年中也将有一定比例的增长,假设其在2007—2009年的年平均增长率为8%,则该公司这三年的人均收入增长率为37%(据公式:$[(1+10\%)^3 \times (1+8\%)^3 = (1+X)^3]$计算而得)。由公司总收入除以人均收入,可得2007—2009年该公司的人员总规模预测。如表3-11所示。

表3-11 公司2007—2009年人员总规模预测

	2006(当前)	2007	2008	2009
公司收入(亿元)	1.6	2.15	2.97	4.05
人均收入(万元)	14	19.1	26.2	35.9
人均收入增长率	37%	37%	37%	37%
人员总量	1 126	1 130	1 134	1 128

根据人均效益取值预测出2007—2009年人员总数分别为1 130、1 134、1 128人,基本保持在1 130人左右。水利工程大中小型项目设计环节、工作量基本一样,换句话讲,承担大项目与小项目要经过同样的设计环节,但大项目收益却高得多。通过不承接为数众多的小项目,重点承接大中型工程,在维持人数基本不变的情况下,该院可以完成预测收入的工作量。即该院依照目前的人员规模可以完成预计的收入增长目标。

1. 行政管理人员需求量

企业辅助、服务人员需求量常用转换比率分析法。企业中的辅助或管理、服

务人员的数量往往与企业一线岗位上员工人数或企业员工总数有直接关系,先预测一线员工的数量,然后根据辅助人员数量与一线员工数量的关系,预测辅助人员需求量。用公式表达为:辅助人员数量＝一线员工数量/辅助人员的生产率。

但 BF 规划院是由事业单位改制成立的,根据近年来组织运行情况看,现有辅助、服务人员的数量足以满足管理与服务的需要,并据公司岗位人员配备情况,这两部分人员五年内不需引进,采取自然减员的方式(退休等)进行减员,对现有岗位人员进行培训使其可以满足企业管理的各项要求。

通过对历年引进毕业生数据(见表3－12)分析,行政管理部门接收的大学毕业生一直维持在1名,占4%左右,主要是基于重要岗位人才的补充需要。据经验预测法,2007—2009年,管理职能部门引进大学毕业生1人左右。

表3－12　历年引进毕业生人数

年度	引进人数	管理职能部			工程设计部			工程勘测和研究部		
		人数	学历	比例	人数	学历	比例	人数	学历	比例
2002	23	1	本科	4%	13	硕1本12	58%	9	大本	39%
2003	12	1	本科	8%	6	硕2本4	51%	5	大本	41%
2004	32	2	本科	6%	18	硕4本12	57%	12	大本	37%
2005	25	0	本科	0%	16	硕4本12	64%	9	大本	36%
2006	28	1	本科	3%	18	硕7本11	65%	9	硕3本6	32%

2. 中层以上管理人才需求

企业要顺利实现自己的战略目标,就必须加强对管理人才的培养,提高他们的管理水平。采用德尔菲法,根据公司现状,同时结合人力资源部门调查和企业高层领导集体讨论,确定2007—2009年一些特殊管理人才的数量和质量(见表3－13)。

表3－13　特殊管理人才需求预测

职位层次	经理层	高级复合型人才
条件	具有现代企业管理理念与经验;熟悉设计企业的经营与管理;懂国际惯例,具有参与国际水利市场竞争的经验;熟练的英语听、说、读写能力。	懂管理;具备高级专业技术职称;有5年市场经营经验;熟练的英语听、说、读写能力。
人数	2	5

3. 专业技术人员需求量

对该院专业技术人员职称、学历情况进行了分析,2007—2009 年不需引进高级职称人员,硕士以上学历人员需提高比例。通过对历年引进毕业生情况分析,2003、2004 年度,因该院处于改制阶段,数据变化较大。2002、2005、2006 年趋于稳定,引进毕业生人数不超过 30 人,设计人员占 62%左右,勘测、研究人员占 36%左右。近年,由于工程勘测和研究部人员流失严重以及个别专业人才短缺,预计 2007 年该部门引进毕业生人数将会增多,2008、2009 年将趋于稳定。

采用管理者判断法,即由下而上的需求预测方法,预测出 2007—2009 年专业技术人员需求量(见表 3-14)。

表 3-14　2007—2009 年专业技术人员需求预测

类　　别	2007	2008	2009
职能管理人员	1	0	0
工程设计人员	12	19	19
勘测、科研人员	15	11	11
合　　计	28	30	30

根据人才规划以及业务发展需要,2007—2009 年专业技术人员学历需求如表 3-15 所示。

表 3-15　2007—2009 年专业技术人员学历需求预测

年　　度	博　　士	硕　　士	本　　科
2007	0	6	22
2008	0	7	23
2009	1	8	22
合计	1	21	67

三、BF 规划院 2007—2009 年人力资源供给预测

1. 人力资源内部供给预测

企业未来人力资源需求应优先考虑由内部人力资源供给来满足。

首先采用技能清单法对 BF 规划院的人力资源进行盘点。经过调查后,根据人员接替模型对管理人才中经理层、高级复合型人才进行预测,如图 3-11 所示。

经理层,2006 年有 6 人,具备晋升条件的有 3 人。这 3 人,未来几年内不可能辞职,即不出现意外情况的话经理层人选可从公司内部选聘。高级复合型人才,现有 10 人,晋升 0 名,提升受阻 1 名,流失 1 名,2 人具备晋升条件。有中层干部

72人,其中5人具备晋升条件,2人晋升到高级复合型人才,3人提升受阻,引进干部0名,流失1人。据往年经验,中层干部平均每年有1人流失。因此,2007—2009年,预计有5名中层干部流失和退休。结合以往经验,预测到2009年,预计经理层7人,已有6人,退休1人,晋升1人,外部引进1名;高级复合型人才15名,已有10名,晋升1名,流失1名,引进5名。

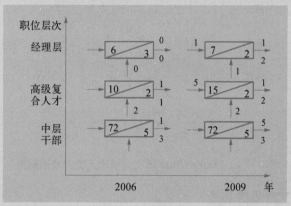

图3-11 2007—2009年管理人员流动预测

由图3-12可得出高级市场经营人才的预测值。市场经营人员16人,晋升1人,1人提升受阻,流失2人。高级市场经营人才,现有4人,流失1名,具备提升条件的1名。结合以往经验,预测到2009年,市场经营人员16人,流失1人,晋升1人,从外招聘1人;高级市场经营人才6名,现有4名,晋升1名。

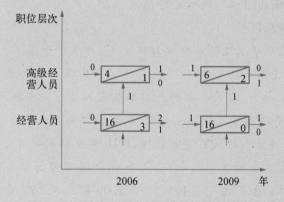

图3-12 2007—2009年经营人员流动预测

经过调查后,根据人员接替模型对专业技术人员所需求的博士、硕士进行预测。如图3-13所示,2006年有本科生800人,其中有10人具备晋升条件,有5人晋升到硕士,5人没有晋升,引进了18名本科生,同时流失16名;有硕士35名,其中2名具备晋升条件,有1名晋升为博士,引进硕士10名,流失0名;有博士1名。

据往年的经验,平均每年有15名本科生将流失,因此,2007—2009年,预计有45名本科生可能流失;通过调查确定,预计到2009年需求博士2人、硕士86人、本科67人。而在此年预计要培养博士1人、硕士30人,其余需求人员必须从外引进。

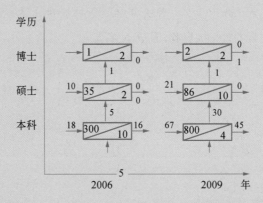

图3-13 2007—2009年专业技术人员流动预测图

2. 人力资源外部供给预测

企业职位空缺不可能完全通过内部供给解决,企业人员因各种主观或自然原因退出工作岗位是不可抗拒的规律,这必然要求企业不断地从外部补充人员。外部人力资源供给预测的主要目的是对劳动力市场的供求情况、可能为企业提供各种人力资源的渠道以及与企业竞争相同人力资源的竞争对手进行分析,从而得出企业可能从外部获得的各种人力资源的情况,并对获得这些人力资源所需的代价,以及对可能出现的困难和危机进行预测。

(1) 引进毕业生预测。

大中专院校应届毕业生的供给较为确定,主要集中于夏季,且其数量和专业、层次、学历均可通过各级教育部门获取,预测工作容易。近年来,随着我国高等教育"扩招"步子越迈越大,我国每年的大学毕业生人数也在不断攀高。国家教育部公布2006年全国普通高等院校毕业生人数,数据显示为413万,比2005年增加了78万;我国高校毕业生人数还将逐年递增,2010年达到630万左右。在2007年全国普通高校毕业生就业工作会议上,劳动和社会保障部副部长张小建判断,2007年全国普通高校毕业生人数将达495万,比2006增加82万,同比增幅达19.9%。但根据中国人事科学研究院《2005年中国人才报告》预计,到2010年我国专业技术人才供应总量为4 000万,而需求总量为6 000万。此项数据显示我国劳动力总体有富余,但专业技术人才仍将出现供不应求的局面。这些为BF规划院从高校招收高素质的人才提供了很好的机遇。过去,高校毕业生一直是该院主要的人才流入渠道,因而可以预测2007—2009年该企业引进毕业生的可能性较大,并且该院一直与数所高校保持良好的合作关系。

(2) 外部流动人员招聘预测。

近年来,企业间人才流动性大,随着信息高速公路的日趋成熟,网络求职和招聘已司空见惯。另外,水利水电业人才与建筑、交通、市政等行业企业的人才在质量与技能上具有很多共性,这些企业的职工大多经验丰富,具备相关工作背景,因此,该公司急需的一些人才,完全可以从同业或其他行业中招聘人才。但据该院经验,引进的人才主要来自同行业。通过以上两点,据经验预测,到2009年,BF规划院可从外招聘经理层人员1名,硕士生21名,本科生67名。但对于一些特殊人才,如高级复合人才、高级市场经营人员、注册建筑师、注册结构师、环境评价工程师等,在整个水利行业也是紧缺人才,故从外部招聘的可能性不大,需内部培养。同时还需培养博士1名、研究生30名。

资料来源:汤慧卿,"BF规划院人力资源规划研究",天津大学博士论文,2007年。

请分组就以下问题进行头脑风暴:

1. 结合企业的发展战略和人员状况,讨论企业在人力资源规划方面存在什么样的问题?

2. 企业人员需求和供给预测的重点环节和步骤是什么?

第四章

员工配置的基础：工作分析

  岗位是企业组织的基本元素,科学设计岗位和明确岗位职能,能够确保将整个企业组织目标转化为所有员工的个人目标,使企业的经营压力转化为每个员工的工作动力和责任约束,快速提高工作效率,进而提升企业竞争力。企业通过工作分析与职位研究,制定出人力资源管理的基础性文件——职位说明书,以此作为人力资源管理具体工作的依据,优化企业人力资源的配置。

  工作分析是人力资源管理中的一项重要活动,是员工配置的一项重要的准备工作。通过工作分析,我们能够掌握工作任务的静态和动态的特点,提出有关人员的心理、生理、技能、文化和思想等方面的要求,选择用人的具体程序和方法,从而,选用符合工作需要和职务要求的合格人员。

第一节 工作分析概述

一、工作分析的基本含义

工作分析也称职务分析、职位分析或岗位分析,它是全面了解组织中一项工作特征的管理活动,即对该项工作的有关信息进行收集、整理、分析和综合的一个系统过程。工作分析的实质就是区别组织中一项工作与其他工作的差异,其目的是为组织内每项工作制定一份全面、正确并符合组织需要的工作说明书,同时为组织提供工作分析报告。

工作分析在企业管理和人力资源管理中占据着重要的地位。它一直被誉为"人力资源管理体系的基石",为人力资源管理的各项活动提供了基础支持。伴随着知识经济的到来和经济全球化的发展,组织内外部环境的变化带来了工作性质、职责内容、工作方式、任职能力要求等一系列的变化,复合型工作纷纷涌现,操作性、知识技能单一性的工作逐渐减少,工作内涵不断变化,职责的不确定性大大增加,而这一切必然带来对工作分析的冲击,工作分析面临着巨大的挑战。

1. 工作分析的定义

工作分析是用来了解工作信息与情况的一种科学手段;具体是指分析者采用科学的技术手段,直接收集、比较、综合有关工作的信息,就工作岗位的状况、基本职责、资格要求等做出规范性的描述与说明,为组织特定的发展战略、组织规划以及其他管理行为提供基本依据的一种管理活动。

工作分析其主体是工作分析者,客体是整个组织体系,对象是工作,包括战略目标、组织结构、职能部门、岗(职)位中的工作内容、工作责任、工作技能、工作强度、工作环境、工作心理以及工作方法、工作标准、工作时间及其在组织中的运作关系。

2. 工作分析中的基本术语

由于工作分析与工作以及工作对应的工作活动是紧密联系在一起的,因此有必要澄清与之相关的一些概念。

(1) 工作要素(Element)。工作活动中不便再继续分解的最小单位。工作要素是形成职责的信息来源和分析基础,并不直接体现于工作说明书之中。比如,秘书接听电话前拿起电话是一个要素,司机开车前插入钥匙也是一个要素。

(2) 任务(Task)。任务是一系列为达到一个特定目的工作要素的集合,即完成一项具体的工作。例如,复印文件,为了达到最终的工作目的,复印人员必须实施以下具体行动:启动复印机;将复印纸放入复印机内;将要复印的文件放好;按动按钮进行复印。也就是说,复印文件这一项任务,是上述四个工作要素组成的一个集合。

(3) 职责(Duty)。职责就是责任,是指一人担负的由一项或多项任务组成的活动,即由一个个体操作的任务的总和。例如,人力资源经理的职责之一就是进行"薪酬调查",这一职责是由以下任务组成的,即设计调查问卷、把问卷分发给调查对象、统计分析并且解释调查结果、将调查结果反馈给调查对象。

(4) 职权(Authority)。职权指赋予完成特定任务所需要的权力。特定的职责要赋予特定的职权,甚至于特定的职责等同于特定的职权。它常常用"具有批准……事项的权限"来进行表达。例如,具有支配50万元资金和几十辆车的权限。

(5) 任职资格(Qualification)。任职资格是指为了保证工作目标的实现,任职者必须具备的知识、技能与能力要求。它常常以胜任职位所需要的学历、专业、工作经验、工作技能、能力(素质)等加以表达。

(6) 业绩标准(Performance standard)。业绩标准是指与职位的工作职责相对应的对职责完成的质量与效果进行评价的客观标准。例如,人力资源经理的业绩标准常包括员工满意度、空岗率、培训计划的完成率等。

(7) 岗位(Position)。岗位也叫职位,是指在一定时间内,由一个特定的人及其所担负的一个或数个职责所组成的。例如,人力资源部经理,这是一个岗位。在企业中,有多少员工就有多少岗位。值得注意的是,岗位是以"事"为中心确定的,强调的是人所担任的岗位,而不是担任这个岗位的人。

(8) 工作(Job)。工作是由一组主要职责相似的职位所组成。例如,开发工程师是一种工作,秘书也是一种工作。在企业中,一种工作可以有一个职位,也可以有多个职位。法律顾问的工作可能只有一个职位,但是开发工程师和秘书可能有多个职位。工作是人与岗位结合的一种方式,是人的工作,而非工作中的人。

(9) 工作族(Occupation)。企业内部具有非常广泛的相似内容的相关工作群,又被称为职位族、工作群。比如,企业内所有从事技术的职位组成技术类工作族;所有从事销售工作的职位组成销售类工作族。

(10) 职业(Profession)。由不同组织中的相似工作组成的跨组织工作集合。比如,教师职业、秘书职业等。

(11) 职业生涯(Career)。职业生涯指一个人在其工作生活中所经历的一系列职位、工作或职业。例如,某人刚参加工作时是学校的老师,后来去了政府机关担任公务员,最后又到了公司担任经理,那么老师、公务员、经理就构成了这个人的职业生涯。再比如,某人的职业和工作单位虽然没有发生过变化,但是他从办事员开始,经过主管、副经理、经理,一直干到副总经理,那么办事员、主管、副经理、经理、副总经理也形成了这个人的职业生涯。

二、工作分析与人力资源管理其他模块的关系

工作分析是人力资源管理的基础,在整个人力资源管理过程中,几乎每一环节都涉及工作分析所取得的成果。因此,工作分析在人力资源管理中具有十分重要的作用。主要表现在以下六个方面。

1. 制定有效的人力资源预测方案和人力资源规划

每个企业对于本企业的工作职务安排和人员配备都必须有一个合理的计划,并根据生产和工作发展的趋势做出相应的人力资源预测。工作分析的结果,可以为有效的人力资源预测和计划提供可靠的依据。在一个组织中有多少工作岗位,每个岗位上安排多少人,这些人员具有什么样的素质,都将直接依赖工作分析的科学结果。这些职位目前的人员配备能否达到工作和职位的要求,今后几年内职务和工作将有哪些变化,组织的人员结构应做什么相应的调整,几年甚至几十年内人员增减的趋势如何,后备人员的素质应达到什么水平等问题,都可依据工作分析的结果做出适当的处理和安排,以增强企业人力资源管理的科学性。

2. 招募并配置合格的员工

选拔和任用合格的人员,促进公平就业。在聘用人员之前必须确定岗位的主要工作职责,以及应聘者必须具备的知识、技能和能力。通过工作分析,能够明确地规定工作岗位的近期和长期目标,掌握工作任务的静态和动态特点,提出有关人员的生理、心理、技能、文化和思想等方面的要求,选择工作的具体程序和方法,并在此基础上确定选人用人的标准。有了明确而有效的标准,就可以通过心理测评和工作考核,选拔和任用符合工作需要和职务要求的合格人员,将适当的人才安排在适当的职位上。

3. 设计培训开发方案

通过工作分析,可以明确所从事的工作应具备的技能、知识和各种心理条件。这些条件和要求,并非人人都能够满足和达到,必须经过不断培训。因此,可以按照工作分析的结果,设计和制订培训方案,根据实际工作要求和聘用人员的不同情况,有区别、有针对性地安排培训内容和方案。

同时,积极的人员培训和开发方案要求培训者能够明确认识到被培训者的工作要完成哪些任务,才能保证培训的效果,即培训有助于其有效完成工作,而这个目的的达到也必须借助于工作分析。

4. 科学设计绩效考核方案

工作分析的结果表现之一为工作说明书,科学合理的工作说明书必然包含绩效指标一项,它是员工考核的依据。绩效考核方案就是以绩效指标作为员工评价指标,然后形成评价标准,在评价标准的基础上为每一考核项目赋分,结合员工的工作表

现,围绕德、能、勤、绩等方面,形成对员工的评估。只有建立在工作分析基础上的绩效考核方案才真正具有说服力,这样的考核方案才公平、公正,也才能对员工起到真正的激励作用。

5. 工作评价与薪酬定位

工作分析的完成形成了工作说明书和胜任力模型,为完善建立薪资、福利制度打下了良好的基础。工作说明书应是评定员工薪资标准的基础之一。公司应根据不同的岗位及其所包含的工作难易程度进行评价。对于薪酬制度来说,要公正地评价员工的能力,必然要考虑其所在岗位、所从事工作的难易程度,相同学历或能力的员工由于所在岗位的不同,工作难易不同,表现也不尽相同,在简单岗位上更易较好完成本职工作,表现出色。因此,全面衡量员工的能力,以薪酬制度来度量员工的工作及劳动价值是一个系统工程。岗位工资标准应依据工作说明书中所反映的工作内容,通过职位评定专家小组进行科学评定来较为公平合理地确定。通过对每一种工作的评估,建立先进、合理的工作定额和报酬制度,同工同酬,合理差距;这是岗位评价的基础。为了给每个岗位确定合理的薪酬,就有必要获取工作的信息。只有这样才能决定哪些工作值得企业给予比其他工作更高的报酬。

工作分析可以为各种类型的各种任务确定先进、合理的工作定额。它是动员和组织职工、提高工作效率的手段,是工作和生产计划的基础,也是制定企业部门定员标准和工资奖励制度的重要依据。工资奖励制度是与工资定额和技术等级标准密切相关的,把工作定额和技术等级标准的评定建立在工作分析的基础上,就能够制定出比较合理公平的报酬制度。

6. 职业生涯规划

个人的职业生涯发展目前受到很多员工的广泛关注,企业应当把个人的技能和愿望与组织内已存在的或者将要出现的机会匹配起来,这也需要进行工作分析。例如,有的企业的员工因为别的公司有更重要的职位的吸引而要离开公司,其实,就在本企业内部也有类似的职位空缺,但等到公司知道时为时已晚,这就反映出公司管理中缺乏对职业生涯的规划,同时沟通的渠道不顺畅,从而造成人才的流失。同时,通过工作分析的文件,向员工明确他的职业发展通道,包括可晋升职位、可转向什么职位、可以从什么职位转岗过来等。让员工了解自己的职业发展趋势,也是对员工的有效激励。

三、工作分析的主要内容和程序

1. 工作分析的主要内容

工作分析的内容取决于工作分析的目的与用途。不同的组织需要进行工作分析的内容和侧重点都是不同的。另外,由于组织内各项工作的不同,各工作的工作要求与组织提供的工作条件也是不同的。一般来说,工作分析包括两个方面的内容:确定工作的具体特征;找出工作对任职人员的各种要求。前者被称为工作描述,后者被称为任职资格。

(1) 工作描述。

工作描述用来具体说明某项工作的物质特点和环境特点。工作描述主要解决工作内容与特征、工作责任与权力、工作目的与结果、工作标准与要求、工作时间与地点、工作岗位与条件、工作流程与规范等问题。工作描述无统一的标准格式,但是通常包括以下六个方面。

① 工作岗位的名称。用简洁准确的文字对本工作岗位的工作任务进行概括,包括工种、职务、职称、登记等项目。

② 工作活动和程序。这不仅包括对本岗位工作任务范围的分析,还包括对岗位职责大小、重要程度的分析。分析的项目有:资金设备、仪器仪表、工具器皿、原材料的使用和保管;完成工作任务的数量、质量以及工作效率;与他人的分工、协作、安全生产等。

③ 岗位关系的分析。企业当中各个岗位之间不可避免地存在着一定的联系。一个岗位与另一个岗位之间具有何种协作关系,协作的内容是什么?该岗位的上下级是哪些岗位?该岗位的升降方向、平调路线是怎样的?这些项目都是岗位关系分析的重要内容。

④ 工作条件和物理环境。工作描述要完整地描写工作条件和物理环境,包括工作地点的温度、光线、湿度、噪声、安全条件等,此外还包括工作的地理位置、可能发生的意外事件的危险性等。

⑤ 聘用条件。主要描述工作人员在正式组织中有关工作安置方面的情况,包括工时数、薪酬结构及支付方法、福利待遇、该工作在组织中的正式位置、晋升的机会、工作的季节性和进修机会等。

⑥ 社会环境。它包括工作群体中的员工及相互关系,完成工作所要求的人际交往的数量和程度,工作地点内外的工艺服务、文化设施、社会习俗等。

(2) 任职资格。

任职资格用来说明从事某项工作的人员必须具备的一般要求、生理要求和心理要求。

① 一般要求,包括年龄、性别、学历、工作经验。

② 生理要求,包括健康状况、力量与体力、运动的灵活性、感觉器官的灵敏度等。

③ 心理要求,包括观察能力、集中能力、记忆能力、理解能力、学习能力、解决问题的能力、创造性、语言表达能力、数学能力、决策能力、气质、性格以及兴趣爱好等。

2. 工作分析的主要程序

工作分析是一项复杂而又细致的工作,其工作程序主要包括以下三个阶段。

（1）准备阶段。

这一阶段的具体任务是了解情况、建立联系、设计岗位调查的方案、规定调查的范围对象和方法。

① 首先应根据工作分析的总目标、总任务，对企业各类岗位的现状进行初步了解，掌握各种基础数据和资料。

② 设计岗位调查方案。设计岗位调查的方案，主要包括以下几项内容：

- 明确岗位调查的目的。岗位调查的任务是根据岗位研究的目的搜集反映岗位有关工作任务的实际材料。因此，在岗位调查的方案中要明确调查目的。
- 规定调查的对象和单位。调查对象是指被调查的现象总体，它是由许多性质相同的调查单位组成的。所谓调查单位就是构成总体的每一个单位。能不能正确地确定调查对象和调查单位，直接关系到调查结果的完整性和准确性。
- 确定调查项目。在上述两项工作完成的基础上，应拟定调查项目，这些项目所包含的各种基本情况和指标，即是需要对总体单位进行调查的具体内容。
- 确定调查表格和填写说明。调查项目中所提出的问题和答案，一般都是通过调查表的形式来表现的，为了保证这些内容得到统一的理解和正确的回答，便于汇总整理，必须根据调查项目制定统一的调查表格或问卷和填写说明。
- 确定调查的时间、地点和方法。确定调查时间应包括：明确规定调查的期限，指出从什么时间开始到什么时间结束；明确调查的日期、时点。在调查方案中还要指出调查地点，调查地点是指登记资料、收集数据的地点。另外，在调查方案中，还应当根据调查目的、内容，决定采用什么方式方法进行调查。调查方式方法的确定，要从实际出发，在保证质量的条件下，力求节省人力、物力和时间，能采用抽样调查、重点调查等方式，就不必进行全面调查。

③ 为了搞好岗位分析，还应做好员工的思想工作，说明该项工作的意义和目的，建立友好合作的关系，使企业全体员工对工作分析有良好的心理准备。

④ 根据工作分析的任务、程序，分解成若干工作单元和环节，以便逐项完成。

⑤ 组织有关人员，先行一步，学习并掌握岗位调查的内容，熟悉具体的实施步骤和方法。必要时可先抓一两个重点岗位，进行试点，取得经验。

（2）调查阶段。

这一阶段主要是根据调查方案，对岗位进行认真细致的调查研究。在调查中应灵活运用访谈、问卷、观察、小组集体讨论等方法，广泛深入地搜集有关岗位工作的各种数据资料。

（3）分析、总结阶段。

本阶段是岗位分析（工作分析）最后的关键环节。它要对岗位调查的结果进行深入的分析和全面总结。

工作分析并不是简单机械地收集和积累某些信息,而是要对岗位的特征和要求做出全面考察,并在深入分析和认真总结的基础上,提出工作描述、任职资格的人事文件。如前所述,这两个文件是开展其他人力资源管理活动(如招聘、激励、培训等)的基本依据。正因为这样,正确规范地编写《工作描述》和《任职资格》也就显得极为重要。

第二节 工作分析的主要方法

工作分析的内容取决于工作分析的目的与用途,不同组织所进行的调查分析的侧重点会有所不同。因此,在工作分析内容确定后,选择恰当的分析方法就十分重要了。工作分析的方法依据不同的标准有不同的形式。依据基本方式划分有访谈法、观察法和问卷调查法等;依据功用划分有基本方法和非基本方法;按照分析内容和确定程度划分,有结构性分析法和非结构性分析法;依据分析对象的不同划分,有任务分析法与人员分析法;按照结果可量化的程度划分,可以将工作分析的方法分为定性分析法和定量分析法。当然各种方法都有各自的优缺点。在实践中,要做好工作分析,常常根据不同的职位,把不同的方法结合起来,以达到最佳的效果。本节主要对常用的工作分析方法进行介绍。

一、访谈法

访谈法又称面谈法,是一种应用最为广泛的工作分析的方法,是指工作分析者就某一职位面对面地询问任职者、主管、专家等人对工作的意见和看法。此种方法可以对任职者的工作态度与工作动机等深层次的内容进行了解。面谈的程序可以是标准化的也可以是非标准化的。一般情况下,应用访谈法时以标准化的访谈格式记录,目的是便于控制访谈内容以及对同一职位不同任职者的回答相互比较。

1. 访谈法的使用程序

(1)说明访谈的目的。

员工必须充分理解访谈的理由,这样他们就不会把访谈诠释为绩效评估或者薪酬的评定。大多数员工对于设计该信息应当怎样被加以使用的细节不感兴趣,因此,目的可以被简明扼要地说成"我即将就你的工作对你进行访谈,这样我们可以写出一份工作描述"。

(2)为访谈内容设定结构。

访谈内容的结构设计可以有多种形式,但是最终这些方法都要聚焦到工作内容、工作背景和员工的任职资格上。有关员工的任职资格一般在最后加以收集,因为它是从工作内容和工作背景的信息中被推测出来的。为访谈的内容设定结构涉及以下的具体维度：

- 要求该员工描述工作的主要职能，再将工作分割成多个职能之后，要求员工说明与每项职能相联系的任务和子任务。
- 该工作是在不同的地点上完成的，需要根据工作地点为访谈设定结构，例如，可以要求工作人员描述他在不同的工作地点时的任务等。
- 工作职能随季节的变化而变化的，则应该根据季节为访谈设定结构。
- 如果该工作是方案取向性的工作，那么可以通过开发一个方案的清单并且讨论包含在每项方案中的任务为该访谈设定结构。

（3）控制访谈。

要求工作人员用自己的话描述该工作，坚持彻底地描述每项活动。针对工作分析人员不理解的术语，不熟悉的表格或设备的问题，应遵守以下原则：

- 显示自己对目前正在谈的事情非常感兴趣，做目光接触。
- 经常重述和总结被访谈员工已经说过的重要的观点。
- 不要对员工所做的陈述提出异议，不要苛求和试图提议在工作方法上作改变或改进。
- 在时间和主题方面控制住访谈，如果被访谈人员偏离了题目，应该及时予以引导。

（4）记录访谈。

在对任职者进行访谈时，要将收集到的有关工作信息的内容进行记录，纪录时应遵守以下原则：

- 在聆听对方正在谈论的内容时记笔记。
- 使用某种类型的速记为佳。
- 访谈结束后立即重新整理一遍笔记。

2. 访谈法的优缺点

（1）访谈法的优点。

访谈法具有交流充分，信息全面、准确，沟通及时，参与性强等特点。通过访谈双方面对面的交流，能深入广泛地探讨与工作有关的信息，如目标工作的特征、任职者的态度、价值观和信仰以及语言等技能水平。

- 工作分析人员能够对所提出的问题进行及时的解释与引导，避免因双方书面语言理解的差异导致信息的不准确。
- 工作分析人员能够及时对获得的信息与任职者进行沟通确认，提高工作分析的效率，必要时可由双方签字确认。
- 通过访谈法，工作分析人员可以通过沟通、引导，使对工作分析有抵触情绪的任职者最大限度地参与其中。

（2）访谈法的缺点。

访谈法具有上述优点，但是，在实际的运用过程中访谈法也存在自身的不足。

- 工作分析人员在访谈过程中，容易受到任职者个人因素的影响，存在一定的主观性，使得收集到的信息扭曲。
- 访谈法会影响任职者的日常工作甚至组织的日常运转，访谈的双方需要充足的时间进行沟通，在大规模的访谈过程中，这一弊端显得尤为突出。
- 由于访谈双方的公开性，可能导致任职者的不诚实行为或者利己行为，特别是在劳动关系紧张、劳资双方缺乏必要的信任的公司组织尤为严重，这会极大地影响工作分析的可信度。

表4-1和表4-2分别列出了工作分析访谈提纲和访谈记录表。

表4-1 工作分析访谈提纲

1. 请您用一句话概括您的职位在本公司中存在的价值是什么，它要完成的主要的工作内容是什么和要达成的目标是什么。
2. 请问与您进行工作联系的主要人员有哪些？联系的主要方式是什么？
3. 您认为您的主要的工作职责是什么？至少列出八项。
4. 对于这些职责您是怎样完成的，在执行的过程中碰到的主要的困难和问题是什么？
5. 请您指出以上各项职责在工作总时间中所占的百分比，并指出最耗时的三项工作。
6. 请您指出您的以上工作职责中最为重要的、对公司最有价值的工作是哪些。
……
11. 您认为要出色地完成以上的各项职责需要具备哪些专业知识和技能？需要什么样的个性？
12. 请问您工作中自主决策的机会有多大？工作中是否经常加班？工作繁忙是否有很大的不均衡性？工作中是否要求精力高度集中？工作负荷有多大？

表4-2 工作分析访谈记录表（示例）

工作分析师： 时间： 访谈对象： 职位名称： 相关工作经验： 当前工作时间： 工作地点： 联系电话：		
工作条件： 1. 2. 3. 4. 5. 6. 7. 8. 9.	工作过程（职责）： 1. 2. 3. 4. 5. 6. 7. 8. 9.	工作结果： 1. 2. 3. 4. 5. 6. 7. 8. 9.

资料来源：高艳、靳连冬，《工作分析与职位评价》，西安交通大学出版社，2006年。

二、观察法

观察法是指工作分析人员通过感官或利用其他工具对员工正常的工作状态进行观察记录,获得有关工作内容、工作环境以及人与工作的关系等信息,并通过对信息进行分析、汇总等方式得出工作分析成果的一种方法。观察法是最早被使用于工作分析的方法之一,实际中它多用于了解工作活动所需的外在的行为表现、体力要求、工作条件、危险性或所使用的工具及设备等方面信息。

1. 观察法的使用程序

(1) 明确工作分析观察的目的。

一般来说,观察法提供的信息有两个方面的作用:一是描述,对任职者的个体或群体工作活动、行为和环境进行客观的描述,为后续编制调查问卷、访谈提纲和工作说明书进行信息的支撑;另一方面是验证,通过实地观察来验证其他途径获得的工作分析的信息的真伪,并加以修正。针对不同的目的,将会有不同的观察客体,结构化程度和观察的关注点与之对应,因此必须首先明确观察的基本目的。

(2) 观察的设计。

这一步骤包括选定观察对象,选择适合的方法,确定观察时间、地点和所需设备工具等四个环节。

- 选择观察对象。根据工作分析观察法的目的以及客体的定位,我们应从目标工作任职者中选择合适的观察对象,若目标工作任职者较少(3个以内),这些任职者都将成为观察对象;若目标工作任职者较多,从经济和便利的角度出发一般选择3—5位任职者为观察对象,同时可以选择绩效水平较高的任职者作为观察的对象。

- 选择适合的方法,即选择结构化或非结构化的观察方法。观察法的结构化程度是指观察过程、记录方式、结果整理等环节在多大程度上得以事先确定和统一。结构化观察法需要在现成的理论模型和对工作相关的资料进行分析整理的基础上,针对目标工作的特点开发个性化的观察分析指南,对观察的过程进行详细的规范,严密掌控观察分析的全过程。非结构化观察法只需要根据观察的目标定位、所要收集的信息进行观察,方式灵活。

- 确定观察的时间和地点。为了不影响组织的正常工作,观察的时间和地点应该事先确认。观察的时间和地点的选择应遵循经济性、典型性、全面性和民主性。为了使观察法的覆盖面能涵盖任职者的全部工作内容,观察的时间和地点的选择应尽可能地全面、完善,尤其是在描述性观察法中,时间地点的完整性会对结果产生重要影响。

- 观察所需的设备工具。在观察过程中,将有大量的信息需要观察人员进行快速地整理记录,因此有必要使用一些辅助手段帮助观察员进行观察记录,常用的设备包括录音机、摄像机等。另外，如果要对任职者的工作活动进行录音，应事前告知，避免不必要的误会和麻烦。

（3）观察分析人员的选拔和培训。

观察分析人员的选拔和培训是整个观察法操作过程中最重要的环节，培训的质量的好坏将直接影响工作分析的成败。工作分析观察的目的是选拔观察人员的一个重要的考虑因素。对观察员的培训不但能够增加整个观察分析活动的规范性，而且通过集体协商讨论还可以弥补观察方案中的不足，增加方案的可行性。

（4）观察活动的实施。

观察活动的实施包括两个环节，分别是进入观察现场和现场记录。进入观察现场要做好相关的承诺、简要介绍和设备安装等工作，要与任职者建立良好的相互信任的关系。现场记录环节要求观察分析员一定要严格遵守观察记录的流程要求，本着严肃敬业的态度完成对目标工作每个环节的记录。

（5）数据整理、分析及运用。

观察结束后应对收集的信息数据进行整理归类，形成观察记录报告，对于结构化的观察结果应该按照计划的要求，对收集的数据进行编码、录入和分析，一般采用各种统计方法进行统计分析。对于非结构化的调查应该按照一定的逻辑顺序（如时间顺序）进行整理，形成描述性的报告，一般参照工作日志法的分析提炼的方法进行加工整理，获取标准化的信息。

2. 观察法的优缺点

观察法具有真实性、深入性、灵活性、有效性等特点。观察法能为工作分析提供最直接的第一手资料。国内外的相关研究表明，由问卷法和访谈法获得的任职者对自己的行为的估计往往会和观察法获得的信息相冲突。因此，最有效的信息收集的途径就是观察其工作过程，同时观察法也可以用于对其他工作分析方法所获得的信息进行检验。

（1）观察法的优点。

- 观察法能够提供工作外在特征方面最有深度的信息。对人类行为发生的环境和情景的分析研究，对于正确把握人类行为具有极其重要的影响，而观察任职者的工作过程，正是获得工作情景资料的最为有效的途径之一。
- 观察法在收集信息目的性方面有较大的灵活性，可以根据工作分析的实际需要有选择地收集各种不同的信息。
- 通过观察法可以在工作中建立与任职者的面对面的交流，在任职者对自我工作描述有障碍的时候，通过肢体语言给予正确的解答，从而避免二次加工带来的失真现象。

（2）观察法的缺点。

- 观察法存在着耗时长、成本高的缺点。在所有的成本中，观察分析人员的选聘和培训成本占的比例最大。由外部人员担任会带来相对高的费用,由内部人员担任则需较长的培训时间。

- 由于观察方法的耗时耗力,在实际的操作过程中,使用频率相对较低,因此可以参照的案例、程序、经验较少,给观察法的操作带来极大的不方便。
- 在任职者和组织的其他成员看来,观察法必然带有分析人员的主观评价成分,因此受到观察的压力,他们往往会表现出超常的工作绩效,甚至是从事职责外的工作,"展示"出错误的信息,造成工作分析的失真。

表4-3是某操作职位的工作分析观察表示例。

表4-3 某操作职位工作分析观察表示例

一、岗位
1. 岗位名称
2.

产品名称	产品名称

3. 流水线类型
4.

工序名称	工序名称

5. 工作类型:A. 部装　B. 主线　C. 其他
6. 工作岗位在工序中的作用以及重要性 　A. 一班岗 　B. 关键岗 　C. 质控岗 　D. 关键质控
7. 具体工作任务
二、设备与产品
1. 设备与工具

	名　称	型　号	数　量
设　备			
模　具			
量　具			
辅　具			

2. 加工或装配的零部件

(续表)

三、身心活动							
1. 工作姿势　A. 站；B. 坐；C. 蹲；D1. 空走；D2. 搬物直走；D3. 弯腰搬物走							
2. 体力负荷							
			次	数			
负重	1—3	3—5	5—10	10—25	25—30	30+	备注
公斤							
拿							
搬							
拉							
3. 眼手灵活　高 1　2　3　4　5 低							
⋮							
13. 计算程度　难 1　2　3　4　5 易							
四、任职资格							
1. 所需最低工作熟练程度等级 　A：a. 1 级；b. 2 级；c. 3 级 　B：a. 1 级；b. 2 级；c. 3 级 　C：a. 1 级；b. 2 级；c. 3 级							
2. 所需最低学历 　A. 小学；B. 初中；C. 技校高中；D. 大专；E. 大专以上							
⋮							

资料来源：高艳、靳连冬,《工作分析与职位评价》,西安交通大学出版社,2006 年,有删改。

三、问卷调查法

问卷调查法是采用调查问卷的方式通过任职者和其他目标工作相关人员单方信息传递来获取工作信息,从而实现工作分析目的的一种工作分析方法。问卷调查法可以用于对组织内各层各类的工作进行工作分析,具有较为普遍的适用性,也是目前我国组织中运用最为广泛、效果最好的工作分析方法之一。由于问卷调查法收集的信息完整、系统、操作简单、经济,可在事先建立的分析模型的指导下展开,因此几乎所有的结构化的工作分析方法在信息的收集阶段都采用问卷调查的形式。问卷法与访谈法具有极高的互补性,两者结合使用是目前工作分析的主流方法。

1. 调查问卷的分类

在工作分析的实践中,工作分析人员根据不同的用途以及理论模型要求设计大

量的工作问卷,这些问卷按照结构化程度的标准可以分为以下两类:

(1) 定量结构化问卷。定量结构化问卷是在相应的理论模型和假设的前提下,按照结构化的要求设计的相对稳定的工作分析问卷。一般采用封闭式的问题,问卷遵循严格的逻辑体系,分析结果可以通过对信息的统计分析加以量化,形成对工作的量化描述或评价。定量的结构化问卷一般有以下几种。

- 职位分析问卷法(Position Analysis Questionnaire, PAQ)。职位分析问卷法是一种基于计算机的、以人为基础的,通过标准化、结构化的问卷形式来收集工作信息的定量化的工作分析方法。它是由心理学家麦考密克花费10年的时间于1972年提出来的,包括194个标准化的问项,其中187个问项被用来分析完成工作过程中员工活动的特征(工作要素),另外7项涉及薪酬问题。这些问项代表了从各种不同的工作中概括出来的各种工作行为、工作条件以及工作本身的特点。收集的信息主要包括六大类:信息的输入,即从何处以及如何获得工作所需的信息;体力活动,即工人执行工作时所使用的身体活动、工具以及方法;脑力处理,即执行工作所涉及的推理、决策、计划和信息处理活动;人际关系,即执行工作所要求的与他人之间的关系;工作情景,即执行工作的物理和社会背景;其他特征,即其他活动、条件和特征。

- 管理人员职务描述问卷法(Management Position Description Questionnaire, MPDQ)。这是专门针对管理人员设计的工作分析系统。最早的 MPDQ 产生于1974年,经过广泛的测试和修改,1984年 MPDQ 形成了最终的版本。其内容包括15个部分,分别是一般信息、决策、计划与组织、行政、控制、督导、咨询与创新、联系、协作、表现力、监控商业指标、综合评定、知识技能和能力、组织层级结构图和评论部分。问卷将管理工作分为了三个维度,分别是管理工作因子、管理绩效因子和工作评价因子。

定量结构化的问卷最大的优势在于问卷一般经过大量的实证检验,具有较高的信度与效度,便于工作之间的比较。

(2) 非结构化问卷。非结构化问卷是目前国内使用较多的工作分析问卷形式,其特点在于能对工作信息进行全面、完整的调查收集,适用范围广泛,能根据不同的组织特性、特质进行个性化的设计。与结构化问卷相比,非结构化问卷存在精度不够、随意性强、与工作分析人员和主管等因素高度相关等缺陷,但是非结构化问卷也有适应性强、灵活性高等优势。非结构化问卷不仅是一种信息收集工具,而且包含了任职者和工作分析人员的信息加工过程,因而其分析过程更具互动性、分析结果更具智能性。

2. 非结构化问卷的构成

设计非结构化问卷首先要考虑的就是问卷的用途,然后根据问卷的用途选择适当的信息收集内容,在一般的工作分析中,非结构化问卷主要包括以下内容。

（1）工作基本信息。主要描述任职者目前的基本信息，包括姓名、工作名称、所在部门、学历、工作经历、年龄、薪资水平等。

（2）工作目的。要求任职者用一段简短的、具有高度概括性的语句来揭示目标工作在组织中存在的目的和作用。

（3）工作职责。要求任职者在将工作目的分解的基础上，认真仔细梳理工作任务，按照一定的逻辑顺序和规范的行文格式列举本工作的主要职责。

（4）绩效标准。要求任职者填写针对各项工作职责所须达到的绩效标准，要求从工作结果的角度衡量，包括结果的数量、时限、质量以及对组织的影响等。

（5）工作联系。要求任职者填写与部门内部其他岗位、其他部门、上级组织以及组织外部的其他组织之间的联系内容、重要性等，工作联系范畴界定为稳定的、长期的工作联系而非突发的、偶尔的联系活动。

（6）组织架构。要求任职者填写其两级以上上级、直接上级、同级、直接下级职位的名称。

（7）工作特征。主要包括工作时间、出差比重、工作负荷等工作特征。可采用开放式的提问，也可采用封闭式的选择。

（8）任职资格。包括工作所需的学历、工作经验、知识结构、工作技能、能力与素质等。

（9）所需培训。主要描述胜任本工作所需的培训和知识的结构，包括培训的内容、数量、目标等。

（10）事业生涯。主要刻画职位晋升通道，包括本职位经过何种培训后可以晋升到何种职位，以及哪些职位经过何种培训可以晋升到本职位。

3. 非结构化问卷的操作程序

（1）问卷设计。问卷调查的第一步是根据工作分析的目的用途，设计个性化的调查问卷。问卷设计主要考虑问卷包含的项目、填写难度、填写说明、填写者的文字水平、阅读难度、问卷长度等内容。

（2）问卷测试。对于设计的问卷初稿在正式调查前应选取局部工作进行测试，针对测试过程中出现的问题及时加以修订和完善，避免正式调查的时候出现严重的结构性错误。

（3）样本选择。针对某一具体工作进行分析时，若目标工作任职者较少（3人以下），则全体任职者均为调查对象；若任职者较多，则适当选取调查样本，出于经济性和操作性的考虑，样本以3—5人为宜。

（4）问卷的发放和回收。在对选取的工作样本进行必要的工作分析辅导培训以后，工作分析人员通过组织内部通信渠道发放工作分析调查问卷。在问卷填写过程中，工作分析人员应及时跟踪填写情况，解答疑问。

（5）问卷处理及运用。对于回收的问卷，工作分析人员应进行分析整理，剔除不合格问卷或重新进行调整；然后，将相同工作的调查问卷进行比较分析，提炼正确信息，编制工作说明书。

四、工作日志法

工作日志法又称工作写实法，是指任职者按照时间顺序详细记录下自己的工作内容和工作过程，然后经过工作分析人员的归纳、提炼，获取所需工作信息的一种工作分析方法。工作日志法主要用于收集有关工作职责、工作内容、工作关系以及劳动强度等原始的工作信息，为其他工作分析方法提供信息支持，特别是在缺乏工作文献的时候，工作日志法的优势就表现得尤为突出。工作日志法适用于工作循环周期较短，工作状态稳定无太大起伏的工作。

1．工作日志法的操作程序

（1）工作日志填写辅导。为了尽可能地使收集的信息更加规范与完整，为后期的分析整理工作减轻压力，在工作日志下发前，应由工作分析小组组织召集填写者进行填写辅导，辅导的内容为如何规范填写工作日志。

（2）选择填写时间区间。有两个层面的工作日志填写时间需要工作分析人员加以规定：填写时间的总跨度和每日填写的时间间隔。

（3）过程监控。在工作日志填写过程中，工作分析人员有必要通过各种方法进行过程监控。例如，中期讲解、阶段成果分析、工作分析交流会等。

（4）分析整理工作日志法收集的信息。通过工作日志法收集到的信息量是相当巨大的，因此在整理分析阶段需要专业工作分析人员对运用专业方法得到的信息进行统计、分类和提炼，以形成较为完整的工作框架。

- 提炼工作活动。工作日志整理的首要任务就是从繁杂的日常工作描述中提炼目标工作的工作活动内容。一般来说，根据各项活动不同的完成方式，采用标准的动词形式，将其划分为大致的活动板块，如"起草文章""办理手续""编制报表"等，然后按照个板块内部工作客体的不同对工作任务加以细化归类，形成对各项活动的大致描述。

- 工作职责描述。在确定工作活动之后，根据工作内容尤其是工作活动中"动词"确定目标工作在活动中扮演的角色，结合工作对象、工作结果、工作重要性评价形成任职者在各项工作活动的职责。

- 工作任务性质的描述。区分工作活动的常规性和临时性，对于临时性的工作，应在工作描述中加以说明。

- 工作联系。将相同的工作联系客体归类，按照联系频率和重要性加以区分，在工作说明书的相应项目下填写。

- 工作地点描述。对工作地点进行统计分类,按照出现的频率进行排列,对于特殊的工作地点应详细说明。
- 工作时间描述。可采用相应的统计制图软件,做出目标工作时间—任务序列图标,确定工作时间的性质。

2. 工作日志法的优缺点

(1) 工作日志法的优点。

工作日志法信息可靠性很高,适于勾勒整个工作活动的结构与次序;相对于其他工作分析的方法来说,工作日志法更容易操作、控制以及分析,是一种较为经济、有效的工作信息收集方法。

(2) 工作日志法的缺点。

使用工作日志法的时候,工作分析人员无法对日志填写的过程进行有效的监控,可能导致任职者填写的活动详细化程度与工作分析人员的预期有差异;任职者也可能不会按照规定的填写时间及时填写工作日志,导致填写信息不完整,臆造出工作活动;工作日志法要求有足够的填写时间,若填写时间短则收集信息不全面,填写时间过长,则会影响到任职者的正常的工作;目标工作中部分任务发生频率低,但是影响重大,可能因不在填写时间区间而导致缺失。

表4-4是工作日志示例。

表4-4 工作日志示例

封面内容

```
工作日志
姓名:
年龄:
岗位名称:
所属部门:
直接上级:
从事本业务工龄:
填写日期 自____年____月____日
        至____年____月____日
```

封二

工作日志填写说明
(1) 请在每天工作开始前将工作日志放在手边,按工作活动发生的顺序及时填写,切忌在一天工作结束后一并填写;
(2) 要严格按照表格要求进行填写,不要遗漏那些细小的工作细节,以保证信息的完整性;
(3) 请提供真实的信息,以免损害您的利益;
(4) 请注意保管,以防遗失。
感谢您的合作!

正文

工作日志填写实例						
___月___日					
工作开始时间：_____					
工作结束时间：_____					
序号	工作活动名称	工作活动内容	工作活动结果	时间消耗	备注
1	复印	协议内容	4页	6分钟	存档
2	起草公文	贸易委托代理书	8页	75分钟	报上级审批
……	……	……	……	……	……
19	指示	贷款数额	1次	20分钟	报批

五、文献分析法

文献分析法是通过现存的与工作相关的文档资料进行系统性分析来获取工作信息的一种工作活动分析方法。文献分析法一般用于收集工作的原始信息，编制工作任务清单初稿。文献分析的主要内容包括两部分：一是内部信息，就是组织内部以不同形式记录下来的与工作有关的信息，如《员工手册》、《工作环境描述》、《组织管理制度》和《员工生产记录》等；二是外部信息，是指要对外部类似组织的相关工作进行提炼，必须注意目标工作与标杆工作的相似性。

进行文献分析法要注意对以下过程要点的控制。

（1）发现并标出有效信息点。与访谈法不同，文献分析法的客体是文献材料，不能主动提供工作信息，需要工作人员在大量的文档中寻找有用的信息，找到信息后应使用各种不同的符号标出，以便快速查找。

（2）关注缺漏挖掘隐含信息。在分析文献的时候，往往会出现信息不完整和缺乏连贯性的情况，这时工作分析人员就应该及时标出重点，对文献中隐含的工作内容和绩效标准，应该深入挖掘，以在今后的分析中加以求证。

（3）列举关键信息。工作分析人员在文献分析获得的信息的基础上，将工作的投入与工作内容和工作产出相联系是有相当困难的；另外，知识、技能和工作活动、任务的匹配不是简单的意义映射的关系，而是一个复杂的相互交织的网状关系，因此在文献分析的时候，只需独立的列举工作活动、任务、所需的知识、技能的内容即可。

（4）恰当地使用信息。在对组织的现有文献的分析中，要坚持所收集的信息的参考地位，不能先入为主，使其中的无用信息影响工作分析的结果；另外，在以文献分析法所获得的信息为基础编制其他工作分析工具的时候，要注意旧信息的介入度，既不能流于表面缺乏个性，也不能大量堆砌影响任职者判断。

文献分析法能为其他的工作分析工作提供第一手的资料，而且是一种经济的、有效的信息收集方法。但是,由于文献分析法是对现有资料的分析和提炼、总结和加工,所以通过文献分析法无法弥补原有资料的缺失,也无法验证原有描述的真伪。

六、关键事件法

关键事件法又称关键事件技术(Critical Incidents Technique,CIT),是指工作分析人员、目标工作的任职者或与目标工作有关的人员,将工作过程中的"关键事件"加以记录,在收集大量的工作信息之后,对工作的特征和要求进行分析的一种方法。其中,"关键事件"是指在工作的过程中给工作带来显著影响的、对工作的结果起决定作用的事件。关键事件法对应完成工作的关键行为进行记录,以反映特别有效的或特别无效的工作行为。

1. 关键事件法的操作程序

通过关键事件法进行工作信息的收集,通常有以下两个步骤。

(1) 获取关键事件。通过工作会议的形式和非工作会议形式从领导、部门主管、目标工作的任职者和其他相关人员那里获取关键事件。这两种方法如果利用访谈法来完成,需要在一定的环境下才能进行,必要的环境要求是:保密,不被打断和方便访谈。如果是利用问卷的方法来完成,则要求对调研的对象有较高的要求,不仅书面表达能力、语言组织能力要好,对这项活动本身要有责任感。

(2) 描述关键事件。每个关键事件的描述都应该包括:该事件发生的背景状况;判断员工的行为中有哪些有效,哪些无效;关键行为带来的结果是什么;员工支配或控制上述行为后果的能力如何等。一个正确的关键事件的描述应该具备以下四个特征:

- 描述的行为是特定而明确的;
- 集中描述工作所展现出来的是可观察到的行为;
- 简单描述发生的背景;
- 能够说明行为的结果。

另外,对关键事件的描述除了内容的完整性、规范性外,还要求统一的格式,长度适宜,还要考虑读者的感受,应保留技术语言、职业行话、行业俗语等。

2. 关键事件法的优缺点

工作人员在运用关键事件技术来进行工作分析的时候,要充分了解关键事件法的优缺点,这样才能更好地运用此方法。

(1) 关键事件法的优点。

与其他的工作分析方法相比,关键事件法最大优点是简单、快捷,并能够获得非常真实可靠的材料,由于是在行为进行时的观察与测量,因此所描述的工作行为、建立的工作行为标准就更加准确；另外，关键事件法能够更好地确定每一行为的利益和作用。

（2）关键事件法的缺点。

由于关键事件法对工作人员的要求比较高，要求他们熟悉本行业并且具有丰富的专业知识和熟练的技术，如果不能满足这些要求，就会使关键事件法运用起来相当困难；关键事件并不是对工作提供一种完整翔实的描述，而是针对关键事件进行把握；关键事件法对于绩效中等的员工来说难以涉及，不能够反映平均绩效水平。

七、职能工作分析法

职能工作分析法（Functional Job Analysis，FJA），又称功能性工作分析方法。职能工作分析法的主要分析方向集中于工作本身，是一种以工作为导向的工作分析方法。它主要针对工作的每项任务要求，分析完整意义上的工作者在完成这一任务的过程中应当承担什么样的职责，以获取与通用技能、特定技能、适应性技能相关的信息。职能工作分析法要求对每一项任务进行详尽的分析，对工作内容的描述非常的全面具体，一般能覆盖工作所包含的全部内容的95%以上。

1. 职能工作分析法的要点和主要内容

为了能够有效地获取与通用技能、特定工作技能和适应性技能高管的信息，工作分析人员有必要掌握工作分析方法的要点。

（1）工作描述语言的控制：工作者要完成什么以及通过什么方式完成。

（2）工作职能等级的划分依据：所有工作都设计工作者与数据、人、事三者的关系，所以将工作者职能分为事务职能、数据职能和人员职能三部分。

（3）完整意义上的工作者：同时拥有通用技能、特定工作技能和适应性技能的工作者。

（4）工作系统：由工作者、工作组织和工作本身完成。

（5）工作任务：作为工作的子系统和基本的描述单元。

（6）主题专家（Subject Matter Experts，SME）作为基本信息来源的重要性：通过主题专家获取基本信息的信度和效度。

这些要点也成为职能工作分析的基本构成。

2. 职能工作分析法的操作程序

运用职能工作分析法进行工作分析时，主要有以下六个步骤。

（1）回顾现有的工作信息。工作人员要了解主题专家的工作语言。每份工作都有其特殊的行业语言，现有的工作信息包括工作描述、培训材料、组织目标陈述等，应该都能使工作分析人员深入了解目标工作的专用语言、工作层次和固定的操作模式。

（2）安排与主题专家的小组会谈。同主题专家小组进行会谈通常要进行 1—2 天的时间，选择的主题专家从范围上要广泛代表目标工作的任职者，选择的会议室要配备相应的设备，把对工作的影响降到最低。

（3）分发欢迎信，确定 FJA 的任务描述方向。工作分析人员自我介绍之后要向与会的主题专家分发一封欢迎信，点明与会者是会议的主体，要完成大部分的工作，而工作分析人员就是作为获取信息的导向或者辅助促进的角色。之后工作分析人员应向与会者演示提前准备好的至少三张演示图，分别说明任务的结构、打印任务的例子以及一个难度、复杂程度中等的任务例子，目的是向主题专家提供任务陈述的格式和标准。

（4）列出工作产出和任务。一般来说，大概通过 5 分钟的时间，小组就能够以自己的工作语言描述自己的工作产出。产出的结果可能是物（各种实物）、数据（报告、建议书、信件、统计结果等）、服务（对人、物）。然后，将这些工作结果整理好，列在挂图上。另外，要让主题专家分别描述这些结果产生需要执行哪些任务，这项工作要持续到小组达成意见上的一致，列出的任务能够覆盖 95% 以上的工作任务。

（5）推敲任务库，产生绩效标准。每个工作产出对应的任务被列出来之后，会发现有重复的活动，这需要工作分析人员在主题专家的意见下，将这些任务合并、分类。然后让主题专家列出为了达到满意的结果所需要的任职者具备的素质。

（6）编辑任务库。工作分析人员将会议信息收集起来，在此基础上用已演示的打印格式进行任务库编辑，对这些信息进行整理，疏通语句，斟酌用词，特别是动词的使用，并抄录一份请主题专家进行修正。

3. 职能工作分析法的优缺点

运用职能工作分析法能对工作内容提供一种非常彻底的描述，对培训绩效评估非常有用。但是，职能工作分析法要求对每一项工作任务都要作出详细的分析，撰写起来费时费力；同时，职能工作分析法并不记录有关工作的背景信息。

第三节　工作分析在员工配置中的作用

工作分析作为人力资源管理中的一项基础性的工作，是进行人力资源管理活动的前提和保障，一切人力资源管理的活动都离不开工作分析，通过工作分析形成的文件对人力资源管理的各个模块都具有十分重要的作用，本节重点介绍工作分析在招聘与配置中的作用。

一、工作分析与人力资源招聘

很多企业组织在进行招聘的过程中常常会有这样的疑问：如何找到一个合适的人来担任这个职位，我们应该如何进行人员的选择？各部门在工作上的关系是怎样的，如何协作？这不是人力资源部门仅凭主观就能解决的问题，这需要工作分析的帮忙。

企业招聘的最终目标是要找到并且获取某一职位的合适人选，只有人力资源部门对该职位工作的岗位职责明确，资格要求清楚，招聘工作才能取得成功。因此，要想取得招聘工作的成功，就要尽可能地了解该职位，对有关工作分析的文件进行全面的整理和分析。工作分析确定了不同组织、不同工作需要的工作技能、知识、态度以及最适当的个人偏好、兴趣和个性特征，而招聘工作是要建立在企业需要的基础之上的从事相关工作的资格条件。只有事先制定好一个明确的工作说明，明确工作需要的基本条件、教育程度、报酬范围等，才有可能展开内部或者外部招聘。招聘与人力资源规划和工作分析之间的关系如图4-1所示。

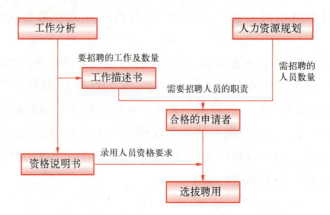

图4-1 招聘与人力资源规划和工作分析之间关系图

1. 工作分析与招聘准备

在组织聘用具备职务要求并且与岗位匹配的员工之前，企业人力资源部门的招聘人员要对这个职位有一定的了解。此时需要运用工作说明书和工作规范来了解该工作的具体的知识、技能和能力，以及了解该工作岗位的岗位名称、工作能力和工作报酬等。这些资料都是应当在招聘工作开始前准备充分的。

（1）为招聘提供依据。

通过工作分析中的岗位关键职责，我们可以了解到企业该需求岗位所需人员的基本素质要求。不同的工作内容需要不同能力和性格的人来从事。例如，一个销售人员需要很强的沟通能力、人际交往能力、公关能力以及语言表达能力，而一个研究人员可能更需要的是钻研精神和做事稳重，这些在招聘时应该加以区分并且着重考察。

（2）提供招聘职位的岗位描述。

工作分析形成的结果文件对岗位的基本情况和任职者的基本条件都做了详细的记录和说明。工作分析的任务目的就是确认该工作的职责、需要完成的任务、工作条件、工作关系以及任职资格等。这些恰恰是对一个岗位的全面的描述。

（3）为沟通提供充分信息。

当企业组织内部出现职位空缺时，人力资源部门需要将这些有效的信息提供给潜在的需求者，吸引人才应聘。提供职位空缺信息的同时需要人力资源部门能够将详细的信息也提供给应聘人员；另外，发布招聘需求时，通过工作分析的相关文件能够准确地制定出招聘信息，确保为部门和组织找到合适的人选。

2. 工作分析与招聘计划

招聘计划是招聘的主要依据，其制定除了根据企业组织自身的发展要求和战略规划以外，还要依靠现有的内部工作分析的相关文件。企业在制定招聘计划时要注意以下两点。

（1）职位不同对应聘者的要求不同。

不同的职位对于应聘者的工作能力和素质都有不同的要求，需要根据工作分析的文件制定适宜的招聘计划，在企业组织中，对行政人员、财务人员和销售人员的工作能力和素质就有不同的要求。

（2）工作分析结果与招聘标准。

优秀的员工不仅有较高的工作绩效，还有利于企业的发展。企业如何招聘这样的员工？企业的招聘标准如何制定？这些都可以依据工作分析的结果，收集整理有用的信息，根据空缺岗位对工作分析文件进行认真分析，制定恰当的人才招聘标准。

3. 工作分析将减少招聘误区

目前社会上很多企业和组织存在的用人不当的现象之一就是"人才高消费"，本科生就可以胜任的工作要招聘硕士生，硕士生可以胜任的工作要招聘博士生；还有另外的现象就是隐性或显性的"性别歧视"。中国人民大学劳动人事学院院长曾湘泉教授曾说，企业在招聘的时候缺乏科学分析，招聘、用人"情绪化、随意化"，甚至认为学历越高越好，暴露出一些企业管理上的"粗放、低层次"。结果，有组织和企业抱怨博士、硕士、学士们工作能力不够，工作表现不好。

在招聘活动中，部分企业不去研究招聘岗位的职责，需要什么样的人员，过分追求高学历，将高学历与高工作能力等同起来。缺乏对空缺岗位的分析和了解，就导致了找到的高学历人才"低能力"，发生人岗不匹配的现象。要避免这些招聘中的误区，最好要依照工作分析的文件，根据任职资格招聘适合的员工，而不是盲目地追求高学历。只有这样，这些符合条件的人员进入公司后，通过适当的入职培训都应该能够胜任所应聘的工作。而同时，这也降低了公司的运作成本，避免额外的培训成本，或者由于人岗不匹配而造成的人员退出进而发生的招聘成本。

二、工作分析与人力资源配置

企业在进行人力资源的招聘过程中除了对从组织外部吸纳新员工外,还需要通过人员的调整,对企业的人力资源进行重新配置。另外,对新员工也要进行岗位的配置工作,此时也需要工作分析作为人员调整和配置的参考,利用好工作分析产生的结果文件。

1. 工作分析是员工配置的基础

企业进行人员配置之前,首先要进行人员配置的计划,它是企业合理进行各种调整和配置的基础,包括工作分析系统、人力资源计划等。

(1) 工作分析系统。

工作分析系统负责对企业内所有有关工作的信息的收集和整理。通过工作分析,企业能够掌握已有各类人员的数量,所需各类人员的数量,这样有利于对人员进行合理的配置和调整。这些内容可以从工作分析的结果文件中获得,比如企业内每个职位的具体描述、从事该职位的人员的素质技能等。

(2) 人力资源计划。

这里与人力资源的需求预测有一定的联系,主要是根据企业目前以及未来一定时期内所需要的人才数量、类型以及获得的可能性进行预测的基础上,制定企业所需要人才的计划;同时面对内部员工,结合人才计划可以开展人事调动,此时人力资源部门可以依据工作描述书中有关职位的关系拟订那个工作岗位的人事安排计划。

表4-5 人事安排计划举例

本岗位名称:招聘助理	所属部门:人力资源部	岗位编号:ZN-HR-0221
职位关系	职 位	相 应 条 件
可晋升岗位	招聘专员	在具备了一定的招聘面试等专业技能之后,能够有一定的管理能力,并且能够对所支持的部门业务有全面了解
可由何岗位转至本岗位	各部门人事助理	通过对部门人力资源事务的处理,掌握相关技能,视工作需要而定
可转至何岗位	各部门人事助理	视工作需要而定,主要负责某一部门的人力资源的全面相关事务
降级		

2. 协助人员配置调整计划的贯彻执行

企业在进行人力资源调整和配置的时候,必然会涉及各个部门、各个岗位。受到岗位再调整的员工除了工作职责与原来的岗位有差别之外，还必须重新适应新的工作环境和工作关系。工作分析形成的文件对每个岗位都进行了详细的描述，包括其工作环境、领导关系、协作关系等，这些信息能够帮助员工更快地进入新的工作角色，适应新的工作背景，减少了由于适应期的存在而对组织的工作效率产生影响。

工作分析是一个企业有效地进行人力资源配置的重要前提，通过工作分析，组织能够在一定程度上确定企业所需的知识技能、工作经验、个性特点、身体素质等方面的要求，进一步确定选人用人的标准。通过工作分析，能够明确地规定工作职务的近期和长期目标，掌握工作任务的静态和动态特点，提出有关人员的生理、心理、技能、文化和思想等方面的要求，选择工作的具体程序和方法，并在此基础上确定选人用人的标准。有了明确而有效的标准，就可以通过心理测评和工作考核，选拔和任用符合工作需要和职务要求的合格人员，将适当的人才安排在适当的职位上。同时，对工作本身的分析，也能够给应聘者提供岗位的真实信息，让其了解工作岗位，实现双向选择，能够提高人与岗位的匹配度。

3. 对人力资源招聘与配置的效果判断

在制定好招聘配置计划并且实施之后，还要进行后续的效果的评估，而工作分析在人力资源招聘与配置的效果评估中也有重要的作用。

（1）岗位匹配。

不管是招聘还是配置调整，重要的问题就是员工是否适合岗位的要求。企业中任何一个岗位都有其相应任职资格要求，也都有具体的工作职责。在配置的过程中不能将与岗位不匹配的员工安排在该岗位上，这样对员工的发展和组织的发展都不利。因此，在最终衡量配置效果的时候，与岗位的匹配度以及所产生的工作绩效，就成为十分重要的标准，而这些标准都来自工作分析。

（2）招聘与配置的持续改进。

企业的人力资源部门在进行人力资源的调整活动之后，不能就此停止，而是要持续跟踪相关的岗位和员工，不断反馈。通过比较任职者与岗位要求任职资格之间的差距和实际绩效，来不断修正人力资源的调整计划；同时总结不足，为下一阶段的人力资源招聘和调整总结经验。

本章小结

工作分析是人力资源管理中的一项重要活动，是组织招聘与甄选的一项重要的准备工作。工作分析在人力资源管理的各个模块中都十分关键。一般来说，工作分析包括两个方面的内容：确定工作的具体特征；找出工作对任职人员的各种要求。前者被称为工作描述,后者被称为任职资格。在工作分析我们需要遵循一定的原则,同时也要注意一些问题。在工作分析的方法中,本章介绍了7种工作分析的方法:访谈法、观察法、问卷调查法、工作日志法、文献分析法、关键事件法和职能工作分析法,对于这些方法,我们对其进行了简单的介绍,包括相关的工作表格和各自的优缺点。

工作分析的结果是工作说明书和任职资格说明书,作为人力资源管理的相关人员,我们应该充分利用工作分析的结果,使之发挥应有的作用。另外,在本章最后第三节中我们具体介绍了工作分析在人力资源招聘配置的重要作用。

讨论案例

职位分析真的是"雾里看花,水中望月"吗?

A公司是我国中部省份的一家房地产开发公司。近年来,随着当地经济的迅速增长,房产需求强劲,公司有了飞速的发展,规模持续扩大,逐步发展为一家中型房地产开发公司。随着公司的发展和壮大,员工人数大量增加,众多的组织和人力资源管理问题逐渐凸显出来。

公司现有的组织机构,是基于创业时的公司规划,随着业务扩张的需要逐渐扩充而形成的,在运行的过程中,组织与业务上的矛盾已经逐渐凸显出来。部门之间、职位之间的职责与权限缺乏明确的界定,扯皮推诿的现象不断发生;有的部门抱怨事情太多,人手不够,任务不能按时、按质、按量完成;有的部门又觉得人员冗杂,人浮于事,效率低下。

公司的人员招聘方面,用人部门给出的招聘标准往往含糊,招聘主管往往无法准确地加以理解,使得招来的人大多不尽如人意。同时,目前的许多岗位不能做到人岗匹配,员工的能力得不到充分发挥,严重挫伤了士气,并影响了工作的效果。公司员工的晋升以前由总经理直接做出。现在公司规模大了,总经理已经几乎没有时间来与基层员工和部门主管打交道,基层员工和部门主管的晋升只能根据部门经理的意见来做出。而在晋升中,上级和下属之间的私人感情成了决定性的因素,有才干的人往往不能获得提升。因此,许多优秀的员工由于看不到自己未来的前途,而另寻高就。在激励机制方面,公司缺乏科学的绩效考核和薪酬制度,考核中的主观性和随意性非常严重,员工的报酬不能体现其价值与能力,人力资源部经常可以听到大家对薪酬的抱怨和不满,这也是人才流失的重要原因。

面对这样严峻的形势,人力资源部开始着手进行人力资源管理的变革,变革首先从进行职位分析、确定职位价值开始。职位分析、职位评价究竟如何开展、如何抓住职位分析、职位评价过程中的关键点,为公司本次组织变革提供有效的信息支持和基础保证,是摆在A公司面前的重要课题。

首先,他们开始寻找进行职位分析的工具与技术。在阅读了国内目前流行的基本职位分析书籍之后,他们从其中选取了一份职位分析问卷,作为收集职位信息的工具。然后,人力资源部将问卷发放到了各个部门经理手中,同时他们还在公司的内部网上也发了一份关于开展问卷调查的通知,要求各部门配合人力资源部的问卷调查。

据反映,问卷在下发到各部门之后,却一直搁置在各部门经理手中,而没有发下去。很多部门是直到人力部开始催收时才把问卷发放到每个人手中。同时,由于大家都很忙,很多人在拿到问卷之后,都没有时间仔细思考,草草填写完事。还有很多人在外地出差,或者有任务缠身,自己无法填写,而由同事代笔。此外,据一些较为重视这次调查的员工反映,大家都不了解这次问卷调查的意图,也不理解问卷中那些陌生的管理术语,何为职责、何为工作目的,许多人对此并不理解。很多人想就疑难问题向人力资源部进行询问,可是也不知道具体该找谁。因此,在回答问卷时只能凭借自己个人的理解来进行填写,无法把握填写的规范和标准。

一个星期之后,人力资源部收回了问卷。但他们发现,问卷填写的效果不太理想,有一部分问卷填写不全,一部分问卷答非所问,还有一部分问卷根本没有收上来。辛苦调查的结果却没有发挥它应有的价值。

与此同时,人力资源部也着手选取一些职位进行访谈。但在试着谈了几个职位之后,发现访谈的效果也不好。因为,在人力资源部,能够对部门经理访谈的人只有人力资源部经理一人,主管和一般员工都无法与其他部门经理进行沟通。同时,由于经理们都很忙,能够把双方凑在一块,实在不容易。因此,两个星期时间过去之后,只访谈了两个部门经理。

人力资源部的几位主管负责对经理级以下的人员进行访谈,但在访谈中,出现的情况却出乎意料。大部分时间都是被访谈的人在发牢骚,指责公司的管理问题,抱怨自己的待遇不公等。而在谈到与职位分析相关的内容时,被访谈人往往又言辞闪烁,顾左右而言他,似乎对人力资源部这次访谈不太信任。访谈结束之后,访谈人都反映对该职位的认识还是停留在模糊的阶段。这样持续了两个星期,访谈了大概1/3的职位。王经理认为时间不能拖延下去了,因此决定开始进入项目的下一个阶段——撰写职位说明书。

可这时，各职位的信息收集还不完全。怎么办呢？人力资源部在无奈之中，不得不另觅他途。于是，他们通过各种途径从其他公司中收集了许多职位说明书，试图以此作为参照，结合问卷和访谈收集到一些信息来撰写职位说明书。

在撰写阶段，人力资源部还成立了几个小组，每个小组专门负责起草某一部门的职位说明，并且还要求各组在两个星期内完成任务。在起草职位说明书的过程中，人力资源部的员工都颇感为难，一方面不了解别的部门的工作，问卷和访谈提供的信息又不准确，另一方面，大家又缺乏写职位说明书的经验，因此，写起来都感觉很费劲。规定的时间快到了，很多人为了交稿，不得不急急忙忙，东拼西凑了一些材料，再结合自己的判断，最后成稿。

最后，职位说明书终于出台了。然后，人力资源部将成稿的职位说明书下发到了各部门，同时，还下发了一份文件，要求各部门按照新的职位说明书来界定工作范围，并按照其中规定的任职条件来进行人员的招聘、选拔和任用。但这却引起了其他部门的强烈反对，很多直线部门的管理人员甚至公开指责人力资源部，说人力资源部的职位说明书是一堆垃圾文件，完全不符合实际情况。

于是，人力资源部专门与相关部门召开了一次会议来推动职位说明书的应用。人力资源部经理本来想通过这次会议来说服各部门支持这次项目。但结果却恰恰相反，在会上，人力资源部遭到了各部门的一致批评。同时，人力资源部由于对其他部门不了解，对于其他部门所提的很多问题，也无法进行解释和反驳，因此，会议的最终结论是，让人力资源部重新编写职位说明书。后来，经过多次重写与修改，职位说明书始终无法令人满意。最后，职位分析项目不了了之。

人力资源部的员工在经历了这次失败的项目后，对职位分析彻底丧失了信心。他们开始认为，职位分析只不过是"雾里看花，水中望月"的东西，说起来挺好，实际上却没有什么大用，而且认为职位分析只能针对西方国家那些管理先进的大公司，拿到中国的企业来，根本就行不通。原来雄心勃勃的人力资源部经理也变得灰心丧气，但他却一直对这次失败耿耿于怀，对项目失败的原因也是百思不得其解。

那么，职位分析真的是他们认为的"雾里看花，水中望月"吗？该公司的职位分析项目为什么会失败呢？

请分组就以下问题进行头脑风暴：
1. 该公司为什么决定从职位分析入手来实施变革，这样的决定正确吗？为什么？
2. 在职位分析项目的整个组织与实施过程中，该公司存在着哪些问题？
3. 该公司所采用的职位分析工具和方法主要存在着哪些问题？

第五章

员工配置的基础：测量

员工配置是建立在测评工具基础上的，没有测评，就不会有系统的员工配置。在人员招聘与配置的活动中，测量意味着要以使用数字的形式收集与表达关于个人与工作的信息的过程。企业的管理者通过测量，来判断应聘者或者被测量的人员是否适合所应聘的岗位，是否具有该岗位所要求的某些能力和知识。测评就是描述和测评各种特征的方法，包括面试、评价中心，以及一些能力测验等人员素质测评的方法，在人力资源的选拔过程中，测量的目的是什么？在使用这些方法的时候我们如何判断哪一种方法更加可靠，更加科学？本章主要介绍有关测量的观点和概念、测量的质量——测量的信度和效度，以及在招聘甄选中的甄选决策。

第一节 测量概述

一、测量的主要概念与内容

1. 测量的定义

什么是测量,我们应该怎样来认识测量?测量可以被理解为一个过程,是给被测量对象打分的过程,用来表示测量对象的某个属性的特点。一般在应用中可以分为四个步骤。测量的第一步就是选择和定义测量的属性,有的时候我们把这个过程也叫做构思。例如,在对计算机软件工程师的测量中我们要选择和定义的测量属性就是计算机软件的相关专业知识。第二步就要为该属性开发测量工具,测量该属性,实际中就是对计算机软件专业开发客观的纸笔测验,然后对计算机软件专业的候选人进行测验。第三步,确定测量的分数,使用一定的记分标准决定测验的分数,实际中就是对被测试者的分数进行评定,按照一定的标准,计算分数。第四步是评估,通过被测试者展现出来的分数,确定什么样的分数适合工作,依据标准进行评估。最后制定决策,做出录用决定。

当然,在实际中并不是严格地按照上述的步骤进行测量,这个时候就很有可能产生选拔的误差。举一个例子,如果某属性测量的方法没有严格的确定和评估,它的测量分数就可能不正确;同样,如果没有系统的、标准化的评估体系,选拔的决策者可能会在分数中加入自己的主观的观点。因此,要避免可能出现的选拔误差,就应遵循测量的步骤,并且在出现疑问的地方尽量寻求一致。

2. 测量标准化

正如在测量的步骤中所展现的一样,标准化对一个有效的测量来说是十分重要的,标准化是控制测量产生的外部或者额外因素影响的一种手段,尽可能确保所获得的分数是被测量的特征的反映。

一般来说,一个标准化的测量具有三个基本的特征:

- 测量的内容对于被测量的对象来说都是相同的,比如,所有的候选人参加的测试内容都是一样的;
- 从实施测量的角度看,对所有被测者的测量方法形式都是相同的,比如,统一测量的纸笔形式和时间限制等;
- 事先确定的计分规则,并且达成一致得到认可,比如,在实施测验之前,对测验题目的计分和标准已经明确统一。

这三条基本的特征看起来十分简单,但是对于测量的标准化来说却是十分重要的,并且对很多人力资源管理活动都有深刻的含义。像雇佣面试和推荐信等之类的测量工具和测量方法，常常不能够满足标准化的要求，这时就需要组织来采取一定的措施，使其更加标准化，这样更有利于组织做出雇佣决策。

(1) 测量的水平。

通常测量对象的属性并不是完全相同的，应该说是有一定差异的，我们可以将这些差异精确到不同的程度，相应的，就有不同的测量的水平和测量的量表。目前，在测量中常用的方法就是将某一测量的变量归入四种测量水平中：名义变量、顺序变量、等距变量和等比变量。

① 名义变量。

当测量对象的属性只有完备性和排他性特征时，该变量就是名义变量，例如性别、宗教派别、政治党派、出生地、大学主修专业等，虽然组成这些属性的类别（"男性"和"女性"组成性别这个变量）各自不同，但是它们一起涵盖了所有人的性别，并不具备后面集中变量所提到的特征。名义变量是指表达特征的名称或特征的标签。

使用名义变量时，我们会对某一属性加以归类，并赋以类别数字。然而，不管是否使用数字，组成变量的类别并没有先后的顺序或者高低的水平，类别之间仅仅是不同的，没有哪一类会比其他的更高或者更低。例如，每一种工作名称只能代表不同种类，赋予数字：市场专员为1，招聘专员为2，商务助理为3等，很明显，数字并不代表工作种类之间的高低顺序。

② 顺序变量。

当变量的属性能够进行逻辑顺序的排列，或者依据变量的属性沿着某个维度排列时，该变量就是顺序变量。不同的属性代表了变量的相对多寡的程度，这类变量包括社会阶级、保守态度、疏离感、学历等，根据顺序变量我们除了可以描述属性的不同之外，还可以对属性进行比较。

一般来说，采用顺序变量要根据对象属性的程度进行排序。也就是说，对象可以从"最好"到"最差"，或者从"最高"到"最低"加以排列。要注意的是，顺序变量的排序只表明对象属性之间的相对差别，并不能说明属性的绝对水平。例如，对应聘候选人的排序并不能精确地表示他们适合工作的程度，而且他们顺序之间的差别也不能说明是他们之间资格差别的程度，等级为1和2的候选人之间的差距与等级为3和4的候选人之间的差距可能是不一样的。

③ 等距变量。

当变量的属性可以排序，属性之间的实际距离的测量是有意义的，并且相邻属性之间的距离是相等的时，该变量就是等距变量。对等距变量来说，属性之间的逻辑差距可以由有意义的标准间距来表达。如果用等距变量定义应聘候选人的资格差别，等级1和等级2的候选人资格之间的差别与等级3和等级4的候选人资格之间的差别是相等的。

我们应该了解的是，在许多情况下，测量水平处于顺序变量和等距变量之间的某个位置,也就是说,对象的属性可以被明确地进行等级排序,但是在整个量表上的情况是等级之间的差别并不是必然相等的。同时要注意的问题是,在等距变量中"零"并不是没有意义的,而且也不能进行倍数的比较。例如,在温度的测量中,0℃是有意义的,并且我们不能说80℃是40℃的两倍。

④ 等比变量。

当变量能够描述定性、顺序、等距的测量一个属性时,该变量就是等比变量。等比变量与顺序变量相似,但是等比变量有一个在逻辑上的或者绝对真实的零点,比如年龄、重量等。正因为如此,每一对象都是可以用绝对大小来比较和表达的。

一般来说,等比变量一般包含着对事物的计算和称量。在人力资源的招聘配置中有很多这样的例子。例如,对某些要求身体力量的工作,如消防、建筑、搬运等工作,要测评候选人在某段距离内能承担多少的重物。最普通的例子就是在对候选人的评估中,对候选人先前工作经历的了解和评估。

(2) 客观测量与主观测量。

人注定是感性的,因此不可避免会夹杂主观的看法。大多数时候,人员配置的测量被描述为"主观的",因为其中可能掺杂了评估者或决策者很大一部分意见。有的时候,这种测量会被称为"客观的",因为它可能更加看重测量的结果,而不是决策者的主观判断。那么,所谓的主观测量和客观测量之间有什么区别呢?

一般来说,两者的区别在很大程度上与给定的属性和计分规则有关。对于客观测量,测量的规则是事先确定的,并常常通过某种计分方法或者系统传达和应用,大多数纸笔测验都被认为是客观测量。主观测量中的计分系统常常被认为是难以捉摸的,通常是有一位计分者或者评估者来记分,基本上在面试中的面试官就属于这一类,尤其是那些采用特别的方法评价人们反应的人,他们的评价方式常常不为其他面试者所了解,这种情况通常可能发生在由高层面试候选人的时候。

从原则上来说,上述的四大类属性都可以用主观或者客观的测量来评价,或者也可以同时使用两种方法。但是研究表明,当两种测量形式共用的时候,这两类测量的得分往往有相对较低的一致性。例如,在对工作绩效这一属性进行测量的时候,它可以通过工作各方面输出的数字来测量,也可以通过上级的绩效评估主观进行测量,这时有可能出现不一致的情况。

因此,我们可以发现,在人力资源招聘与配置中,不论使用哪种测量评价属性,都应该认真地关注使用的评分系统,或者计分方法。这就要求人力资源招聘工作人员在招聘配置的测量前能够了解组织测量的究竟是什么,而且要明确标准化在测量中的重要作用。

3. 分数

通过测量我们可以获得数字或者分数来代表测评属性的数量。分数即是属性的数字指标,一旦得到了分数,就可以对它们进行多种处理,并赋予它们更多的意义,以便更好地描述计分对象的特点。

(1)集中趋势和变异量。

在日常生活中,我们会经常用到"平均"这个词,比如,高中生和大学毕业生的平均收入是多少?平均每天的花销有多少?一种将群体描述为整体的有用方法就是找到一个单独的数字,能平均地或典型地代表一个数据集。这样一个值通常被称为集中趋势的测量,这是因为它一般位于一个分布的中部,大多数的数据倾向于向其集中。集中趋势的指标包括平均数、众数和中位数。可以假定这些数据在等距水平上测量的,因为可以计算这三种集中趋势指标。如果这些数据是顺序的,那么就不能计算平均数;如果是名义变量,那么只可以计算众数,也就是计算频数。

众数、中位数和平均数能够简单地以一个数字来概括一个分布的平均或典型特征,通过变异量我们可以描述分数是如何围绕着分布的中心散布的,变异量我们也通常叫做离散性、宽度或者散布性。常见的变异量的测量有全距和标准差。其中,全距表明工作候选人也就是被测试者的最低分数与最高分数之差,标准差实际上表示的是个体分数离开平均数的平均距离,它概括地描述了分数的发散程度,标准差越大,数据的变异量或者发散性越高。关于集中趋势和变异量的举例见表5-1。

表5-1 集中趋势和变异量:总结统计

数据		总 结 统 计
申请者	测验分数	
A	10	
B	12	1. 集中趋势
C	14	平均数($\bar{X}$) = 338/20 = 16.9
D	14	中位数(中间的数) = 17
E	15	众数(出现频率最多的数) = 15
F	15	2. 变异量
G	15	全距 = 10—20
H	15	
I	15	标准差(SD) = $\sqrt{\dfrac{\sum(X-\bar{X})^2}{N}}$ = 3.25
J	17	
K	17	
L	17	
M	18	
N	18	
O	19	
P	19	
Q	19	
R	22	
S	23	
T	24	
总分($\sum$) = 338		
N = 20		

(2)百分位数。

一位应聘者的百分位数指的是在分数的分布中,分数处于该应聘者以上的人数的百分比,在表5-1中,以候选人F为例,该候选人的百分位数是在第25分位(5/20×100),而候选人S则处在第90分位上(18/20×100)。

(3)标准分数。

在对分数进行解释的时候,我们会自然地将个体的原始分数与平均数进行比较,也就是要看个体的分数是在平均数之上还是在平均数之下。但是,我们想要真正了解一位候选人的分数相对于平均数有什么样的差别,就必须考虑分数围绕平均数的变异程度(也就是我们常说的标准差)。在对某位候选人的分数进行评估时,我们为了精确地表示某人得分相对平均数的好坏,在计算中必须用分数的变异量进行"校正"或者控制。

标准分数是校正分数的一种方法,计算标准分数或者Z分数的公式为:

$$Z = \frac{X - \bar{X}}{SD} \quad SD = \sqrt{\frac{\sum(X - \bar{X})^2}{N}} \tag{5-1}$$

候选人S在测验上的原始分数是23,平均数是16.9,标准差是3.52,将这些数字带入公式(5-1),我们可以得出候选人S的标准分数是1.7,也就是说,候选人S的得分高于平均数大约1.7个标准差。

另外,标准分数还能用来确定在两个或者更多的测试当中,某位候选人两次的测试的相对水平如何。例如,假定某位候选人的两次测试的数据如表5-2所示。

表5-2 两次测试数据统计

	测试1	测试2
原始分数	50	48
平均数	48	46
SD	2.5	0.8
Z	0.8	2.5

该候选人在哪个测验上表现更好呢?我们只需简单地计算出该候选人在两个测验上的标准分数。根据表5-2我们可以发现,尽管在测试1中该候选人的原始分数较高,但是在测试2中他得到的标准分数更高一些。因此,从这一角度来看,该候选人在测试2中表现更好一些。

4. 分数间的相关性

一般来说,在人员配置的活动中对某一候选人有两个或者更多的测量分数,常见的是有两个或者多于两个的KSAO(Knowledge, Skill, Ability, Others)的分数。例如,某一位应聘者会有一个参加知识测验的分数,同时也会有一个根据雇佣面试时对该应聘者工作成功可能性的总体评定的分数。在这样的情况下,会有这样的疑问,那就是这两组分数之间是否存在某种关系?是不是有这样的趋势,随着知识测验分数的增加,面试的分数也会相应增加呢?另外一个例子就是,在应聘过程中,某公司得到了关于某岗位的一组员工的特定的知识测验的测量数据和工作绩效测量的分数,这两组分数之间是否具有相关性?如果有的话,是不是能表明知识测验作为工作绩效的预测指标的可能效度?这种证据可以帮助组织决定是否在对应聘者的选拔中加入相关的知识测验。

通常,我们对两组分数的关系的考察通过散点图和计算分数之间的相关系数来进行。

(1)散点图。

根据前文提到的例子,我们假定有一组人员,他们分别有两组分数——知识测验分数和工作绩效分数。散点图就是这两组分数的联合分布,表示因变量随自变量而变化的大致趋势,仔细观察散点可以发现两组分数之间的关系类型的直观展示。

散点图将序列显示为一组点。只有点在图表中的位置表示。类别由图表中的不同标记表示。散点图通常用于比较跨类别的聚合数据。图5-1提供了两组分数间三种不同的散点图,图中的小圆点代表个体员工知识测验分数和工作绩效分数的组合。

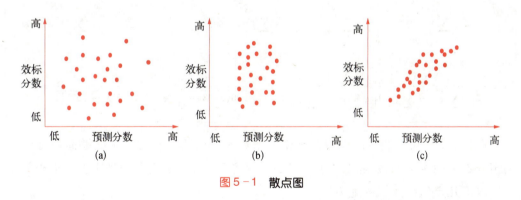

图5-1 散点图

从图5-1中我们可以看出,(a)图表明两组分数间的相关性很小,(b)图表示两组分数见有中等程度的相关性,(c)图表示两组分数之间有较高的相关性。

(2)相关系数。

通常我们测得的两组分数之间的相关性可以通过计算相关系数来表示。相关系数的符号是γ。γ的取值范围为 -1.0—1.0,γ的绝对值越大,表明两者的相关性越强,γ的值与散点图有关,但其实际的计算可以直接进行。关于γ的计算的例子和公式会在表5-3中展现出来。其中,第一组的分数是测验分数,第二组的分数是对这一组个体的工作绩效评定的分数(在 1—5 分的范围内),计算结果可以看出上述两个分数之间的相关性是 $\gamma=0.58$。

表5-3 同一组个体两次测量分数的统计结果

个体	测验分数(X)	绩效评定(Y)	(X^2)	(Y^2)	(XY)
A	10	2	100	4	20
B	12	1	144	1	12
C	14	2	196	4	28
D	14	1	196	1	14
E	15	3	225	9	45
F	15	4	225	16	60
G	15	3	225	9	45
H	15	4	225	26	60
I	15	4	225	16	60
J	17	3	289	9	51
K	17	4	289	16	68
L	17	3	289	9	51
M	18	2	324	4	36
N	18	4	324	16	72
O	19	3	361	9	57
P	19	3	361	9	57
Q	19	5	361	25	95
R	22	3	484	9	66
S	23	4	529	16	92
T	24	5	576	25	120
	$\sum X = 338$ $N = 20$	$\sum Y = 63$	$\sum X^2 = 5\,948$	$\sum Y^2 = 223$	$\sum XY = 1\,109$

$$\gamma = \frac{N\sum XY - (\sum X)(\sum Y)}{\sqrt{[N\sum X^2 - (\sum X)^2][N\sum Y^2 - (\sum Y)^2]}} = \frac{20(1\,109) - (338)(63)}{\sqrt{[20(5\,948) - (338)^2][20(223) - (63)^2]}} = 0.58$$

通过表 5-3,我们可以知道关于相关系数 γ 的计算。γ 的结果能够简单地表明两组分数之间相关的程度和方向,尽管计算简单明了,但是我们仍要注意关于相关系数有以下几点值得注意的地方:

① 相关并不意味着比例或者百分比。测量变量 X 与 Y 之间的相关系数 $\gamma=0.50$ 并非表示 X 是 Y 的 50%,也不表示 Y 由 X 预测的精确性为 50%。合理的解释是要对 γ 的值加以平方,这样我们才能说这两个变量的分数共同编译的百分数为 γ^2。因此,对 γ 的合理解释是这两个变量的分数拥有共同编译 25%（$(0.5)^2 \times 100\%$）。

② γ 的值会受到每组数据实际变异程度的影响。在其他条件相等的情况下,各组数据的变异越少,计算出来的 γ 的值就越小。我们可以发现,一种极端的情况就是,如果一组分数没有变异的话,相关系数 $\gamma=0.00$,也就是说如果有相关的话,两组

分数数必须有变异。

③ 表5-3中对 γ 的计算公式是基于这样的假设,那就是两组分数之间存在着线性相关。但是我们必须注意到,这个假设并不总是正确的,非线性相关也许能够获取与真实分数相关的本质。非线性相关的两组数据用上述公式计算的话,产生的 γ 值会比真实的 γ 值要低一些。

④ 相关并不代表因果,两组分数之间的相关并不能说明两变量之间有因果关系。相关只能简单地表明两个变量的共变或者相互关联,而不能说明一个变量的变化必然导致另一个变量的变化。

(3) 相关系数的显著性。

根据两个变量得出的相关系数,就会产生相关显著性的问题。通过相关系数的显著性的判断我们可以了解两个变量相关程度的高低、强弱。一般地,我们对相关显著性的问题可以用相关的实际显著性和统计显著性来说明。

① 实际显著性。

相关的实际显著性是指相关系数 γ 的值的大小,而不考虑符号。γ 越大,实际显著性越高。相关实际上就是两个变量共有或者共同的变异,变异程度越高,我们就越有可能使用一个变量来帮助解释或者预测另外一个变量。例如,知识测验的分数与工作绩效评定的分数之间的相关,这两者之间的相关系数 γ 越大,就越有把握确定知识是影响工作绩效的关键 KSAO,就越能用应聘者在此测验中的分数来预测个体的绩效,而这样的预测正是人员配置中的一个重要的目的,因此,对相关系数的使用是人员招聘与配置中的重要工具。

② 统计显著性。

在我们针对某一个群体的相关系数计算出来之后,该相关系数只能描述这一群体的两个变量之间的关系,但是,这一群体从多大程度上能代表那个更大的总体,在该总体中也许也存在相关。仍然使用知识测验与工作绩效评分的例子,对于当前应聘者的样本,如果在知识测验的分数和工作绩效评定之间存在相关,就可能推断未来的应聘者总体也会存在这样的相关。如果已经做出这样的类似推断,组织就使用该测验来帮助从那一总体中选拔出应聘候选人来。相关的统计显著性是指根据样本 γ 的实际值确定相应总体存在相关的可能性,做出相关的确是统计显著的结论,意味着总体极有可能存在相关。我们要推断在总体上是否也相关的时候就要计算 t 值。

$$t = \frac{\gamma}{\sqrt{(1-\gamma^2)/n-2}} \qquad (5-2)$$

其中,γ 是相关系数,n 是样本容量。

在任何一本基础的统计书籍里面都有 t 分布表,由此可以获得 γ 的显著性水平。

显著性水平表达为 ρ 小于某值。这里的 ρ 水平表示,总体实际上不存在相关时做出相关结论的概率。因此,显著性为 $\rho<0.05$ 的相关程度意味着在 100 次的结论中,只有不到 5 次会得出总体实际上不存在相关时却做出了相关的结论。这是很小的概率,常常能够得出相关的确存在的统计显著性结论。

重要的是要避免在总体中不存在相关性的时候得出相关的结论。因此,人们常常选择相对严格的显著性水平,相关只有达到此种水平的时候才能得出相关的结论。通常,我们选择 $\rho<0.05$ 或者更低的 $\rho<0.01$。实际显著性水平(根据相关的 t 值)再与期望的显著性水平比较,最后决定相关是否统计显著。如表 5-4 所示。

表5-4　期望水平、实际水平与相关程度

期 望 水 平	实 际 水 平	相关程度的结论
$\rho<0.05$	$\rho<0.17$	不显著
$\rho<0.05$	$\rho<0.03$	显　著
$\rho<0.01$	$\rho<0.06$	不显著
$\rho<0.01$	$\rho<0.007$	显　著

我们在考虑相关的显著性的时候,要关注实际显著性和统计显著性。例如:如果 $\gamma=0.25$ 并且 $\rho<0.05$,就可以做出下面的相关性解释:相关具有中度的实际显著性($\gamma^2=0.06$),并且满足攻击显著性的常态阈值,所以根据该样本的信息,两个变量之间在总体上可能相关。

二、测量的方法

1. 预测工具

预测工具或效标变量是人力资源招聘与配置工作人员进行甄选决策的依据。预测工具是管理者用来决定录用还是拒绝求职者承担某一职位的测量方法(如测验),效标则是一种研究工具,要用它来检验预测工具是否真的测量了计划测量的变量的某些方面。应该认识到的是,效标测量的结果作为一个标准有助于评估预测工具的预测效果。预测工具对参与人力资源决策的经理做出决策有十分重要的影响。一个管理者实际考察应聘者的预测工具的预测得分,并利用这个分数决定录用还是拒绝求职者。

总的来说预测工具可以分为下面的三大类。

(1) 背景信息。在收集有关求职者背景信息的时候,一般要用到申请表、材料核查、描述性的或传记性的数据问卷等。申请表一般要求应聘者在一个表中描述一下个人的以前的工作经历,求职者通常被要求回答有关其住址、教育经历、工作经历等相关的问题。表5-5 为某公司求职应聘申请表。材料核查,也称作背景调查,应聘者期望应聘的单位将会通过联系可以正确评价应聘者的特征和背景的人进行核查。这种核查既可以验证求职者在申请表上的描述的真实性,也可以获得更多的信息。一般描述性或传记性的数据问卷将包括应聘者过去的生活经历,一般认为透过过去的生活经历可以预知将来的工作行为。

表 5-5 某公司应聘申请表

申请职位:					所属部门:	
姓名		性别		民族		照片
出生年月		政治面貌		婚否		
籍贯		身高/cm		学历		
毕业院校		大学	学院	专业(方向)		
计算机水平			外语语种及水平			
身份证号			工作地域选择		( )省/市/自治区	
联系地址				邮编		
手机			电子邮件			
学习经历(从高中起)	起止年月		毕业院校和专业		所获学历、学位	
社会实践经历/工作经历	起止年月		工作单位和具体工作内容			
家庭成员	关系	姓名	出生日期	政治面貌	工作单位及职务	
奖惩情况						
专业证书						

本人身体健康,符合××公司要求的健康标准:是( ) 否( )
我保证上述表格中所填内容完全真实,如有虚假愿承担一切责任。
本人签名: 日期:

(2)面试。招聘甄选过程中的面试环节也被用来收集应聘者的信息。甄选面试一般通过面试官提出的问题构成,而对这些问题的回答将用来评估面试者是否适合这个职位。

（3）测验。确切地说，用于甄选的测验种类数以百计。对这些测量也有很多的分类标准。例如，能力倾向测验用来衡量一个人履行某一职位具体职责的能力，能够运用能力倾向测验的能力包括智力、机械能力、空间能力以及公职人员考试的行政职业能力等。又如，成就测验用来评估一个人在测验时的业务水平。甄选中使用的人格测验是基于这样的假设，那就是知道一个人的动机或他对不同情景的反应有助于预测他在工作中能否成功。

在人力资源的甄选中，大部分的测量方法都是属于以上三种中的一种，要注意的是，统一类型的不同测验之间还是有很大区别的，有些可能要求书面作答，有些则可能要求实际操作；有些有时间限制，有些没有时间限制；有些需要分组完成，有些独立完成即可。

2. 效标

基于效标的测量方法可以根据他们提供的数据类型进行如下五种分类。

（1）客观产量数据。这些数据倾向于工作的物理测量，被认为是工作产量的客观计算，如产品数量、肥料剩余、销售额等。

（2）人力资源数据。人力资源档案和文件常常包含有关工人的重要信息，这些信息可以应用于效标测量，如缺勤、迟到、事故率、工资历史、提升和特别奖励等。

（3）评判性数据。在甄选中绩效评估或等级评定常被用来作为效标。它们常常涉及上级对下级的一系列行为和特征的评价，这些行为和特征对于胜任职位而言是十分重要的。上级或评价人的主观评判对此类效标数据有着决定性的影响。

（4）职位或者工作样本数据。这些数据来自对实际职位进行模拟的一种测量方法。一般来讲，一个职位样本就是一个微缩了的实际职位，对个人完成模拟的职位的绩效进行测量（例如，产出和错误率），然后，测量的结果就可以作为效标。

（5）训练成效数据。此类效标关注的是员工接受职位培训后的效果。这类效标被称作培训能力。培训成效数据的例子包括培训期间工作的差错率以及个人在培训期间所进行的培训绩效测验上的得分。

3. 测量在人力资源配置中的重要性

测量是组织人力资源配置的关键要素和工具之一，组织的人力资源的配置在很大程度上依赖于测量的可取性与使用情况。事实上，在任何一种系统的招聘与配置的过程中，都必须要使用测量以及相应的测量过程。

测量是描述和评估我们所关心的客体属性的方法和技术。例如，包括对应聘候选人知识、技能、能力以及其他（KSAO）的测验，对员工工作绩效的评价，以及候选人对各类工作奖励的偏好评定。对这些属性的评估都是通过测量过程收集的。测量过程由以下几个部门构成：选择所关注的属性，形成该属性的操作定义，按照操作定义构建属性的测量以及使用测量对属性进行实际的标定。人力资源招聘与配置中测量对于帮助甄选经理做出精确的预测起到决定性的作用。测量能够给决策者一个依据，让他们能够决定应该录用哪位候选人从事这项工作。

三、测量方案的制订

对于一项招聘与配置活动来说，使用现有的甄选方案的好处是显而易见的，当可以找到合适的测量方案的时候我们应该去利用它。但是，有时候我们必须根据组织的特点针对某一职位或工作重新制订测量方案。下面我们就要介绍如何制订一个人力资源的测量的方案。

基本上各个方案虽然有自己的特点，细节上会有所不同，但是通常都要采取以下八个步骤进行制定和设计。

1. 分析正在制订的测量方案所指向的职位

在制订甄选方案的步骤中，这是最重要的第一步。如果这一步做得不好，下面所有的步骤将会受到影响。因此，本书有专门的章节讨论工作分析在人力资源招聘与配置中的作用。工作分析在人力资源的配置甄选中的作用是确定胜任某一职位所需知识、技术、能力和其他的特征。测量方案的制订者掌握了这些所需特征的知识以及这些特征所指向的相关活动和工作环境后，就对何种类型的甄选方案可能是适合的有了深刻的见解，并且形成相关的假设。不管是正在制订一个测量方案还是正在考虑现有的测量方案，工作分析都是第一步需要做的工作。

2. 挑选要使用的测量方法

当我们已经认识到重要职位活动以及胜任职位需要的人力资源特征之后，我们就该考虑采用何种测量的方法了。有许多可供提供的方法，包括书面测试、职位或者工作样本测试、面试以及自传性数据问卷等。职位的具体性质、负责实施评分和测量方案解释的人员的技术、求职者的类型和数量、测验的成本以及用于开发测验的现有资源等，都是影响测量方法选择的因素。如果申请者的数量很多，那么我们可以考虑使用书面测验的形式；如果申请者的外部特征（身体或者是人际交往能力）十分重要，那么我们可以采用某些形式的行为练习。

3. 制订测量方案的说明书或计划

在分析完职位并考虑过可用来评估职位的重要方面后，测量的研究者可能对每一种方法会是什么样子有了大致的构想。在这一步，研究者通过制订甄选测量的方案说明书来明确每一种方法的性质和细节。为每一种拟采用的方法所制订的说明书应该包括以下六个方面的内容：

（1）该方法的使用目的；
（2）要测量的每一个变量的操作性定义；
（3）包括在测量方法中的每种类型的题目、问题等的数量和举例；
（4）该方法测量人群的性质；
（5）完成测量的时间限制；
（6）在挑选和编辑题目、问题和测量方法中的其他要素时要用到的统计程序。

4. 拟定测量草案

决定好测量的具体内容之后，我们可以准备测量方案的初稿。应该根据前面的几步得出的具体内容来选择题目、问题等测量草案的内容。

5. 实施并分析草案

在测量的草案制定完毕之后，应当进行测试，即从测量的目标人群中抽取一个样本，并对他们进行测量。为了所取得的数据能够适合于分析该测量方案的内容，要保证被测量样本足够大。比如，如果一个测验要进行题目分析的话，样本量应至少为100人，最好再多一些。

6. 对草案进行修订

根据前一步骤中我们收集到的资料为基础，对草案中的数据进行分析，目的是通过纠正所有明显的缺陷和不足来对草案做出修订。例如，如果正在制定一个测验，那么就要进行题目分析来确定测验的内容，以使测验能够区分出谁掌握了测验覆盖的知识，而谁没有掌握。

7. 决定修行的方案对于所研究的职位的信度和效度

根据我们已经确定的测量的修订稿，我们假定它将预测工作会在某些方面取得成功。现在，我们可以对我们的假设进行信度和效度的研究，本章的第二节和第三节将会着重介绍测量的信度和效度。

8. 在人力资源体系内实施测量并进行监督

在获得必要的信度和效度之后，我们就可以实施我们的测量了。当然我们还需要划定录用分数线或者及格分数线。另外，我们还要制定一定的标准来阐释不同的人群（性别、年龄段、教育程度等分类）的测量得分如何不同，这也有助于我们对测量结果的解释。测量完成后我们还要密切注意相关的情况，确保测量确实发挥了应有的功能。

第二节 测量的信度

测量的开发和使用都是为了测量对象的属性，测量结果用分数来表示，并且对他们进行各种操作。由于一些原因,在人力资源的招聘与配置中,个体分数实际被视为属性本身,而不仅仅是这些属性的指标。例如,一项心理能力测验的分数被看作与个体的聪明程度等同,或者上级对个体工作绩效的评定被看作是他们真正的绩效指标。测量得出的分数对于应聘者和决策者来说都是十分重要的,测量的质量十分重要,因此我们用测量的信度和效度来说明测量的质量。本节主要对测量的信度进行说明,第三节中将会对测量的效度进行介绍。

一、信度的概述

1. 测量误差

测量误差是指在测量过程中由那些与测量目的无关的变化因素所产生的一种不准确或者不一致的测量效应。测量是多因素共同发挥作用的综合性行动,而各种因素在不同时间和不同情境中都在发生变动,因而测量随时都有可能发生误差,直接影响测量的结果。误差有两种:一是系统误差,它是由与测量无关的变量引起的一种恒定而有规律的效应,通常是有由于测量工具不稳定引起的;二是随机误差,它是由与测量无关的偶然因素引起的不易控制的效应。系统误差只影响测量结果的准确性,不影响测量的稳定性,而随机误差既影响稳定性又影响准确性。根据经典的测量理论,我们可以推导出如下关系:

$$S_X^2 = S_T^2 + S_E^2 \quad (5-3)$$

其中,S_T^2 又可以分解为

$$S_T^2 = S_V^2 + S_I^2 \quad (5-4)$$

因此,我们可以得出

$$S_X^2 = S_V^2 + S_I^2 + S_E^2 \quad (5-5)$$

其中,S_X^2 表示被观察者分数的方差,S_T^2 表示真分数方差,S_E^2 表示误差分数方差,S_V^2 和 S_I^2 分别是与测量有关的变异和与测量无关的变异。

这就表明,一次测验中一个团体的实测分数之间的变异是由与测量目的有关的变异 S_V^2、系统误差的变异 S_I^2 和随机误差 S_E^2 所决定的。也就是说,实测分数等于真分数加上误差。

2. 信度的概念和内涵

所谓的信度就是指测量结果的准确性和一致性程度,也就是说,测量工具能否稳定地测量到它要测量的事项的程度。

我们可以举例说明信度的问题:如果想知道某人的体重,可以叫两个人来估计,一个人的估计为 80 公斤,另一个人的估计为 160 公斤,那么就可以认为,叫别人来估计体重是非常不可信的方法。如果用秤来称,连续两次的测量结果都是相同的,因而作为体重的测评方法用秤来称比叫别人来估计更加可信。信度的高低是评价一个测量工具好坏的重要指标,即好的工具必须稳定可靠,多次测量的结果要保持一致。信度只受随机误差的影响,随机误差越大,信度越低。因此,信度也可以看作测评结果受到随机影响的程度。

在人力资源配置与测量中,信度被定义为"一组测评分数的真分数的方差与实测分数的方差的比率",即

$$r_{xx} = \frac{S_T^2}{S_X^2} = 1 - \frac{S_E^2}{S_X^2} \qquad (5-6)$$

其中,r_{xx}代表测评的信度,也就是信度系数的公式。

这里要注意的是,信度并非是个人分数的特性,而是一组测量分数或者一系列测评分数的特性。因为真分数的方差是不能直接测量的,因此,信度只是一个理论上的构念,只能通过一组实测分数来估计,也就是说测量存在着误差。

一般来说,能力测量的信度系数应在0.90以上,有的可以达到0.95;性格、兴趣、价值观等人格测量的信度系数通常在0.80—0.85;用于团体间比较的信度系数应该不小于0.70;而只有当信度系数不小于0.85时,才可以用来鉴别个体的被测量者。

二、信度的测量方法

通常我们通过考察两套测量同一事务的测量系统之间的关系来确定信度。如果这两套系统得出相似的分数,信度就比较高;如果这两套系统得出的分数不相似,则信度就比较低。信度系数就是一个关系指标。我们想求得两套系统之间的信度估计值,而信度系数则概括反映了两者之间的关系。该指标的计算结果在0.00—1.00。对于信度估计的方法有许多,主要有再测信度、复本信度、分半信度、内部一致性信度和评分者信度。

1. 再测信度

(1)再测信度的概念。

再测信度又叫重测信度,是指以同样的测量工具,按照同样的方法,对相同的被测量者进行再次测量,所得到的先后结果之间的一致性程度。再测信度强调的是跨时间的一致性,一般用稳定系数作为再测信度的操作性指标,解释前后两次测评与选拔的结果的一致性程度。再测信度的两次测量,使用的是同一个测量工具、同一种测量方式。使用再测信度时,两次实测分数的误差来源有测评条件、被测者身心状况和两次测评的时间距离。从测量的组织角度来看,再测信度的鉴定是较方便的,但是两次测评的时间间隔成段较难把握。适宜的时间间隔应该根据测量的目的、性质以及

被测者的特点的改变而有所不同,但是一般测评的两次时间的间隔一般不超过6个月,一般在1—3个月。

再测信度有明显的优点是:首测和再测信度使用同一套测量题目,较之编制两套题目等值的测量题目来说更节省时间和精力,无论施测多少次,由于使用的是相同的题目,所评价的属性是完全相同的;可作为预测被测量者将来的行为表现的依据,因为该方法提供了有关测评结果是否随时间而变化的资料。

再测信度的缺点是:如果前后两次的测量的时间间隔选择不当,测量易受练习和记忆的影响;同一组被测量者对同一个测量的先后两次作答相互之间是不独立的;两次测量的实施环境的不同会产生测量的误差。

(2)再测信度的计算方法。

一般来说,我们会选择稳定的系数来估计再测信度前后两次的测评与选拔的结果的一致性程度。通常采用的是积差相关关系求得。计算公式为:

$$\gamma = \frac{N\sum XY - (\sum X)(\sum Y)}{\sqrt{[N\sum X^2 - (\sum X)^2][N\sum Y^2 - (\sum Y)^2]}} \qquad (5-7)$$

其中,γ——稳定系数;

N——测量结果数据的个数;

X——首测结果的数据;

Y——重测结果的数据。

γ的取值越接近1.00,说明测量结果的可靠程度越高;反之,测量结果的可靠程度越低。

2. 复本信度

(1)复本信度的概念。

复本信度是指测量的结果与另一个等值测量的结果的一致性程度。所谓等值,是指在测量内容、效度、要求、形式上都与原测量一样,其中一个测量可看作另一个测量的近似复写,即复本。复本信度实质上是一种跨维度、跨形式的一致性,一般用等值系数来解释两次测量的结果的一致性。如果两个复本的测量相距一段时间分两次实施,则在鉴定复本信度的同时还可以鉴定再测信度,既可以反映在不同时间的稳定性,又可以反映不同测量题目的一致性,可见其应用范围的广泛。一个测评有两个或几个复本意味着同一属性具有两个或几个行为样本。测量题目的增加,对所要测量的素质要素相联系的行为总体的代表性增强,所以,一个测评的两个复本在相隔较短的时间里对同一组被测者实施测量的时候,获得的复本信度系数是比较准确的。

虽然复本信度比再测信度应用的范围要广一些,但是也有一定的局限,主要表现在以下几个方面。首先,当我们所研究的行为受练习和记忆的影响很大时,使用复本只能减少而不能排除这种影响。其次,准确性受到被测者举一反三的能力的影响。由于第二个测量改变了题目的具体内容,接替原则大致未变,举一反三能力强的被测者可以很容易地迁移到同类问题上。在这种情况下,记忆、练习和迁移效应的影响是不可避免的。最后,编制两个完全相等的复本是十分困难的。

(2) 复本信度的计算方法。

一般来说,我们用等值系数来估计复本信度两次等值测量的一致性程度,它的计算与稳定的系数相似,通过计算两次测评数据之间的相关系数来求得等值系数。当测评结果是分数形式时,用积差相关法计算;当测评结果为等级或名次时,用等级相关法计算。积差相关计算公式与稳定系数公式相同,等级相关法的计算公式为:

$$\gamma = 1 - \frac{6\sum D^2}{N(N^2-1)} \tag{5-8}$$

其中,γ——等值系数;

N——测量结果的个数(被测者人数);

D——同一被测者两次评定等级之差。

3. 分半信度

(1) 分半信度的概念。

分半信度是指采用分半估计法所得到的信度系数,与以上介绍的两种方法的区别在于,分半信度只需要一种测验形式,实施一次测验。通常是在测验实施之后将测验分为等值的两半,并分别计算每位被测者在两半测验上的得分,求出这两半分数的相关系数。这个相关系数就代表了两半测量内容取样的一致性程度。分半信度可以看作等值测量的一种特例,因为这两半基本上相当于最短时间实施测量的两个平行测量。另外,由于只需要使一个测评实施一次,考察的是两半题目之间的一致性,所以这种信度系数有时候也被称为内部一致性系数。分半信度与其他等值测量的不同之处在于测量实施之后才分成两个。

要采用分半法计算分半信度,首先要将测验分为对等的两个部分。奇偶分半法是最常见的方法,即测量分为奇数题目和偶数题目两半。如果测量题目基本上是按难度高低主次排列,那么奇偶分半法得到的就是分数相近的两半。另外,还要处理那些前后有牵连的题目,如果将这类题目分成两半,就可能提高信度。

(2) 分半信度的计算。

估计分半信度的方法有三种。

① 斯皮尔曼—布朗公式校正。

使用分半法求得的两半分数的相关只是半个测量的信度,而再测信度和复本信度却都是根据所有题目分数求得的。由于在其他条件相同的情况下,测评的题目数越多,信度越高,所以为了保证信度的准确性,在估计整个测评的信度的时候,必须使用斯皮尔曼—布朗公式加以校正。

首先通过某种分半方法(通常是奇偶分半法)将测量题目分为内容、形式、题数平均数、标准差、难度、测量题目间的相关分布形态等相等的两半,然后计算每个被测者在两个分半测评分数的积差相关系数,再用斯皮尔曼—布朗公式加以校正。公式为

$$\gamma_t = \frac{2\gamma}{1+\gamma} \tag{5-9}$$

其中,γ 为两半分数的相关系数,γ_t 为测量在原长度时的信度系数。

② 卢龙公式计算法。

卢龙公式的计算方法与斯皮尔曼—布朗公式校正法大致相同,只是不要求两半测量分数的方差相等。其计算公式为:

$$\gamma_t = 1 - \frac{\sigma_d^2}{\sigma_t^2} \tag{5-10}$$

其中,γ_t 表示分半信度系数;σ_d^2 表示每个被测者两半测验分数之差的方差,σ_t^2 表示测验总分的方差,计算公式为 $\sigma_d^2 = \frac{\sum d^2}{n} - \left(\frac{\sum d}{d}\right)^2$,$\sigma_t^2 = \frac{\sum x_t^2}{n} - \left(\frac{\sum x_t}{n}\right)^2$。

③ 弗朗那根公式计算法。

与卢龙公式估计法类似,应用弗朗那根公式估计分半信度同样不要求两半测评分数的方差相等。计算公式为:

$$\gamma_t = 2\left(1 - \frac{\sigma_a^2 + \sigma_b^2}{\sigma_t^2}\right) \tag{5-11}$$

其中,γ_t 表示分半的信度系数;σ_a^2 和 σ_b^2 表示两个分半测验分数的方差,即 $\sigma_a^2 = \frac{\sum X_a^2}{n} - \left(\frac{\sum X_a}{n}\right)^2$,$\sigma_b^2 = \frac{\sum X_b^2}{n} - \left(\frac{\sum X_b}{n}\right)^2$;$\sigma_t^2$ 表示的是测验总分的方差。

4. 内部一致性信度

(1) 内部一致性信度的概念。

内部一致性信度是指测量相同素质的各测量项目分数之间的一致性程度,如果被测者在第一个项目的分数高于其他人,在第二个项目上的分数还高于其他人,在第三个项目上的分数仍高于其他人……并且这些项目测量的都是同一素质,那么有理由认为测量的结果是比较可靠的。内部一致性信度是通过分析同一测量中各测量项目之间的一致性来分析测量信度的,它实质上是一种跨测量项目的一致性。一般来

讲要测量的内容或行为越是同质,题目的内在一致性就越高。因此,从异质测评中所得到的分数意义较为含糊,一个异质性的测评可能包含一些内在一致性的分测量或题目群。

虽然同质测量分数的意义比较明确,但是一个单独的内在一致性测量往往不能预测一个异质的行为。现在许多心理测验都是异质的,不过他们多是由若干个相对同质的分测量所组成的,每个分测量只测量一个方面的特征。因此,把分数组合起来后便可以做出明确的解释。

(2) 内部一致性信度的计算。

通常用内在一致性系数来估计不同测评项目测评数据的一致性程度,而且这些项目都是测评同一种素质的。内在一致性系数的估计方法通常有两种:一种是项目折半信度,另一种是α系数分析。

① 折半信度。

折半信度是指将每一个被测量者的测量分数按测量题目分成两半,然后用每个被测者在两半测量上的得分求出整个测验的信度。

估计折半信度的方法与分半信度类似,包括斯皮尔曼—布朗公式、卢龙公式和弗朗那根公式三种。

② α系数分析。

当一次测量无法分成对等的两半时,折半信度不宜使用。此时可考虑通过α系数分析信度,α系数是目前较常用的一种方法。

α系数分析是L·克朗巴赫(L. Cronbach)提出来的公司计算内部一致性系数。

公式为:
$$\gamma_t = \left(\frac{K}{K-1}\right)\left(1 - \frac{\sum \sigma_i^2}{\sigma_t^2}\right) \quad (5-12)$$

其中,K 为评分者人数,σ_i^2 表示每个测量题目的分数的方差,σ_t^2 表示测评总分的方差。

5. 评分者信度

(1) 评分者信度的概念。

对一些无法完全客观计分的测评,必然会因为评分者的主观差异而产生误差。评分者信度是指多个测评者给同一组被测量样本组进行评分的一致性程度。测量结果的差异程度来自两方面:一是被测量者本身;二是测量者及其测量。事实上,评分者误差是测量误差的一个重要来源,评分者的知识水平、对测量标准的把握、因心理效应而产生的各种心理误差等,都会使不同的评分者对同一被测的评分产生差异。尤其是,面试与观察评定等主观性测量方法,需要评分者通过主观判断来评定,评分者造成的误差大小就更为重要了,评分者信度就是用来分析这种测量误差的指标。

因此，一些测评手册要求报告评分者信度用作解释分数的参考。评分者信度实际上是一种跨测评者的一致性，一般通过肯德尔和谐系数来衡量。

（2）评分者信度的计算。

评分者信度最简单的估计方法就是随机抽取若干份的答卷，由两个独立的评分者打分，再求每份答卷两个分数的相关关系。这种相关系数的计算可以用积差相关法，也可以用斯皮尔曼等级相关方法。如果评分者在3人以上，而且采用等级计分，则可以用肯德尔和谐系数来求评分者信度。

公式为：
$$W = \frac{\sum R_i^2 - \frac{(\sum R_i)^2}{N}}{\frac{1}{12}K^2(N^3 - N)} \tag{5-13}$$

其中，K 是评分者的人数；N 是被测量的对象；R_i 是每一个对象被评等级的总和。

如果在同一评价者的评价中有相同的等级出现时，可以用以下公式：

$$W = \frac{\sum R_i^2 - \frac{(\sum R_i)^2}{N}}{\frac{1}{12}K^2(N^3 - N) - K\sum \frac{\sum(N^3 - N)}{12}} \tag{5-14}$$

其中，N 为相同等级的个数。

三、信度系数的解释

在人力资源招聘与配置中，采用测量系统的主要目的是使我们能够对被测量者做出准确的判断。为了使这些判断有价值，判断必须建立在可靠的数据基础之上。当数据不可靠时，使用任何信息都是值得怀疑的。信度分析有助于帮我们解释测量决策采用的数据是否可靠。

1. 信度系数的意义

甄选配置的测量并非简单的"可靠"或者"不可靠"。信度存在一个程度的问题，估计信度的计算产生了一个范围在0.00—1.00的一个指标或者系数，代表信度的符号有很多，通常情况下，信度表示为一个 γ，后面会在下标处跟着两个标识性的说明符号，若两个标识性的符号相同，则表示测量系统是自我相关的。

信度系数报告的是一个数字，这个系数的意义是什么？实际上信度系数等于某个测量系统的真实分数和实得分数之间的相关系数的平方，即 $\gamma_{xx} = \gamma_{tx}^2$，其中，$\gamma_{xx}$

表示信度系数，γ_{tx}^2 表示真实分数和实得分数之间的相关系数的平方，x 表示实得分数，t 表示真实分数。因此，信度系数可以解释为个人测量得分差别中有百分之多少是由于个人在被测量属性上的真实差别所导致的，有百分之多少是由于随机误差所导致的。被测量的属性上的真实差别和由随机误差所决定的程度，以百分比表示。例如，我们有一项测量被称为 X 测验，测验的信度等于 0.90（即 γ_{xx} = 0.90），这说明参加测验的人的测验的分数的差别中有 90% 来自真实的差别，只有 10% 的差别来自误差。信度系数表明分数差别中来自真实差别而不是误差的比例。

信度系数概括了对一组人进行测量的可靠性。它并没有说明该组中谁提供了或者没有提供可靠的数据，当我们考察一个信度系数的时候，应该理解这个值针对的是一个群体在某一具体测量上的得分，而不只针对个人的得分。因此，以下情况是可能发生的，即一个高信度的估计值表明某测量系统是可靠的，但是被测者中有至少一个人对该测量的反映包含着许多误差。可以这样来说，在一个可靠的测量系统中，被测量者做出不可靠的反应是可能的，但是在一个不可靠的测量系统中，被测量者做出可靠的反应是不可能的。

因此，我们在考察某一特定的信度系数的时候，要正确地理解信度系数的意义，即信度系数是特定于一定的信度系数计算方法和被测量的个体或者群体的；信度是效度的必要而非充分条件；信度系数以一组人的反应为基础；信度用程度来表示。

2. 信度系数的标准

一个信度系数有多高？信度好的判断标准是什么？至今没有一个清晰的、被广泛接受的标准。显然，我们希望系数越高越好，然而一个信度系数能够被采用的底线确实依赖于使用该测量系统的目的。一般以对信度系数的采用遵循以下的原则：要做出的决策越重要，作为该决策基础的测量系统就需要具有更高的精确性，即有更高的信度系数。

在人力资源招聘与配置的实务中，录用决策是以测验等测量工具取得的分数为依据的。从应聘者的角度来看，高信度的测量工具是必需的，因为在目前的就业形势下，职位的数目远远不能满足求职者的需求，竞争异常激烈，往往测量得分的微弱差别就会影响该求职者是否能被录用。但是我们也必须知道，没有完美的测量系统，任何测量工具的误差都会对应聘者的录用与否产生正面或负面的影响。

四、影响信度的因素

信度系数是一个估计值，测量的过程中经常会受到许多因素的影响。考虑不周、防范不够，就会使一个测量的信度由于某一因素而造成假相关，这就要采用其他方法重新评估测量结果的相关性，或者采用、转换成其他的测量。影响测量信度的因素大致有以下六个方面。

1. 估计信度的方法

我们已经看到不同的信度系数的估计方法处理测量误差的方式也不同,结果之一就是仅仅因为计算信度系数的方法不同,就会产生不同的信度估计值。有些方法倾向于做出较为大胆的估计(估计值偏高),有些方法则倾向于对一个测量系统的真实信度做出保守的估计。一般来说,复本估计(不管是立即实施的复本信度还是有时间间隔的复本信度)的信度通常比其他方法得到的信度系数值更保守一些;立即实施的再测信度会过高地估计信度系数,居于中间的分别是分半信度、有时间间隔的再测信度以及内部一致性信度。

2. 被测量者个体以及群体的差别

影响信度估计的另外一个因素是被测量者在测量属性上的个人差别或者方差的大小。一种测量工具对某种属性的测量得分的差别幅度越大,该工具就越能可靠地将测量对象区分开来,一般而言,该测量工具的信度就会越高。个人的差别来自两个方面:一是个人自身的改变或者变化,另一个是个人之间的差别,也被认为是真实的差别。另外,对于不同的群体,比如基于教育水平或者年龄所划分的群体之间也会导致个人的差别,因此在测量时候不仅要注意个体之间的差别,还要考虑到所选群体之间的差别。

3. 测量系统的长度

测量系统的长度是指测量的题目的数量。一般而言,测量系统的长度越高,其信度就越高。一方面,较多的试题数量能够使试题或内容的取样更加恰当;另一方面,较长的测验不容易猜测,使测验结果更可靠地反映了被测的真实水平。简单地说,同质的测试题目熟练越多,每个题目上的随机误差便会相互抵消,从而反映出一个人比较稳定的水平。一般来说,最好不要采用短测验,最好的办法是实行分测量策略多次实施测量,以增加结果的可靠性。

可以使用斯皮尔曼—布朗公式的通式来计算增加测评长度的效果:

$$\gamma_{KK} = \frac{K\gamma_{XX}}{1+(K-1)\gamma_{XX}} \qquad (5-15)$$

其中,K 为改变后的长度与原来的长度的比值;γ_{XX} 为原测量的信度系数;γ_{KK} 为测量长度变为原来的 K 倍时,该测量的信度系数。

但是我们应该注意到,测量题目增加的效果符合边际效益递减的规律,因此,测评过长是得不偿失的。通常编制过多的测量题目非常困难,耗费时间和精力,而且容易引起被测量者的疲劳和反感,反而降低了可靠性。有时候为了节省时间和精力,有必要对测评信度影响不大的前提下,把过多的测题适当地减少。可以通过上述公式的变换测算出信度一定的情况下的最佳题目数量：

$$K = \frac{\gamma_{KK}(1-\gamma_{KK})}{\gamma_{XX}(1-\gamma_{XX})} \tag{5-16}$$

4. 测量试题的难度

测量的难度与信度并不是一一对应的,但是彼此关系仍然是十分紧密的。当测量的分数分布范围缩小时,测量的信度就必然降低;当测量容易时,分数将会集中在高分段,出现"天花板效应";当测量太难时,得分会出现在低分段,就会出现"地板效应";如果难度适中,那么对于水平较高和较低的被测者测量题目会显得较简单或较难。这三种情况都会使测量的分数范围缩小,影响信度水平。只有当测量的难度水平可以使得测量分数分布的范围最大时,测量的信度才可能最高。

5. 答题样式

任何系统地导致测量得分出现差别的因素都会提高测量的信度。导致这些差别的因素之一就是记录被测量者对一个测量系统的回答的答题样式。随着测量系统的答案选项或者类别的增加,信度将会随之提高。

6. 测量的实施

正如本节前面提到的,各种因素导致的测量误差会影响到一个系统的信度。比如,被测量者的精神状况与身体状况、与测评者的关系、令人不愉快的测量环境,以及对答题的经验不足等都会导致测量误差。当出现这些测量误差时,信度就要降低。

第三节 测量的效度

测量的质量好坏可以通过测量的信度和效度来进行评价,上一节我们对测量的信度进行了介绍,本节主要介绍的是测量质量的另一个方面的体现——测量的效度。

一、效度的概述

1. 效度的概念与内涵

测量的效度指的是它测量了想要测量的属性的程度,也就是测量的有效性,是现有证据支持对测量得分做出推论的程度,效度并非测量系统本身的属性。

(1) 效度具有相对性。任何一个测量方案都是为了特定的目的设计的,不存在一种对任何目的都有相同测量效果的测量方案。效度是针对某种特殊用途的技术指标,通常在专指的情况下才有意义。例如,用于选拔销售人员的有效测量方案,对选拔高级技术人员或者研发人员往往效度并不高。

（2）与信度一样，效度也是一个表达程度的概念。没有一种测量的效度是完全有效或者完全无效的，有的只是有效的程度方面的差别。因此，我们在评价某个测量结果的时候，"有效"或者"无效"都是不恰当的，用"效度较高"、"效度中等"或者"效度较低"才是适当的。比如，用测量教师的测量系统来测量行政秘书人员，其效度虽然较低，但是不至于完全没有效度，只是能测出的程度比较低而已。

（3）效度是测量的随机误差和系统误差的综合反映。根据第二节中对测量误差的介绍，我们可以知道，测量的随机误差仅影响测量的信度，而测量的系统误差与随机误差均会对测量的效度产生影响。也就是说，测量的过程中，只要存在误差，无论是哪种，都将影响效度。

2. 信度与效度的关系

信度和效度的关系有以下两个方面。

（1）信度是效度的必要条件而不是充分条件。

效度与信度所涉及的误差是不同的，信度涉及随机误差，而效度不仅涉及随机误差，还涉及系统误差。当误差方差低即信度系数高的时候，并不一定意味着效度系数也高；而效度系数较高，则意味着信度系数也必然会高。例如，假设我们能够准确地测量出某人的经济收入，但是我们并不能够说明他的消费水平。我们也可以用射击的原理来理解信度和效度之间的这样一个关系。某人射击20发子弹，如果20发全部集中在9环和10环，就说明准确性和稳定性都很高；如果20发几乎全是3环或4环，说明稳定性仍然很高，但是准确性很低。可以这样认为，准确性高，稳定性高；稳定性高，准确性未必高。信度和效度的关系也是如此。

（2）信度和效度很难同时获得提高。

对于同一个测量系统来说，同时有高信度和高效度是比较困难的。如果测量是同质性的，测量的各个部分都以同一因素测量同一属性，那么将会有高度的内部一致性信度。但是，如果用同质性测量对某种效标进行预测时，可能因为测量分数中构成这部分方差的单一因素与效标分数中构成这部分方差的几个因素之间缺乏共性，缺乏建立联系的机会，而致使效度下降。

如果测量是异质性的，测量的分数中构成这部分方差的几种因素与效标分数中构成这部分方差的几种因素建立联系的机会较多，它的内在一致性因素可能较低，但是有较高的效度。解决这一问题的最好办法就是避免采用单一的测量，尽量采用成套性的测评。

二、效度的测量方法

效度的测量有很多种，目前主要的效度分类有效标关联效度、内容效度和构念效度三大类,其中效标关联效度又分为同时效度和预测效度两类。

1. 效标关联效度

（1）效标关联效度的概念。

所谓效标,即效度标准,就是能显示或反映想要测量的属性的变量,是考察鉴定测量属性的一个参照标准。效标关联效度又称为统计效度,就是以某一种测量分数与其效标分数之间的相关程度来表示的效度,其相关系数就是效标关联效度系数。效标的测量材料既可以在实施测量的同时获得,又可以在间隔一段时间后获得,因此效标关联效度可以分为同时效度和预测效度两类。这两种方法都是要收集预测信息和效标信息,都要采用统计方法来检验这两类数据之间的相关性。

① 同时效度。同时效度有时候被称作"现有雇员法",采用这种方法既要收集一组现有雇员的预测信息,还要收集他们的效标信息。同时效度即根据同时效标材料确定的有效性,测量中的效标材料几乎可以和测量分数同时收集。在收集到两组数据之后,就要对它们进行统计相关分析。根据结果,我们会发现预测和效标之间是否存在显著关系,进而判断根据测量做出的推断的有效性。在选拔测验中,被测量者在实际工作中的成功一般都是重要的效标。在心理测量中,同时效度是比较合适、用途很广、意义非常现实的一种效度。

同时效度能够使调查者几乎立即就可以得到一个有关测量工具实用性的信息,但是同时效度会受到以下因素的制约：参与研究的员工的在职任期或工作年限；在职员工对求职者的代表性；在职员工参与研究的动机,是否会做出虚假回答等。

② 预测效度。预测效度有时候被称为"未来雇员法"或者"跟随法",指的是采用这种方法要收集应聘者而不是在职员工作为数据的来源。预测效度即根据预测效标材料确定的有效性,反映的是从测验分数预测任何效标情景或者一段时间间隔之后被测量者行为表现的程度。预测效度要在不同的时间收集数据,而不是在一个时间点上收集预测数据和效标数据。一般来说,预测效度的信息大多用于人员的选拔、分类和安置工作。

预测效度由于收集时的信息数据来自求职者,这些提供信息的人会有着更强烈的动机来完成预测的测量,测量结果也更可靠。而预测效度最大的缺点在于,确定被检验的测量系统的效度所需要的时间间隔。如果一个组织一个月只雇佣为数不多的几个人,那么,为了获得一个进行预测效度研究需要的足够大的样本可能要几个月的时间。

不同的测量目的,对于效度的要求也不同。通过测量来评定员工绩效或者晋升技术职称时,希望测量有较高的同时效度；通过测量来进行人事选拔或者人事调动的时候,希望有较高的预测效度；通过测量来开发培训人才的时候,则希望测量的同时效度和预测效度都呈现较高的数字。

对于效标关联效度来说,效标的选择是一件非常重要的事情。一方面,效标需要一定的可靠程度,我们不能仅凭主观选择;另一方面,选择什么变量作为效标与测量的种类有关。效标可以分为概念效标和行为效标,而概念效标必须可操作化、具体化,最终转化为行为效标,否则这个概念效标就是无用的。

行为效标的选择以客观实用为准,常见的行为效标有以下几种。

- 工作业绩。一般工人可以选择产品质量、产品单位成本为效标;科研人员可以以技术成果的数量、质量以及产生的经济效益为效标;管理人员可以以工作效率、经济效益为效标。同时效度的效标可以选择近期的工作业绩,预测效度的效标可以选择今后的工作业绩为效标。
- 特殊培训成绩。例如,机械能力倾向测量的效标可以用技术培训学习中的考试成绩等。
- 学术成就。可以参照的效标有作品的数量、质量、发行量、学历、奖励、荣誉以及考试成绩等。
- 另外还有如团体特征、综合性指标、评定评比结果等效标可以使用。

(2) 效标关联效度的计算。

关联效度的分析是通过效度系数进行的。所谓的效度系数就是指测量结果与标准结果的相关系数。相关系数越高,表明关联效度越高。同时效度是以两种测量结果的相关系数来估计的;对于预测效度,因为效标的结果是后来获得的,例如人员的选拔和调整之后的实际工作绩效等,因此,预测效度的鉴定要在测量结束的一段时间之后进行。

对于效标关联效度的计算,我们可以采用积差法求相关系数,公式为:

$$\gamma = \frac{N\sum XY - (\sum X)(\sum Y)}{\sqrt{[N\sum X^2 - (\sum X)^2][N\sum Y^2 - (\sum Y)^2]}} \quad (5-17)$$

其中,γ——效标关联效度系数;

N——测量结果数据的个数;

X——预测变量的测量结果;

Y——效标变量的测量结果。

这个公式无论对于同时效度还是预测效度都是适用的。

2. 内容效度

(1) 内容效度的概念。

内容效度是指测量的题目代表所要测量的内容的程度,反映的是测量题目所要测量的内容范围取样是否充分和确切的问题。当一个职位要使用的甄选的测量工具的内容(问题、问项等)被证明是该职位内容的代表性抽样时,我们就认为这个测量工具具有内容效度。实际测量到的内容与事先想测量的内容越保持一致时,就说明测量结果的内容效度越高,测量结果越有效。这里要注意的是,并不是每个测量都有内容效度,一个测量要有内容效度必须注意以下两个条件。

① 内容范围定义明确。内容范围可以是由编制者界定的一些范围较广的材料与技能,也可能是一个有效而有限的题目总体;可以包括具体的知识,也可以包括复杂知识等。

② 测量题目是所界定的内容范围的代表性取样。代表性取样就意味着取样的方式不能以随机或者方便取样为原则,而是根据材料或者技能的重要性来选题目:一方面使得选出的题目能包含所测量内容范围的主要方面;另一方面使各方面题目比例适当。因此,必须对内容范围进行系统分析,将该范围区细分为许多细目,并对每个细目作适当的加权,然后再根据权重从每个细目中抽取题目,直到得出所需要数量的题目。

内容效度主要应用于成就测验,因为成就测验主要是测量被测量者掌握某种技能或学习某一门课程所达到的程度。某些用于选拔和分类的职业能力测验也经常使用内容效度,因为这种测验要测的内容就是实际工作所需要的知识和技能。编制这类测评需要对每一项工作进行全面的分析,以使测评成为这项工作所需要的知识和技能的好样本,而内容效度恰好能满足这些需求。但是,内容效度一般不适合测评能力倾向和人格。

内容效度与效标关联效度是不同的。首先,内容效度重点强调新测量工具的构建,而不是已有测量工具的效度,设计并采用该方法的目的是帮助确定测量工具的构建,而不是需测量的内容。其次,这种方法主要强调专家判断在已确定一个测量工具的效度方面的作用,而不是依靠相关系数,因此内容效度也被称为"描述性"效度,与效标关联效度形成对比,后者我们已经知道是一种统计性预测。

(2)内容效度的计算。

内容效度的分析主要是对包括在测量范围内的测量项目是否具有代表性,代表性的程度如何进行分析。可以从两个方面进行分析:一是是否包括了要测量素质中的各种成分;二是测量范围内的样本的比例是否与工作分析的结果一致。内容效度的鉴定,可采用的定性分析的方法有蓝图对照分析法和专家比较判断法;也可以采用比较法进行定量分析。

① 蓝图对照分析法。

蓝图对照分析法是将测量的内容与设计蓝图对照,将内容范围的内涵和结构与蓝图逐一对比检查,再做出分析判断。比如,对知识测量的效度鉴定是把试题涵盖的知识内容、各部分内容在试卷中的比例以及测量目标层次的机构与蓝图或者双向细目表逐一对照,从而鉴定测量的内容效度。

② 专家比较判断法。

专家比较判断法是由一组独立的专家组成的专家评定组,对测量量表内容取样的充分性、必要性、适当性进行评定;对实际测量到的内容与所要测量的素质特征的符合程度做出判断。专家评定组可以由测量专家、测量单位的领导、主管测量的人员以及被测人员组成。内容效度实际上是一种内在的经验效度,但是由于受到主观影响,专家比较判断法也不尽完美。不同的专家由于背景、经验、社会角色以及对测量题目的理解不同,对同一套测量内容与欲测量属性之间的符合程度的判断也会有差别。因此,为了进一步提高内容效度的准确性,在专家分析评判之后,可用以下公式计算出内容效度比来鉴定内容效度,公式为:

$$C = \frac{n_e - \frac{N}{2}}{\frac{N}{2}} \tag{5-18}$$

其中,n_e——持肯定评判意见的专家人数;

N——评判专家的总人数。

C 的值在 -1—1,当 C 为 -1 时,表示所有的专家都认为测量项目内容不当,此时内容效度最低;而当 C 为 1 时,表示所有专家都认为测量项目较好地展现了测量内容的范围,此时内容效度最高。C 的取值越高,表明内容效度越高。

③ 比较法。

比较法是对同一组被测量者用同一个测量要素试题的两个复本在培训前后实施测量,该测量内容的有效性可以由两次测量成绩差异的显著性来加以判断。如果两次测量分数的平均数有显著差异,并且培训后优于培训前,则表明测量项目所测量的内容正是培训的内容,可以认为测量的内容具有有效性;如果两次的测量分数的平均数没有显著的差异,则表明测量项目所测量的内容与培训内容不相符,可以认为该测量的内容效度较低。

检验两个复本测量分数平均数之差的显著性时,可以用相关样本平均数之差的校验统计量,公式为:

$$\gamma_i = \frac{\bar{D}}{\sqrt{\frac{\sum D^2 - \frac{(\sum D)^2}{n}}{n(n-1)}}} \tag{5-19}$$

其中,$\bar{D}$ 表示所有被测量者的两个复本测量分数之差的平均数;D 表示每个被测量者的两个复本测量分数之差,也可以表示为两个复本测量分数平均数之差;n 表示被测量者的人数。

3. 构念效度

(1) 构念效度的概念。

当心理学家们用到构念的时候通常是指一个测量工具能够评价的假设性概念、品质、特性或者素质。在人力资源招聘与配置中,之所以使用某种测量的工具,是因为相信它可以评价我们想要评价的属性。在测量的事件中,对于有些没有办法测量的素质,比如正直、品德以及态度等,我们需要构建一些具体的行为测量来推断实际的素质水平。把抽象的素质构建成具体的行为特征,是否抓住了该要素的基本特征进行构建是最关键的。也就是说,所测量的结果能否代表想要测量的属性或者素质,观察到的行为是否就是被测量者真实的素质水平。

因此,我们可以发现,想要建立具有构念效度的测量,必须先从某一构念的理论出发,导出各项行为或心理功能的基本假设,据此设计和编制测量测验,然后由果求因,用相关、实验和因素分析等方法审查测量是否符合心理学上的理论见解。构念效度是由积累的证据来评价的,因而不可能有单一的效度指标。

总的来看,构念效度最大的贡献就是把着眼点放在提出假设、检验假设上,因此使测量有了更广阔的发展前景。但是,构念效度也存在一定的缺陷:首先,有些构念的概念模糊,理解不一致,同一构念不同的研究者可能给予不同的名称,赋予不同的定义;其次,没有单一的数量指标来描述有效的程度,构念效度是通过对一项测量测什么、不测什么的证据加以积累确定的,虽然可以将来自所测量的素质要素的误差比例作为构念效度的数量指标,但是这个值是随情况而变化的;最后,失败的原因无法解释,当资料无法证实我们的假设的时候,对失败的结果就缺乏一个明确的解释。

(2) 构念效度的计算。

通过筛选、评价与测量有关的各个方面的证据,从而形成测量的构念定义。各方面的证据包括:测量包含了什么样的题目,各种情况下测量分数的稳定性、测量的同质性、与其他测量或者变量间的关系、实验操作对测量行为的影响,以及任何与测量分数意义相关的资料。构念效度的资料收集方法主要有测量内方法和测量间方法。

① 测量内方法。

测量内方法主要是通过研究测量内部构造(测量内容、对题目的反应过程以及题目间或分测量间的关系)来界定所测量的构念效度。首先,确定测量的内容效度。确定了测量的内容效度便提供了有关构念效度的证据,可以利用这些资料来定义要测量的构念的性质。其次,分析被测量者对题目做出的反应,通过观察被测量者的操作,了解他们如何处理题目,然后进行必要的统计分析,就可以发现哪些变量影响了反应,因而确定是否测量了要测的素质或属性。最后要考察测量的内部一致性,有关内部一致性的计算方法我们在上一节中已经讲过,此处便不再赘述。

②测量间方法。

测量间方法是研究几个测量之间的相互关系并找出共同特点,进而推断所测的共同性质是什么,来确定测量的构念效度。常用的有三种方法。

- 因素效度。确定构念效度的一个常用的方法就是因素分析法。其操作定义就是通过对一组测量进行因素分析,可以找到测量分数的共同因素,每个测量在共同因素上的载荷量,也就是测量与各因素的相关,称作测评的因素效度。在测量分数的总方差中来自有关因素的比例,便可作为构念效度的指标。

- 相容效度。又叫会聚效度,其操作步骤是计算被测量者在新的测量上的分数与在另一个效度已知的同类测量上的分数之间的关系。假如高相关,说明这两个测量测的是相同的特质。由于相关系数的平方代表两组测评分数所共有的误差比例,所以称此方法确定的效度为相容效度。要注意的是,如果新的测量与已经通用的测量有较高的相关,但是实施没有更加简便、省时、经济,那么新的测量的编制是没有必要的。

- 区分效度。一个有效的测量不仅要与其他测量同一构念的测量相关,而且必须与测量不同构念的测量无关,这样确定的效度叫做区分效度。一个新的测量与其他测量的低相关可以证明新测量相对地独立于某些无关因素,但并不一定有效,然而高相关则表明这个新的测量的效度是值得怀疑的。

三、效度系数的解释

一般来说,当我们对一个测量工具进行了内容效度的研究之后,我们仍然会有这样的疑问,那就是,测量的预测与效标之间是否存在着相关性,这种相关性是否强到足以证明这种测量应用与就业的决策是合理的? 此时,我们就必须要采用一种确定效度的统计和实证的方法,即效标关联效度。

一个效度系数有两个重要的要素:一个是符号,一个是大小。效度系数的符号(+或者-)表明相关的方向,效度系数的大小表明相关的强弱。效度系数本身介于1.00—0.00——1.00。当效度系数接近1.00的时候,表明被测量者在甄选测量工具上的表现与效标之间存在着正相关关系。也就是说,预测变量上的高分对应着效标高分,而预测变量上的低分对应着效标的低分。当效度系数接近-1.00的时候,则表明预测分数和效标分数之间出现了负相关关系。当效度系数接近0.00的时候,则表明两个分数之间的任何相关性都降低了。当效度系数不具有显著的统计相关性的时候,或者效度系数等于0.00的时候,则表明预测工具和效标之间不存在任何关系。我们可以通过图5-2来了解效度系数所描述的预测分数与效标分数之间可能存在的相关关系。

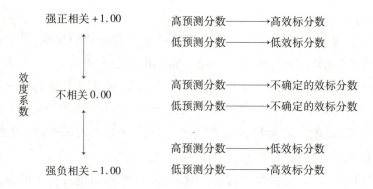

图 5-2　效度系数所描述的预测分数与效标分数之间可能存在的相关关系

资料来源：[美] 罗伯特·D·盖特伍德、休伯特·S·菲尔德著，《人力资源甄选》，清华大学出版社，2005 年，有删改。

当我们发现一个具有统计显著性的效度系数以后，如何解释效度系数？如果我们的预测工具是有用的，那么它应该有助于解释一些效标变量分数上的差异。通过对效度系数取平方（γ_{xy}^2），我们就得到了一个指标，这个指标可以显示我们的测量解释这些人的效标分数差别的能力。这个系数（γ_{xy}^2）我们叫作决定系数，表示的是在效标上的差异能够用预测相关的差异来解释的程度。例如，在测验分数与工作绩效的测量中，当决定系数为 0.64 的时候，它表示在个人绩效上的不同（或者方差）有 64% 可以用它们在测量分数上的不同来解释。

另外一个在效度研究中的指标是预测有效性系数，这个系数表明通过使用一个有效的预测工具比使用一个无效的预测工具得以改善的百分比，该系数的计算公式是：

$$预测有效性系数 = 1 - \sqrt{1 - \gamma_{xy}^2} \tag{5-20}$$

其中，γ_{xy}^2 表示效度系数。例如，当一个测量的效度系数为 0.50 时，预测有效性系数表明该有效的测量大约要比一个无效的测量好约 13%。

另外，一个具有统计显著性的效度系数有助于表明对于一群人而言，一个测量同某一效标变量是相关的。但是，效度系数对于我们预测一个人的效标分数的表现是没有什么帮助的，但是在实际工作中，这个却恰好是招聘配置负责人想要了解的问题。因此，我们可以借助线性回归等方法制定最初招聘录用的决策，需要注意的是这个方法只适用于那些已经证明效标有显著统计关系的预测测量。

四、影响效度的因素

一个效度系数的大小有赖于多种因素，影响因素有很多，主要可以分为以下五个方面。

1. 效标和预测工具的信度

本节的第一部分我们讨论了信度与效度的关系。最重要的地方在于,当一个预测因子或者效标存在误差时,它是不可靠的;误差越多,这些变量就会越不可靠并且越不可预测。效标或者预测因子的任何一个不可靠都会降低两者之间的相关性系数或者效度系数,因为信度的降低会对效度产生负面的影响。

2. 范围限定

范围限定被用来描述甄选测量的分数方差被降低的这样一种情况。在计算效度的时候有一个重要的假设就是个人的效标分数和预测分数存在方差。这里我们所说的方差是指个人的测量得分存在差别,即个人差别。如果个人在其中一个变量上的分数的方差很小,或者在两个变量上的分数的方差都很小,那么,效度系数就会降低。在预测分数或者效标分数上较小的方差意味着工具更难以识别出个人在效标上的差别,因此效度降低。另外,效标分数也会受到限定,这是因为在收集效标数据之前,雇员也许已经流失、转岗或者终止劳动关系。我们可以发现,预测分数和效标分数都有可能发生范围限定的情况,任何形式的限定都会降低效度的计算结果。

3. 测量的内容与长度的影响

测量项目是否能够较好地代表所测量的素质的内容与结构,直接影响测量的内容效度与结构效度。测量的内容范围与测量指标的设计密切相关,测量指标的制定或测量工具的选择是否恰当,以及对抽象素质的测量能否抓住测量素质的本质特征来构建测量项目,都是影响效度的因素。对测量的长度来说,测量越长,效度越高。如果已知一个测量的信度和效度,将测量的长度增加,根据斯皮尔曼—布朗公式可以计算出长度增加后新测量的效度,计算表明,新的效度高于原来的效度。公式为

$$\gamma_{Y(nX)} = \frac{\gamma_{YX}}{\sqrt{\frac{1-\gamma_{XX}}{n}+\gamma_{XX}}} \qquad (5-21)$$

其中,n——新的测量与原来测量的长度的比率;

$\gamma_{Y(nX)}$——测量常速增值 n 倍的测量的效度系数;

γ_{YX}——原来测量长度的效度系数;

γ_{XX}——原来测量长度的信度系数。

4. 效标污染

如果效标分数受到预测变量以外的变量的影响,那么,效标的分数就会被污染,污染的结果就是效度系数的大小会发生改变。举一个关于效标污染的例子就是,用销售总额作为对销售人员能力测验进行效度研究的效标。因为销售人员工作的地理

区域类型存在差别,有些区域拥有一些长期客户,所以销售人员必须做的所有工作就是接受订单,但是在其他不太成熟的市场上,完成销售量指标则要困难得多,此时销售人员只有真正具备推销能力才能销售出一份订单。如果我们不对销售总额这一测量工具进行一些调整,就会出现效标污染。通过销售总额测量到的销售业绩方面的差别更多的是由于工作区域的差别而不是销售能力的差别所导致的,这样的结果将是一个误导性的效度研究。

5. 测量过程：测量者以及被测量者的影响

测量的实施过程主要发生的是随机误差,比如实际测量时的环境因素的影响,测量没有能够按照指导原则严格操作,或者对测量指导的理解有误差等。测量效度是对随机误差和系统误差的综合反映,因此,这些不可预期的偶然因素引发的随机误差如果失控,对测量效度的影响也是极大的。另外,对于被测量者来说,他们的心理、生理、动机、情绪以及态度等因素都会影响心理特质水平的稳定性,造成随机误差,影响测量的信度与效度,而样本的同质性或者异质性也是一个重要的影响因素。

本章小结

在人员的招聘与配置的活动中,有很多种人员的选拔方法,包括面试、评价中心,以及一些能力测验等人员素质测评的方法。在人力资源的选拔过程中,我们要了解测量的目的和意义,在使用这些方法的时候我们应该了解这些方法中哪些更为科学可靠。本章首先介绍了测量的相关概念和内容。测量可以被理解为一个过程,是给被测量对象打分的过程,用来表示测量对象的某个属性的特点。一般在应用中可以分为四个步骤。测量的标准化以及测量变量的分类,在测量中常用的方法就是将某一测量的变量归入四种测量水平中：名义变量、顺序变量、等距变量和等比变量。针对测量的得分,我们可以关注以下三种因素：集中趋势和变异量、百分数和标准分数。

测量质量有两个标准——信度和效度。信度是指测量结果的准确性和一致性程度,也就是说,测量工具能否稳定地测量到它要测量的事项的程度。主要有再测信度、复本信度、分半信度、内部一致性信度和评分者信度。测量的效度指的是它测量了想要测量的属性的程度,也就是测量的有效性,是现有证据支持对测量得分做出推论的程度。效度并非测量系统本身的属性,目前主要的效度分类有效标关联效度、内容效度和构念效度三大类,其中效标关联效度又分为同时效度和预测效度两类。

附录 5-1

情 商 评 估

1. 测验题本

这些问题要求你按自己的实际情况回答,不要去猜测怎样才是正确的回答。因为这里不存在正确或错误的回答,将问题的意思看懂了就快点回答,不要花很多时间去想。具体题目如表 5-6 所示。

表 5-6 情商测验题本

序号	题 目	从不	偶尔	经常
1	表情不开朗,很少展现笑容			
2	担心犯错,而不敢担任新的职务			
3	与人合作时,如果别人不同意己见就要骂人,或者是逃避			
4	等待一下的能力很低(即做什么事都很急,耐不住性子)			
5	对自己要求很高,达不到标准时会哭、闹、生气			
6	担心自己的意见不好而附和同伴的意见			
7	对自己期待低,觉得反正自己做不到就干脆放弃			
8	不了解自己在生气、高兴、伤心或是忌妒什么			
9	对于已约好的事,无法守信用地完成,或会草率完成			
10	对于自己的事,不能主动及负责任地完成			
11	对学校及家庭既定的规则不遵守			
12	被问及问题时常会用不知道、随便、不说话或是顾左右而言他			
13	做事的态度拖拉,慢吞吞及被动			
14	说不出自己生气、高兴、伤心或忌妒的话或事			
15	表达情绪的方式通常是骂人、忍耐或委屈			
16	情绪起伏很大,不易了解			
17	在意别人对自己的看法,生活较紧张,无法轻松自在			
18	每次想做很多事,因此显得不专心			
19	与同伴意见不同时,采取退让、委屈、对别人生气等方式来解决			
20	担心自己不会就放弃,或说活动无聊、低级、不愿尝试新事物			

2. 计分方法和分数解释

- 各选项分值分别为 0、1、2;
- 分值大于等于 21,表示 EQ 能力较差,情绪起伏常伴你左右,应当注意培养

这方面的能力;
- 分值大于等于 7 小于 21,表示 EQ 中等,多些训练,EQ 会加强;
- 分值小于 7,表示 EQ 高。

资料来源:彭洁、赵向明,《认清自我》,海天出版社,2007 年,第 122—124 页。

第六章

招　　聘

　　我们在第三、四、五章中主要讨论了招聘前的基础工作：人力资源规划和工作分析，以及招聘的技术准备——测量。从本章开始，我们具体讨论招聘工作的主要内容。员工招聘是"招募"与"聘用"的总称，是指组织通过劳动力市场或人才市场获取人力资源的活动，它是组织根据自身发展的需要，依照市场规则以及组织人力资源规划的要求，通过各种可行的手段和媒介，向目标公众发布招聘信息，并按照一定的标准挑选、招募和聘用与组织要求相符合并且适合组织的人员。

　　作为人力资源管理中的重要环节，它是组织人力资源管理后续工作能够有效展开的重要前提，是组织获取人力资源的第一环节，也是人员甄选的基础。组织通过招聘来吸引关键人才，而关键人才是组织获得成功的保证。所以，重视招聘并且成功实施招聘有助于组织在竞争中获得关键人才，抢占先机。在组织中，人力资源的数量和质量处于经常变动之中，例如人员的调动、离职与退休等，这些人员变动就会造成相应岗位的人员不足，所以需要组织进行招聘活动。招聘工作涉及招募的规划、招募的策略和聘用等许多方面，我们从这一章开始一一阐述。

第一节 招聘概述

人员招聘工作是一个复杂的、系统的而又连续的程序化操作过程,组织将适合的人员引进到组织中的同时,外部的人才也在对组织进行选择和比较,也就是说,招聘本身也是外部人员了解组织的过程,一个科学严密的招聘流程能给应聘者留下较好的印象。

招聘流程是指从组织内部出现职位空缺人员需求一直到候选人正式进入组织的过程。从广义上来看,招聘流程包括招聘的准备阶段、实施阶段和评估阶段三个阶段;狭义上来看,招聘流程仅指招聘的实施阶段,即招募、选择与录用。招聘的一般流程如图6-1所示。

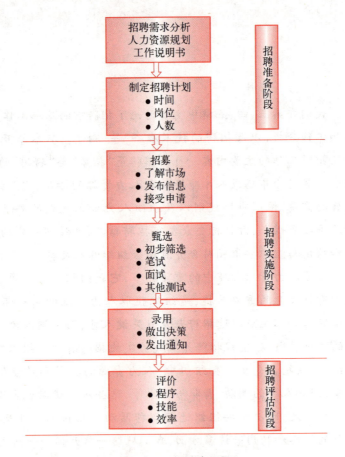

图6-1 招聘流程图

资料来源:徐世勇、陈伟娜,《人力资源的招聘与甄选》,清华大学出版社、北京交通大学出版社,2008年。

1. 招聘的准备阶段

好的招聘准备工作是成功招聘的重要保证,招聘的准备阶段要完成以下部分的工作:确定招聘的需求;明确招聘工作的特点和要求;制定招聘计划和招聘策略。

(1) 确定招聘需求。

确定招聘需求就是要求准确把握组织中各部门对各类人员的需求,确定招聘人员的种类和数量。首先,由组织统一进行人力资源规划,或者由各部门根据实际工作需要提出人员需求;然后,由用人部门填写"人员需求表",人员需求表必须根据工作描述或工作说明书制定;最后,人力资源部门进行审核,对人员需求及资料进行审定和综合平衡,提出是否受理的具体建议,报告主管部门批准。在这一过程中对人员需求分析的内容可以参看前文,此处不再赘述。

(2) 明确招聘岗位的特点和要求。

在招聘的准备阶段,需要了解招聘岗位的工作特点以及任职资格条件。只有对这些明确了,才能制定有针对性的招聘计划,采取有效的招聘策略。这些信息可以通过工作说明书或者是用人部门主管的报告来了解。

(3) 制定招聘计划。

在用人需求确定下来之后,就需要人力资源部门制定详细的招聘工作计划来指导具体的招聘工作的实施。一般的招聘计划中要包括以下几方面内容:招聘的规模、招聘小组成员、招聘范围、招聘方案、招聘的时间安排、招聘的费用预算。另外,组织也要根据自己本身的实际情况添加相应的其他内容。

2. 招聘的实施阶段

从图 6-1 中我们可以看出,招聘工作的实施是整个招聘活动的核心,也是最为关键的一个环节,包括招募、甄选和录用三个步骤。其中,招募是整个招聘实施过程的开始,好的招募方式有利于甄选和录用工作的展开。

(1) 招募阶段。

招募工作是指根据招聘计划确定的招聘策略及单位需求所确定的用人条件和标准,采用适宜的招募渠道和相应的招聘方法,吸引合格的应聘者,以达到良好的招聘效果。招募阶段的主要目标是吸引足够的合格应聘者,为下一步的人才甄选做好准备。一般来说,应聘者会通过不同的途径获得招聘的信息,组织想要吸引到符合要求的人员,必须选择适当招聘途径,主要有内部招聘和外部招聘两种途径,具体内容我们将在本章第二节和第三节中进行介绍。

(2) 甄选阶段。

人员甄选就是要从工作和候选人的双重角度出发,使用恰当的方法,从众多的候选人中挑选出适合该职位的人员的过程。在人员的比较与甄选的过程中,要以工作岗位的职责为依据,用科学的、具体的、定量的客观指标作为衡量标准。常用的人员甄选的方法有初步筛选、笔试、面试、心理测验、评价中心等。要注意的是,在实际的应用过程中,这些方法并不是被简单地、孤立地使用,而是常常结合在一起对人员进行甄选。

(3) 录用阶段。

人员录用的依据是人员甄选阶段所得出的结果,根据甄选的结果做出录用决策,并进行人员的安置活动。录用阶段主要包括录用决策、发录用通知、办理录用手续、员工的初始安置、员工的试用安排、正式录用等。在这个阶段,招聘方和求职者都要做出自己的决策,以便达成个人和工作的最终匹配。求职者接受了组织的工作条件和录用决定,签订了劳动合同,就形成了劳动关系,根据《劳动合同法》的要求,组织这时应当及时地对新进入组织的员工进行劳动合同的签订与管理。另外,对于拒聘的员工人力资源部应当给予一定的重视,积极进行联系,努力争取,并且要了解拒聘的原因,反思组织的招聘工作中的工作状况,尽量避免以后发生同样的问题。

3. 评估阶段

招聘工作结束后,工作人员往往忙于整理应聘人员的简历,办理员工的入职录用手续,忽略了对招聘工作的总结,而实际上对招聘工作的评估和反馈是招聘过程的一个重要的组成部分。对招聘活动的总结,可以为以后的招聘工作积累经验,提高招聘工作的质量、降低招聘工作的成本。另外,对招聘工作的评估有助于从战略角度发现组织内部深层次的原因,比如,组织提供的薪酬是否具有一定的竞争力、组织的人才战略和激励机制是否合理,以及组织文化与组织形象等方面是否存在不足。通过评估工作发现不足,组织可以及时调整人力资源战略和其他有关的管理政策,为组织以后的发展带来帮助。

整个招聘工作的开始阶段就是招募工作的展开,顺利进行招募工作以后,甄选和录用才能进行。我们将在本章和以后的章节里分别介绍招募计划、招募策略、内部招募和外部招募、甄选以及聘用。

第二节 招募计划

一、招募人数

1. 何时产生人员需求

招募人数的规划一般按照绪论当中的人力资源招募申请的审批程序即可确定。各用人部门按照自己部门产生的职位空缺向人力资源部门申报招募申请,在整个组织的人力资源规划的限制和约束下,经上级领导的审批,决定最终需要招募的员工人数。人员需求一般发生在以下几种情况：

（1）新的组织或组织业务成立；

（2）组织发展了，规模扩大；

（3）现有的岗位空缺，或者有岗位上的人员不称职；

（4）突发的雇员离职造成的缺员补充；

（5）岗位原有人员晋升了，形成空缺；

（6）机构调整时的人员流动；

（7）为使组织的管理风格、经营理念更具活力，而必须从外面招募新的人员；

（8）为了组织未来的发展而进行的人力资源储备。

2. 注意事项

在招募数量的确定上我们要考虑两个比较重要的问题：

（1）在实际工作当中，会出现某些用人部门为了本部门的利益，有意虚报或者企图隐瞒真实的用人需求数量，从而不利于招募数量的最终确定。为此，人力资源部门要在进行工作分析和对历史数据的分析及组织本身的运营现状及发展规划当中进行有关数据的整合和综合平衡，这项工作的最终结果要通过组织最高决策层的批准。

（2）由于在整个招募过程中的每一个筛选阶段都要辞退一些应聘人员，所以组织最终需要录用的人数应该位于"招募筛选金字塔"最高端，为此，在组织进行人才吸引的时候，要根据本招募职位的历史筛选数据进行预测最初需要的应聘人数，这在一定程度上还决定着招募工作的渠道选择、方式选择等工作的进行。

二、招募基准

人员标准有基本标准和关键标准两大类。基本标准是确定人能不能干这项工作，而关键标准是确定人能不能干好这项工作。两者相互补充，层层递进。制定好这两个标准，组织才能按锁配钥匙，找到符合要求的人员，招募才会成功。

1. 人员的基本标准：人员三个匹配度

人员的基本标准是指他能胜任应聘职位的最基本要求，它主要从三个方面来定义：人员技能与岗位职责相匹配；人员个性与团队特点相匹配；人员价值观与组织价值观相匹配。只有人员的三个匹配度都符合组织的要求，他才有可能适应组织的工作。

（1）人员技能与岗位职责相匹配。

人员技能与岗位职责匹配，主要是讲胜任岗位要求，人才需要具备哪些基本技能，包括学历、专业、经验等，具备这些技能，是做好一项工作的前提。要了解这些，对组织来说,就需要进行工作分析,明确岗位职责,把招募职位的工作内容、特点和对人员的技能要求等编制成职位说明书,让应聘者知道岗位的任职条件,来后要干什么。这样做,也能让组织的招募者做到心中有数。

一些组织招募时,由于没有明确的岗位职责和任职要求,往往被应聘者优秀的个人条件所吸引,引进人员时存在盲目高消费现象,甚至内勤、前台人员都非本科不要。尤其是随着就业压力趋紧,许多组织对人才更是挑肥拣瘦,大材小用的事非常普遍,部分高学历人才甚至还被当成装潢门面的花瓶,派不上实际用场。这样不仅造成人员的浪费,还为以后的人员流失埋下了隐患。

(2)人员个性与团队特点相匹配。

人员个性也是招募中要考虑的重要因素。随着现在专业化分工越来越细,团队合作越来越重要,如果人员是以自我为中心、合作能力不强,就不适合在团队中工作。另外就是人员与团队的互补性,团队成员个性都很强,善于协调的员工就发挥作用,死气沉沉的团队则需要性格开朗的人员活跃气氛。因此,分析团队的特点,招募合作性和互补性强的新员工,团队才能产生 $1+1>2$ 的效果。

当然,团队精神在绝大多数场合应该提倡,个性独立的人也不能随意淘汰,对组织的企管、质检等岗位来说,坚持原则的人员更有用武之地。而设计策划部门,特立独行的人有可能随时冒出创造的火花。因此,招募前一定要清楚把新人员放在哪个位置,该岗位对人员个性等有哪些要求,还要考虑新人员的职业取向以及可能的升迁位置等,这样招来的员工才能"对号入座",发挥自身的价值。

(3)人员价值观与组织价值观相匹配。

许多组织在招募人员时,往往强调工作经验和技能,而往往忽略了对人的职业道德考察。组织很容易让员工掌握工作经验和技能,但却很难教他如何具有正直的品行。而品德不佳的人员,能力越强,带给组织的危害就越大,如携款潜逃、泄露组织机密、挖组织墙脚等。

另外,了解应聘者的价值观也是一个重要内容。价值观支配个体行为,员工对组织忠诚度的高低与其对组织价值观的认同度有密切关系。认同组织价值观的员工能够与组织文化更好地融合,提高组织绩效。所以,向应聘人员开诚布公地讲明本组织的优劣势,提倡什么、反对什么,组织文化的特点是什么,让应聘者权衡选择,这样组织虽然有可能失去一些优秀人员,但更能增加员工的稳定性。

2. 人员的关键标准:岗位胜任能力

按照同样标准选来的人员,他们的实际绩效可能相差甚远,经验表明,会干与干好并不一定画等号。导致人员绩效差异的还有很多非技能方面的因素,如系统思考能力、决策能力、激励能力、人际交往能力和自我控制等。这些因素就是岗位关键胜任能力,它决定了人员能不能出色地完成某项工作。

（1）关键胜任特性：发掘人员的潜能。

关键胜任能力也就是工作所需的核心素质。素质是很难判断的,这是由于：第一,素质比工作业绩抽象,更不容易把握；第二,素质是人所共知但又难以说清楚的,因此对其判断主观性很大；第三,个人在自我讲述中容易夸大自己的优点、有选择地报告,或者将自己的理想和希望与实际工作混淆；第四,人际交往状况和利益的冲突等增加了素质评价的难度。

通过与任职者及其关联职位访谈,对该职位典型的成功和失败事例进行分析,再加上经验积累和同行参考等,就能了解该岗位的关键胜任特性。同时,对职位胜任特性进行定义分级、明确界定。这样依据胜任特性选人员,可以有效避免人员学历、资历、名气对甄选者的影响,更容易发现人员的潜能。如办公室主任由于经常接待客人,协调各类关系、处理突发事件等,因此,沟通能力、组织协调、责任心就成了他的关键胜任能力；对设计人员来说,技术水平、逻辑思维能力、创新能力就成了他的关键胜任能力。

（2）权重设计：突出最重要的胜任力。

对一个职位来说,各项胜任力的重要性往往不同,因此对各项胜任力设定一定的权重会使甄选的结果更为合理。对办公室主任来说,组织协调能力、沟通能力、灵活性是最重要的,因此它们的权重可以加大,而冲突管理、团队合作相对不如前者高,权重可适当减少。只有对各项胜任力设定不同的权重,才能保证人员是在最重要的胜任力上表现最优秀的人。

3. 确定人员招募条件的几个步骤

（1）如果职位空缺是由于有人辞职,那么招募工作的起始点就应该是马上与将要离职的人进行面谈。那么,谁是合适的面谈人选呢？如果员工的直接上级与将要辞职的员工保持着良好的关系,那么这位上级就是进行离职面谈的最佳人选；否则,应由组织人力资源部或其他部门的管理人员去做。目的是搞清楚员工离职的内在原因,请他对该职位的任职资格和招募甄选的标准进行阐述。

（2）与同离职者干着同样或类似的工作的人及其他相关人员进行交谈。要想对该职位有一个全面的认识,需要同部门经理进行交谈。目的是拿出一个工作岗位说明。

（3）审查任职资格。根据工作说明书对你在招募工作前几个阶段中了解到的情况进行审查,看有没有重要的地方需要更新或修改,要求是否包含提高或者降低工作说明中的工作要素：工作名称、工作概况、主要绩效领域、主要责任、向谁汇报、权限、必要的质量条件、工作部位、等级、签署与日期。

（4）确定人员招募条件。在先前工作的基础上,考虑到该项工作已经发生的和将来可能发生的变化,正式起草人员招募条件。

一般来说,一个好的任职资格应能正确反映出所要招募的员工的具体情况。在现代组织管理当中,一个好的任职资格已经从过去的强调身体、经验等要素转变成对人的才能的关注了,但这不等于说其他的任职资格要素不重要了。而对才能的确切说法也不相同,总体上是知识、技能、能力、动力的组合,以及成功完成工作所必需的其他要求。

4. 人员招募条件清单举例

表6-1是一个具体的招募条件的清单举例,我们可以从身体状况、训练/教育、知识/经验、特长、性格、交际技能和特殊环境适应能力等方面来界定招募条件。同时有三个维度进行描述,分别为必备、希望和禁忌。这样便可以轻而易举地筛选那些期待中的求职者了。

表6-1 人员招募条件列表

	必备	希望	禁忌
身体状况 　　工作对健康状况、体质条件和长相有何要求?			
训练/教育 　　工作对文化程度和接受教育与训练的情况有何要求?			
知识/经验 　　工作需要哪些相关知识、技能、经验,其深度和类型又如何?			
特长 　　哪些特长对工作有用,比如创造力、写作能力、口头表达能力和计算能力等?			
性格 　　工作是否需要创新精神和工作热情?			
交际技能 　　工作是否需要交际技能?			
特殊环境适应能力 　　工作是否需要出差或加夜班?			

填写上表时应该有以下几点注意事项:

(1)要做到具体明确,不能含糊其辞;
(2)确定真正必需的条件,其他全是希望条件;
(3)尽量考虑到未来工作的变化;
(4)确定所列各项条件的先后顺序和轻重程度。

三、招募经费

至于每年的招募费用预算应该是全年人力资源开发与管理总预算的一部分。每个组织可以根据自己的实际情况,按照所采取的招募方式、招募对象的不同、招募人数的多少等因素具体来决定招募费用预算。

由于招募对象和招募工具的多样性,单位招募成本也呈现出多元化特征,所以很难归纳出一个具体统一的单位招募成本计算公式,但可以从招募对象和招募工具两方面透视单位招募成本。

1. 招募对象多元化对单位招募成本的影响

组织对人才的需求是多种多样的,主要表现在职务类别的不同、职位级别的不同、地理分布的不同、填补空缺的紧迫性不同等方面。

2. 招募渠道多元化对单位招募成本的影响

目前,组织的招募渠道主要包括招募会、报刊广告、猎头组织、人才机构、校园招募、员工推荐、网络招募、内部招募/岗位轮换等。而候选人资格要求的不同、招募时限的不同,所采用的招募渠道也应不同。根据艾瑞咨询的数据,2003年中国招募市场规模近40亿元,其中印刷媒体占据50%份额,招募会占37%,网上招募占8%,猎头组织占3%。

采用不同的招募工具使招募成本不一,以1998年人力资源招募市场报价为例:国际展览中心招募会费用(4展位及广告组织布展费用)1万元/次;《北京青年报》1/4通栏广告2万元/次;猎头组织推荐成功1名候选人,费用为该职位30%的年薪;名牌大学校园招募会2 000元/校次。2004年的一项对国内组织的招募费用的调查显示,校园招募成本最低廉,为0—600元/人不等;人才市场招募的成本属于中等水平,为100—1 600元/人不等。近10年来,我国组织的招募成本是有增无减,究其原因主要有:第一,直接招募费用多;第二,外聘机构费用高;第三,人力时间成本增加;第四,跳槽风险成本大。

第三节 招募策略

一、人员策略

有研究结果显示,组织招募过程质量的高低会很明显地影响应聘者对组织的看法。比如,研究人员问这些大学毕业生:在经过了第一轮面谈之后,你们为什么会认为某一家组织是一家不错的就业之所?所有的41人都提到了工作的性质;此外,有12个人提到了招募者本人给他们留下的印象。不幸的是,反过来情况也是如此,当被问及为什么有些组织会被认为是不好的地方时,39个人提到了工作的性质,但是,有23人说他们是对组织的低效率招募人员的失望才转向别处。比如,一些招募人员穿着不整齐;有些人"根本就没文化";有些人十分粗鲁;有些人则带有令人不快的性别歧视言行。不用说,所有这些招募人员都暗示他们所代表的组织是缺乏效率的。

由此可见,招募人员对于招募的重要性。为此,我们在细致地做了招募的各项策划工作之外,一定要组建一支好的招募队伍才行。因为招募者在外面进行招募工作时,代表的将是整个工作组织,当大多数应聘者第一次与组织进行直接接触的时候,他们往往通过招募人员素质的高低来判断组织有无发展前途。

1. 招募人员的素质要求

(1) 良好的个人品质与修养:热情、积极、公正、认真、诚实、有耐心、品德高尚、举止文雅、办事高效。

(2) 具备多方面的能力:表达能力、观察能力、协调和交流能力、自我认知能力。

(3) 专业领域知识技能:因专业而定,如 IC 设计、遥感技术等。

(4) 广阔的知识面:心理学、社会学、法学、管理学、组织行为学、血型学、笔迹学。

(5) 掌握一定的技术:人员测评技术、策略性谈话技术、观察的技术、设计招募环境的技术。

2. 招募者的误区

招募者在招募的时候总是会自觉不自觉地陷入一些心理误区,若陷入这些误区组织将无法招到合适的员工,即使前期工作做得再好也是徒劳的。招募者在招募的全过程中都应该避免陷入以下常见误区。

(1) 优势心理。

优势心理指招募者因处于主导地位而产生的居高临下的心理倾向。表现为面试谈话中的随意性、分析判断上的主观性和对面试结果评定上的个性倾向性。

(2) 首因效应。

首因效应也叫首次效应、优先效应。人们在对陌生人的了解中,最先出现的关于这个人的信息总是占优势的,这类似于第一印象的作用,就是首因效应。对一个人的第一印象在日后形成总的印象中具有很大的影响甚至起决定作用,成为日后交往的依据。首因效应有积极性,也有缺陷,带有明显的主观推断和先入为主色彩,干扰着人际关系的正常发展。

(3) 近因效应。

近因效应是指在知觉过程中,最后给人留下的印象最为深刻,对以后该对象的印象起着强烈的影响。一般来说,在知觉熟悉的人时,近因效应起较大的作用;在知觉陌生人时,首因效应起较大的作用。在面试中,招募者在连续面试多名候选人时,做出的面试评估会受面试的前一个候选人的影响,并会有无意识地对前后候选人进行比较的心理趋向。它和首因效应正好相反。

(4) 晕轮效应。

晕轮效应又称光环效应,它是指人们在了解某人时,对他的某种特征和品质有清晰明显的印象,由于这个印象非常突出,从而掩盖了对这个人其他特征和品质的了解。这是一种以点盖面、以偏概全的反应,或者说,这种突出的特征或品质像一个光环一样,把人笼罩起来了,使观察者无法注意到他的其他特征和品质,从而以一个人的一种特征或品质,做出对他的整个特征的判断。所谓的"一俊遮百丑"就是这种晕轮效应的反应。

(5) 投射效应。

投射效应就是人们在信息不足的情况下了解一个人时,总愿意把自己的某些特性归到认识对象身上。特别是在被了解对象和自己年龄、职业相同的时候更是如此。这种效应使人们在信息不足的情况下评价一个人时往往会比实际上的那个人更像他自己。这样就歪曲被了解对象的某些特性。

(6) 选择性知觉。

选择性知觉是指人的兴趣和偏好对知觉产生强烈的影响的知觉过程。人们往往对于自己感兴趣的东西给予极大的注意。倾向于认同自己的"同类"(例如,同爱好、同气质、同校、同宗教、同族等),而更适合招募职位的"异己"被拒之门外。

(7) 趋中效应。

趋中效应是指负责招募人员对应聘者的评价多数都集中在中间段,这种现象常常出现在对应聘者的评估感觉没有把握时。所以,这种效应会对应聘者的评价失真。

3. 招募队伍组建的原则

组织负责招募的队伍往往不是单枪匹马,而是组建一支强有力的招募队伍。这支招募队伍并不是随意组建的,而是要遵循相应原则的。主要有以下五个原则值得关注。

(1) 知识互补:招募队伍中既要有熟悉人力资源招募知识的人员,如人力资源部的负责招募的员工,又应该有熟悉需要招募职位的相关业务的人员,如软件工程师。这样才能在招募中从多角度审视应聘者。

(2) 能力互补:招募队伍从整体上应该具备良好的组织能力、领导能力、控制能力、沟通能力、甄别能力、协调能力,以及影响力等。

(3) 气质互补:招募队伍中应该具备谨慎认真的招募者,他们可以让整个招募过程不出差错或少出差错;也应该有富有亲和力的招募者,他们可以坦诚地和应聘者沟通;在有些时候那些"盛气凌人"的招募者也是需要的,例如进行压力面试时。

(4) 性别互补:在招募的队伍中应该协调好男性和女性的比例,因为在招募的过程中可能会出现性别的偏见,也就是说,男性招募者可能会更倾向女性应聘者,相反女性招募者可能会更倾向选择男性应聘者。所以,性别互补也是不可忽视的。

（5）年龄互补：在招募的队伍中应该考虑到不同年龄的招募者。不同年龄段的确存在代沟，所以应该考虑招募者与应聘者的年龄相仿，这样利于沟通，可以达到预期效果。

此外，部门经理也最好参加招募工作。因为部门经理是未来员工的直接上级，所以在招募过程中，应该让部门经理参与进来，由他来决定人员最终是否被录用。部门经理更加了解该岗位的技能要求，在技能考核中，部门经理能够发挥不可替代的作用。另外，人们不会为自己的选择后悔，部门经理会更加喜欢管理他亲自挑选的下属。

招募工作要想真正有效，还有一个重要的原则是不能不提的，那就是组织或组织的最高领导者要对招募工作给予充分的支持和关心，最好是组织的经理和老板也加入招募团中去。松下幸之助曾说过：招募人才的决定因素是热情及其人生观，应该由谁来做招募工作，或者说，什么样的人适合做招募工作？简单地说，就中小组织而言，如果第一把手不亲自组织落实招募，就肯定找不到人才。

二、时间策略

1. 应该遵循劳动力市场上的人才规律

在人才供应高峰期到劳动力市场上招募，可节约成本，提高招募效率。一般来说，在每年的大学毕业生就业阶段是人才寻找就业机会的高峰，这段时间一般是在每年的11月份开始，直到第二年的5—6月份结束，期间除去大中专院校寒假放假阶段。在这个时期进行人员招募，因为劳动力供给充分，所以可以在较大程度上雇佣到素质较高的员工，同时也有利于节约招募成本。

2. 制定招募时间计划

根据工作经验，计划好招募各阶段的时间。节约成本，尽快网罗人才，并有助于树立高效的组织形象。按照一般的招募过程中每一阶段所需时间可以估算出一个有效的招募一般需要接近两个月的时间，期间要征集个人简历、面试通知、面试准备和进行、决定是否录用、录用工作等。所以，招募广告一般要在职位空缺前两个月就发放出去，这样才能按照既定的招募工作流程图的逻辑顺序进行完整的招募工作。

三、地点策略

招募地点也不应该是随意的，而是经过精心策划的，应该既考虑到招募的效果，同时考虑到招募的成本的节省。一般招募地点选择的规律如下。

（1）在全国乃至世界范围内招募组织的高级管理人员或专家教授；在跨地区的

市场上招募中级管理人员和专业技术人才;在招募单位所在地区招募一般工作人员和技术人员;到农村去寻找一般的对技术水平要求不高的劳动力。

(2) 就近原则。主要原因是就近原则可以节省大笔的招募费用,试想在深圳的组织到上海招募的成本无论如何都会比到北京招募低一些,因为两地之间的飞机票就差了好多。还有一个原因就是临近组织的地区的人对本地文化有较为深刻的理解,在组织的管理上有一定的优势。

(3) 尽量在同一地区进行招募。这有利于形成固定的员工供应渠道,同时也是节约招募成本的一个有效途径,因为现有员工的无形宣传已经是组织最好的广告了。但是,因为组织每年的招募类型、数量都有所不同,所以还要因事因地制宜,灵活地向更好的劳动力市场发展招募工作。

四、招募的备选方案

前文已经提到过招募成本往往是无可估量的,为此,当组织招募失败的时候,对组织造成的损失将会是巨大的。同时,即使是辞退一名绩效一般的员工,所造成的连带效应还是要组织付出巨大成本的,所以,做出不明智的、轻率的招募决议是不合适的。同时值得注意的是,并不是组织一出现人力资源空缺就需要进行招募工作,有时候可以通过组织内部的人力资源重新调配和整合来弥补空缺职位的工作。这也决定了在从事招募工作的同时也要认真考虑备选方案。一般有以下形式。

(1) 加班:由于员工的离去导致的职位空缺,可以由从事同样工作的员工来代替他的工作,也就是三个人的活两个人干,这就需要延长工作时间了,即所谓的加班。这一方面避免了组织招募的种种费用支出,同时还增加了加班员工的收入,可以说一举两得。但这毕竟不是长久之计,随着工作时间的延长,加班人员会因此降低劳动效率。

(2) 临时工:在衡量了雇佣固定工人和临时工人的成本比较之后,很多组织发现使用临时工人或者兼职人员往往比雇佣一名专职员工在经济成本上要划算得多。但使用临时工人有其特定的限制,一般在季节性员工需求比较强烈的职位上、临时增加的组织项目、固定员工的临时不在岗、需要特殊技艺但组织又不经常使用的工人等情况下,使用临时工人比较合适。

(3) 雇员租赁:在人力资源管理实践中,组织使用雇员租赁的形式获取人力资源,不仅可以节约招募成本,而且省去了管理费用。对于出租雇员的组织来说,在人力过剩的情况下出租雇员,人力不足的时候召回雇员,应灵活地处理组织人事工作。对于被租赁的员工也可在本组织人力过剩时避免下岗的同时又可获得工资收入,由此可见,这种形式对三方都有好处。但不利因素也同样存在,由于员工的报酬福利均来自另外的一个组织,所以对于员工的忠诚是个考验。

(4) 外包:当转包商在生产某些特定的商品或服务方面具有专长时,这种形式比较具有吸引力。同时,由于组织自身的条件限制,不能独自完成工作任务时,也会采用将部分工作转包给另外的组织来完成。现代人力资源管理工作中已经出现了外包的具体形式,在财务管理等方面的许多工作也经常由外来的专业人员来提供。对于某些工作来说,外包给别人,可以在更合理的价格上得到更好的质量保证。

本章小结

员工招聘,是"招募"与"聘用"的总称,是指组织通过劳动力市场或人才市场获取人力资源的活动。作为人力资源管理中的重要环节,它是组织人力资源管理后续工作能够有效展开的重要前提,也是人员甄选的基础。招聘工作涉及招募的规划、招募的策略和聘用等许多方面。

招募计划的主要内容包括招募人数、招募基准、招募策略和招募经费的预算。

在招募数量上我们应该注意两点:第一,应该实事求是地告知用人需求数量;第二,要根据某招募职位的历史筛选数据进行预测最初需要的应聘人数。

人员的招募基准分为基本标准和关键标准两大类。人员的基本标准是指他能胜任应聘职位的最基本要求,它主要从三个方面来定义:人员技能与岗位职责相匹配;人员个性与岗位特点相匹配;人员价值观与组织价值观相匹配。只有人员的三个匹配度都符合组织的要求,他才有可能适应组织的工作。人员的关键标准决定了人员能不能出色地完成某项工作。招募者应该发掘人员的潜能,并且突出最重要的胜任力。

每年的招募费用预算应该是全年人力资源开发与管理总预算的一部分。每个组织可以根据自己的实际情况,按照所采取的招募方式、招募对象的不同、招募人数的多少等因素具体来决定招募费用预算。近年来的招募费用呈现有增无减的趋势。

确定人员招募条件应该有四个步骤:第一,找出面谈合适人选弄清职位空缺的原因;第二,与同离职者干着同样或类似工作的人及其他相关人员进行交谈,拿出一个工作岗位说明;第三,审查任职资格;第四,确定人员招募条件。在此之后应该列出人员招募条件清单,以帮助后续工作的顺利进行。填写这个清单时应做到措辞具体明确,确定真正必需的条件,尽量考虑到未来工作的变化,确定所列各项条件的先后顺序和轻重程度。

招募策略主要分为三大部分,分别为人员策略、时间策略和地点策略。招募人员对于招募是十分重要的。招募人员应该具备良好的个人品质与修养、多方面的能力、专业领域知识技能、广阔的知识,以及掌握一定的技术。在时间策略上应该遵循劳动力市场上的人才规律,根据工作经验计划好招募各阶段的时间。一般招募地点选择的规律是:第一,招募不同层次职位的人选择不同的地域范围;第二,就近原则;第三,尽量在同一地区进行招募。

有时候可以通过组织内部的人力资源重新调配和整合来弥补空缺职位的工作。这也决定了在从事招募工作的同时也要认真考虑备选方案。一般有以下形式:加班、雇佣临时工、雇员租赁和外包。

附录6-1

上海通用汽车(SGM)的招募策略

上海通用汽车有限公司(SGM)是上海汽车工业(集团)总公司和美国通用汽车公司合资建立的轿车生产公司,是迄今为止我国最大的中美合资公司之一。

SGM的目标是成为国内领先、国际上具有竞争力的汽车公司。一流的组织,需要一流的员工队伍。因此,如何建设一支高素质的员工队伍,是中美合作双方都十分关心的首要问题。同时,SGM的发展远景和目标定位也注定其对员工素质的高要求:不仅具备优良的技能和管理能力,而且还要具备出众的自我激励、自我学习能力、适应能力、沟通能力和团队合作精神。要在一个很短的时间里,客观公正地招募甄选到高素质的员工来配置到各个岗位,对SGM来说无疑是一个重大的挑战。

一、"以人为本"的公开招募策略

"不是控制,而是提供服务",这是SGM人力资源部职能的特点,也是与传统人事部门职能的显著区别。

(1)根据组织发展的战略和宗旨,确立把传递"以人为本"的理念作为招募的指导思想。SGM在招募员工的过程中,在坚持双向选择的前提下,还特别注意应聘者和组织双向需求的吻合。应聘者必须认同组织的宗旨和五项核心价值观:以客户为中心、安全、团队合作、诚信正直、不断改进与创新。同时,组织也充分考虑应聘者自我发展与自我实现的高层次价值实现的需求,尽量为员工的发展提供良好的机会和条件。

(2) 根据组织的发展计划和生产建设进度,制定拉动式招募员工计划,从组织的组织结构、各部门岗位的实际需求出发,分层次、有步骤地实施招募。1997年7月至1998年6月分两步实施对车间高级管理人员、部门经理、骨干工程师、行政部门管理人员和各专业工程师、工段长的第一层次的招募计划;1998年底到1999年10月分两步实施对班组长、一班制操作工人和维修工、工程师第二层次的招募计划,二班制和三班制生产人员的招募工作与拉动式生产计划同步进行。

(3) 根据"一流组织,需要一流员工队伍"的组织发展目标,确立面向全国广泛甄选人才的员工招募方针;并根据岗位的层次和性质,有针对性地选择不同新闻媒体发布招募信息,采取利用媒介和人才市场为主的自行招募与委托招募相结合的方式。

(4) 为确保招募工作的信度和效度,建立人员评估中心,确立规范化、程序化、科学化的人员评估原则;并出资几十万元聘请国外知名的咨询组织对评估人员进行培训,借鉴美国GM组织及其子组织已有的"精益生产"样板模式,设计出具有SGM特点的"人员评估方案";明确各类岗位对人员素质的要求。

(5) 建立人才信息库,统一设计岗位描述表、应聘登记表、人员评估表、员工预算计划表及目标跟踪管理表等。

两年来,组织先后收到50 000多封应聘者的来信,最多一天曾收到700多封信,收发室只能用箩筐收集。这些信来自全国各地,有的还是来自澳洲和欧洲等国家的外籍人士。为了准确及时处理这些信件,SGM建立了人才信息系统,并开通了应聘查询热线。成千上万的应聘者,成筐的应聘者来信,这些都是对SGM人员招募策略成功与否的最好检验。

二、严格规范的评估录用程序

1998年2月7日到上海科学会堂参加SGM招募专场的人士无不感慨:"上海通用招募人才门槛真高!"那天,凡是进入会场的应聘者必须在大厅接受12名评估员岗位最低要求的应聘资格初筛,合格者才能进入二楼的面试台,由用人部门同应聘者进行初次双向见面,若有意向,再由人力资源部安排专门的评估时间。在进入科学会堂的2 800人中,经初步面试合格后进入评估的仅有百余人,最后正式录用的只有几十人。

1. 录用人员必须经过评估

这是SGM招募工作流程中最重要的一个环节,也是SGM招募选择员工方式的一大特点。组织为了确保自己能招募甄选到适应一流组织、一流产品需要的高素质员工,借鉴通用公司位于德国和美国一些工厂采用人员评估中心来招募员工的经验,结合中国的文化和人事政策,建立了专门的人员评估中心,作为人力资源部的重要组织机构之一。整个评估中心设有接待室、面试室、情景模拟室、信息处理室,中心人员也都接受过专门的培训,评估中心的建立确保了录用工作的客观公正性。

2. 标准化程序化的评估模式

SGM的整个评估活动完全按标准化、程序化的模式进行。凡被录用者,须经填表、筛选、笔试、目标面试、情景模拟、专业面试、体检、背景调查和审批录用9个程序和环节。每个程序和环节都有标准化的运作规范和科学化的甄选方法,其中,笔试主要测试应聘者的专业知识、相关知识、特殊能力和倾向;目标面试则由受过国际专业咨询机构培训的评估人员与应聘者进行面对面的问答式讨论,验证其登记表中已有的信息,并进一步获取信息,其中专业面试则由用人部门完成;情景模拟是根据应聘者可能担任的职务,编制一套与该职务实际情况相仿的测试项目,将被测试者安排在模拟的、逼真的工作环境中,要求被试者处理可能出现的各种问题,用多种方法来测试其心理素质、潜在能力的一系列方法。如通过无领导的两小组合作完成练习,观察应聘管理岗位的应聘者的领导能力、领导欲望、组织能力、主动性、说服能力、口头表达能力、自信程度、沟通能力、人际交往能力等。SGM还把情景模拟推广到了对技术工人的甄选上,如通过齿轮的装配练习,来评估应聘者的动作灵巧性、质量意识、操作的条理性及行为习惯。在实际操作过程中,观察应聘者的各种行为能力,孰优孰劣,泾渭分明。

3. 两个关系的权衡

SGM的人员甄选模式,特别是其理论依据与一般的面试以及包括智商、能力、人格、性格在内的心理测验相比,更注重以下两个关系的比较与权衡。

(1) 个性品质与工作技能的关系。组织认为:高素质的员工必须具备优秀的个性品质与良好的工作技能。前者是经过长期教育、环境熏陶和遗传因素影响的结果,它包含了一个人的学习能力、行为习惯、适应性、工作主动性等。后者是通过职业培训、经验积累而获得,如专项工作技能、管理能力、沟通能力等,两者互为因果。但相对而言,工作能力较容易培训,而个性品质则难以培训。因此,在甄选录用员工时,既要看其工作能力,更要关注其个性品质。

(2) 过去经历与将来发展的关系。无数事实证明:一个人在以往经历中,如何对待成功与失败的态度和行为,对其将来的成就具有或正或负的影响。因此,分析其过去经历中所表现出的行为,能够预测和判断其未来的发展。

SGM 正是依据上述两个简明实用的理论、经验和岗位要求,来选择科学的评估方法,确定评估的主要行为指标,来取舍应聘者的。如在一次员工招募中,有一位应聘者已进入第八道程序,经背景调查却发现其隐瞒了过去曾在学校因打架而受处分的事,当对其进行再次询问时,他仍对此事加以隐瞒。对此组织认为,虽然人的一生难免有过失,但隐瞒过错却属于个人品质问题,个人品质问题会影响其今后的发展,最后经大家共同讨论一致决定对其不予录用。

4. 坚持"宁缺毋滥"的原则

为了招募一个段长,人力资源部的招募人员在查阅了上海市人才服务中心的所有人才信息后,发现符合该职位要求的具有初步资格者只有6人,但经评估,遗憾的是一个人都不合格。对此,中外双方部门经理肯定地说:"对这一岗位决不放宽录用要求,宁可暂时空缺,也不要让不合适的人占据。"评估中心曾对1997年10月到1998年4月这段时间内录用的200名员工随机抽样调查了其中的75名员工,将其招募评估的结果与半年的绩效评估结果作了一个比较分析,发现当时的评估结果与现实考核结果基本一致,两次结果基本一致的占84%左右,这证明人员评估中心的评估有着较高的信度和效度。

资料来源:"上海通用汽车的招聘策略",中华管理学习网,http://www.zh09.com/Article/rcsc/200606/61096.html。

附录 6-2

Cisco 的招募策略

Cisco 系统公司 1984 年成立,总部在美国加州圣荷塞,是一家标准硅谷模式的高科技公司,创始人是来自斯坦福大学的一对教授夫妇。1986 年他们做了第一个 Route(路由器),这是 Cisco 的核心产品。1990 年 Cisco 公司在 NASDAQ 上市,股票代号 CSCO,是 NASDAQ 高科技板块的第二大公司,市值达到 4 000 亿美元。1990 年的 1 美元 Cisco 股票现在价值 1 000 多美元。Cisco 创业资本是高技术专利,公司很快实现了财富的积累,也聚集了大量高技术人才,目前 Cisco 全球有 2 万多名员工。1999 年 Cisco 系统公司营业额达 121.5 亿美元。Cisco 成为全球领先的网络解决方案供应商。

1994 年,Cisco 开始在中国成立代表处,目前在中国的思科系统(中国)网络技术有限公司已经有员工近500人。Cisco系统公司在中国成立了网络技术实验室，为国内多家网络技术公司和研究所提供网络解决方案的性能测试、ATM宽带交换机的性能测试、千兆位路由光纤传输和虚拟局域网的性能评估测试。这是Cisco公司在全球的第三个大型实验室，也是其在亚洲最大的网络实验室。Cisco公司几乎参加了中国所有大型网络项目的建设。Cisco一词源自旧金山的英文名SanFrancisco的尾词，公司Logo灵感来自美国金门大桥形象，寓意Cisco系统公司通过网络连接全人类。

1997年，Cisco在美国《工业周刊》评选的100家管理最佳公司中列第一位；1999年，Cisco被评为100家网上最受欢迎的公司第一名；2000年，《财富》杂志将Cisco列为美国100大最佳工作场所的第4名。这只是有关Cisco系统公司的枯燥数据，当我们进入Cisco内部时，发现一个充满全新理念的组织就在我们身边。

1. 招募总动员

Cisco的招募广告是：我们永远在雇人。对优秀人才Cisco永远有兴趣。在Internet世界里，最关键的是人才的取得和保留。Cisco在Internet领域走得非常快，以致整个业界人才的供应跟不上Cisco成长的速度。

2. 全面招募

Cisco组织的招募方式是全面撒网，报纸招募广告、网站、猎头、人才招募会等都用上，面对Cisco每年60%的增长速度对人才张开的巨口，这些方式都显得不够得力。人力总监关迟头痛的问题是："招募广告试过不成功，网站不成功，原因是这些方式非常Open，没有定向目标。上海有一个网络招募的组织说他们有一个过滤的程序，能够将许多不合要求的求职者挡在外面，但我们还没有试过。好的方式还没有，所以是摸着石头过河。"Cisco组织经常到IT界专门的人才会议中做人才资源搜集工作。对Cisco组织最有效的方式是用猎头组织，这样的成本很高，但是面对大量高技术人才缺乏的情况，Cisco还是有大概40%的员工是猎头组织找来的，Cisco用猎头组织招人是从上到下不分职位。Cisco还有大概10%的应聘者是通过员工互相介绍进来的，Cisco有一项特别的鼓励机制，鼓励员工介绍人加入Cisco，方式有点像航空组织累积旅程。Cisco的规定是：介绍一个人来面试就给你一个点数，每过一道面试关又有一个点数，如果员工最后被Cisco雇佣，则有事成的奖金，这些点数最后累积折成海外旅游。这是Cisco创造性的做法，让所有员工都是猎头代理，有合适的人一定会介绍到组织来。

3. 进入学校培养员工

Cisco的发展速度要求员工能够自己很快独当一面，所以对应届毕业生使用得比较少。Cisco从1999开始在一些大学设立有一个虚拟的网络学院（Networking

Academy),通过提供一些设备和课程,让学生熟悉 Internet 环境,而且对学生有一个笔试的 CCNA 认证,让学生对 Internet 有个基本的了解。Cisco 在过了这一关的学生中挑选一些人做见习员工。另外,Cisco 也在学校开始一些助理工程师的培养,以后这些学生经过半年到一年的培养,成为 Cisco 正式的工程师。Cisco 组织在 1999 年招了 150 人,应聘的人很多,但是成功率非常低。

4. 人人都需领导素质

Cisco 招募一个人,除了有基本条件的要求外,还要求应聘者有领导的特质。因为在 Cisco 每一名员工都是一个单兵作战的单位。例如,Cisco 的系统工程师不是简单做产品规格,工程师可能要到客户那里去做报告,需要较好的表达能力。所以,Cisco 在招募时考虑应聘者的综合素质,需要有领导的特质和专业精神,对工作的需要和客户的需要都能有敏锐的反应。Cisco 的业务不是做一次买卖,而是与客户建立一种长久的关系,需要员工能够感觉客户的需要就是 Cisco 的需要,这样的敏感度和成熟度必须反映到每个人的身上。对于做行政的部门,也需要他们给别人提供好的服务。

到 Cisco 应聘主要是通过面谈。招募的大致经历是首先挑选简历,然后用人部门直接安排时间与应聘者面谈,一个应聘者进入 Cisco 一般最少要跟 5—8 个人交谈,任何职务都要经过这个过程。

5. 一票否决制

1999 年 Cisco 给员工推出一个培训,教会招募者专业的面谈技巧,所有的雇人经理都要学习这个课程。如果这个课程你很早学过,以后要复习,目的是让招募者保持敏感度。在面试的过程中,应聘者需要通过很多项目的交谈,每个负责招募的人有一份面谈记录,每个人与应试者面谈后最后有一个评价,Cisco 用的是全体通过制,例如在 8 个负责招募的人中,如果有一个人说 NO,那么应聘者就没有机会被录用。

6. 反问面试员

Cisco 非常重视面谈的开始和结束,Cisco 强调面试人员需要一个完整的培训。招募者不只是懂得问什么问题,还要给应聘者一个愉快的环境,让应聘者不要等得太久。面试员的一个责任是在面试程序上做总结,所有面试员面试结束后会问那些应聘者,有什么环节他们做得不好,希望他们对面试提出意见。如果应聘者多次对招募人员在某些方面的意见都是一致的,例如说等了一个小时,时间太长,Cisco 内部会针对应聘者提出的问题做修正。Cisco 美国组织做得更细致,对那些应聘者会有一个跟踪电话,并附给他们正式表格,让应聘者谈对上次面试有什么看法,这样使组织对自己的招募真正有一个监督。

资料来源:"在 CISCO 成功须知",新浪网,http://tech.sina.com.cn/path/2001-04-25/637.shtml。

第七章

内部招聘和外部招聘

　　小案例：李强是某大型民营企业的老总，最近遇到了一件棘手的事情，在企业干了5年的制造部刘经理突然申请辞职。这让他措手不及，要知道刘经理是他一手栽培，从最初的工人一步一步提拔到经理位置上的。面对如此境地，李强不免有些惋惜。而前天在经理会上讨论新的经理人选时，营销部和财务部的负责人激烈讨论起来，就经理来源问题是"外部引进"还是"本部制造"闹得不欢而散，最后不得不休会下次再议。第二天，李强就要在经理会上就此问题做出最终决策了，在看了大量人力资源相关资料后，他渐渐陷入了沉思。

　　类似李强遇到的问题，时下大多数企业通常的做法是"外部引进"，也有少数企业主张"本部制造"，到底是"外部引进"有利还是"本部制造"更好？

　　这是一个招聘经理们争论不休的话题，在对外招聘填补空位之前优先考虑选用内部员工是不是一个较好的方法？成立较早、历史久远的公司传统上优先考虑本公司内部的员工；而快速发展起来的，更加富于革新精神的公司则倾向于外部招聘为主。虽然大多数的公司最终采用了混合性的招聘策略，但是公司内、外部的选用的预定比例始终是人们讨论的热点话题。内部招聘是想维持现有的强势组织文化，外部招聘是想改善或重塑现有的弱势组织文化。我们先来简要比较内外部招聘的优缺点。表7-1可以让我们对内部招聘和外部招聘的优势和劣势一目了然。

表7-1　内部招聘和外部招聘的优点、缺点比较

内部招聘	外部招聘
优点： • 组织对候选人的能力有清晰的认识 • 候选人了解工作要求和组织 • 鼓励高绩效、有利于鼓舞员工士气 • 组织仅仅需要在基本水平上雇佣 • 更低的成本	优点： • 更大的候选人选择空间 • 会把新的技能和想法带入组织 • 比培训内部员工成本低 • 降低徇私的可能性 • 激励老员工保持竞争力，发展技能
缺点： • 会导致"近亲繁殖"状态 • 会导致为了提升的"政治性行为" • 需要有效的培训和评估系统 • 可能会因操作不公或心理因素导致内部矛盾	缺点： • 增加与招聘和甄选相关的难度和风险 • 需要更长的培训和适应阶段 • 内部的员工可能感到自己被忽略 • 新的候选人可能并不适应企业文化 • 增加搜寻成本，等等

资料来源：*Australian Master Human Resources Guide 2002*, the global law firm, p.198。

第一节　内部招聘

内部招聘是指当企业出现了职位空缺的时候，优先考虑企业内部员工调整到该岗位的方法。这首先是丰富了员工的工作兴趣和积极性，其次也节省了外部招聘的成本。如果选择了内部招聘的方式，人力资源部门就需要将用人信息首先在企业内部进行公开发布，其余的甄选程序和外部招聘是一样的。

一、内部招聘的优点

当一个职位出现空缺时，管理人员首先考虑的是从组织内部现有的人员中进行招聘。现在的雇员通常是组织最大的招募来源。据有关资料显示，79%的美国公司采用以内部招聘为主的政策，而且组织中90%以上的管理职位都是由组织内部提拔起来的人担任的。内部招聘被如此广泛和经常地采用，必定有其优点，对此可作如下归纳。

1. 准确性好

由于招募的对象来自企业的内部，用人部门和人力资源部门对其有充分的了解。招募对象在工作中表现出来的工作动机、工作态度、工作业绩、知识水平与技能、个性

特征和发展潜力，招募人员是比较清楚或者说是容易获悉的，所以这种建立在对内部应聘者信息可靠了解的基础上的招募，能够提高招聘的成功率。

2. 可信性高

从选拔的有效性和可信度来看，管理者和员工之间的信息总是对等的，不存在"逆向选择"问题，甚至是"道德风险"问题。因为员工的历史资料是有案可查的，管理者也对内部员工的性格特征、工作态度、沟通能力、工作能力、工作动机、业绩评价以及发展潜能等方面都有比较客观准确的认识，使得对内部员工的了解更加全面和可靠，提高了认识决策的成功率。

3. 忠诚度高

从企业文化的角度来分析，员工与企业在同一个目标基础上形成的共有价值观、信任度和创造力，体现了企业员工和企业的集体责任以及整体的关系。企业不仅仅是他们的"事业共同体"，而更为重要的是他们的"命运共同体"。员工在组织中工作较长一段时间，已经融入企业的文化中去，认同组织的价值观念和行为规范，因而对组织的忠诚度较高。

4. 适应能力较强

从运作模式来看，现有的员工更加了解组织的运作模式，与从外部招聘的新员工相比，他们能够更好地适应新的工作，尤其是招聘一些关键的管理人员时，组织可以通过选拔内部成员来降低由于对应聘者的缺乏了解而承担的风险，增强适应性。

5. 组织效率高

从组织的运行效率来看，现有的员工更容易接受指挥和领导，易于沟通和协调，易于发挥组织效能。内部招聘的人员对原有职位和现有职位都比较熟悉，尤其是通过多次招聘的人员对企业内部的组织结构、生产过程、人员配置等都有较好的了解，因此能够有效地提高组织整体的劳动生产率，增加对现有员工的投资回报。

6. 激励性更佳

从激励的方面来看，内部选拔能够给员工提供一系列交替上升的晋升机会，使组织的成长与员工的成长同步，有美好的愿景，容易鼓舞员工士气，形成积极进取、追求成功的气氛。通过内部招聘来选拔人才，会使员工更加意识到工作绩效与提拔、晋升、加薪之间的关系，从而可以起到强有力的"鼓励先进、鞭策后进"的作用，激励员工奋发向上。同时，内部招聘给组织员工提供了一个对自己职业开发更负责任的机会，内部招聘的对象是组织内部的员工，他们基于对组织的原有了解，认识到在组织中能够获得广阔的发展前景和更多的发展机会。内部招聘为员工提供了更多提拔、晋升、培训、加薪的机会，因此能够使员工在组织中得到高度的认同感和归属感，同时也使得他们在不断开拓自己的职业生涯过程中获得自我实现的满足,从而让广大员工感到组织是自身发展的良好空间,在该组织里能够让自己的才能得到最大限度的发挥,进而愿意为组织贡献自己的全部才智和能力。

7. 费用率低

内部招聘可以节约高昂的费用,如广告费、招聘人员和应聘人员的差旅费等,同时还可以省去一些不必要的培训,减少间接损失。人力资源部门对组织原有职员都有一定的了解,可通过多种渠道获取该员工是否适合招聘职位要求的相关信息,而且在内部发布招聘信息可以利用各种内部媒体,具有节省人力、物力、财力。另外,一般地说,内部候选人已经认可企业的现有的薪酬体系,其工资待遇要求会更符合企业的现状。从组织文化的角度来考虑,员工在组织中工作了较长的一段时间,已经融入了本组织的文化,对本组织的价值观有了一定的认同,因而对组织的忠诚度较高、离职率降低,避免了招聘不当造成的间接损失。由于内部招聘的人才来源于组织内部,他们对组织,特别是组织文化比较熟悉,已经具备了一定的工作能力和经验,对空缺职位的职责、要求等也较了解,因此在对他们进行上岗前的培训时,可以在很大程度上简化培训程序和减少培训费用。

另外,内部招聘还是一个有效的内部沟通手段,它向员工传递了有关企业的发展目标、前景等信息,使员工对组织有更加深入的了解。内部招聘也有助于组织文化的形成。一种组织文化的形成依赖于诸多因素,其中人的因素是最为重要的。一个善于从内部发现人才、知人善任的组织必定能在其员工中形成良好的竞争氛围、学习风气与和谐的人际关系,并且在组织内部形成强大的凝聚力,形成完善、独特的组织文化。

根据某项调查显示,很多企业最喜欢的招聘方式是聘用内部员工。与"做熟不做生"同理,企业也希望用那些已经认识的人。如果企业某个管理岗位正有空缺,首先要考虑的是从内部职员中提拔,或者将原来的临时工转为正式员工。内部跳,也是跳槽的好方法。一位西门子上海分公司行政总经理,工作几十年,从没离开过西门子。但他的职业生涯发展也相当顺畅,因为他在公司内部的跳槽同样让他在事业上获得成功。从初进西门子担任集团下属某厂会计,到上海分公司行政总经理。他还担任过西门子公司东南亚某国分公司的行政总经理。许多公司都十分注重从公司内部进行人才选拔,尤其是中、高层管理者。例如,通用电气公司数十年来一直从内部选拔 CEO,著名的 GE 公司董事长——对 GE 和全世界的企业管理都做出巨大贡献的韦尔奇,就是从企业内部选拔出来的;同样的 GE 现任的 CEO 杰夫·伊梅尔特也是从 GE 的工作中一步一步成长起来的。还有诸如日本许多企业的管理特殊之处就是内部晋升。

二、内部招聘的缺点

尽管内部选拔有很多的优势,但其本身也存在着明显的不足。通过对内部招聘的缺点的了解,在实际工作中我们能够使内部招聘更为有效可靠。

1. 可能造成内部矛盾

内部选拔需要竞争,而竞争的结果必然有成功有失败,并且成功的人可能只占少数,竞争失败的员工可能会心灰意冷,士气低下,不利于组织内部的团结。内部招聘还可能导致部门之间"挖人才"的现象,不利于部门之间的合作。同时,这种内部的招聘易引发企业高层领导和员工之间的不团结。在用人方面的分歧常常是高层领导之间产生矛盾的焦点,这不仅涉及领导的权力分配,而且与领导的威信息息相关,这也是人事改革的一个侧面,会在企业政治方面引起异常激烈的明争暗斗,并对员工的士气和没有被晋升的员工的工作表现产生消极的影响,特别是在几个同事申请同一职位时更是如此。这样就可能形成不健康的冲突,导致组织内人际关系紧张。在一个职位空缺时,许多雇员都会被考虑补充那个职位,当然大部分会被否决,一些被否决的候选人可能会产生怨恨。一项研究发现,被否决晋升的雇员会比获得晋升的对手表露出更强的愤愤不平情绪和表现出更高的旷工率。

2. 容易造成"近亲繁殖"

同一组织内的员工有相同的文化背景,可能会产生"近亲繁殖""团队思维""长官意志"现象,抑制了个体创新,有可能会给组织带来灾难性的后果。尤其当组织内重要的职位由基层员工提拔,进而僵化思维意识,不利于组织的长期发展,通用电气20世纪90年代所面临的困境被认为与其长期实施内部招聘策略有关。

3. 滋生"裙带关系"等不良现象

内部选拔有可能是按资历或人际关系或领导喜好而非业绩、能力。这样下去形成不正之风,诱发员工养成"不求有功,但求无过"的心理,给有能力的员工的职业生涯发展设置了障碍,导致优秀人才外流或被埋没,削弱企业的竞争力。

有可能出现"裙带关系"等不良现象,滋生了组织中的"小帮派""小团体",引发组织内"政治集团"的斗争,削弱组织效能。通常在内部招聘的员工在企业中有一定的工作背景和人际关系网络,在得到晋升或得到关键职位后,不免会形成自己的小的关系网络,在某些情况下,这种正式的或者非正式的团体会影响组织工作的正常展开,是组织发展的障碍之一。

4. 失去选取外部优秀人才的机会

一般情况下,公司外部优秀人才是十分丰富的,内部招聘一味寻求"本部制造",

将工作岗位给了内部人员的同时也减少了外部"新鲜血液"进入本组织的机会。这种情况表面上看是节约了成本,实际上是对机会成本的巨大浪费,因为注重对内部员工的选拔,丧失了从外部获取更加适合的人才的机会。

除非有很好的发展/培训计划,内部晋升者不会在短期内达到要对他们预期的要求,内部发展计划的成本比雇佣外部直接适合需要的人才要高,且多个被提升的员工可能还不能很好地适应工作,影响到组织整体的运作效率和绩效。此外,如果组织的高层管理者多数是从基层逐步晋升的,大多数年龄会偏高,不利于冒险和创新精神的发扬,而冒险和创新则是新经济环境下企业发展至关重要的两个因素。要弥补或消除内部招募的不足,需要人力资源部门做大量细致的工作。

5. 过多的内部招聘可能导致效率降低的现象

例如,如果一位高级经理人员离开本组织,由一名直接下属接任,那这位下属的职位就需要找人来承担。当这个人晋升延伸到等级结构末端的时候,最初的那个职位就激发了许多人的注意。几乎所有的人员都需要一段时间去熟悉新工作,甚至当员工在组织中工作了很多年情况下,新职位也要求其调整思路以适应新的职责,并重新界定与同事的人际关系,这些人必须在他们过去的同事面前扮演一个新的角色,并且在过去的同事成为下级后,面临的管理困难会不断涌现。由于许多人就职新岗位,内部招聘困难可能会恶化这个结果。直到这些员工都具备了与前任同等的工作能力,并重新界定了他们的工作关系,这种效率降低的状态才会改变。

三、主要的内部招聘方式

内部招聘的做法通常是企业在内部公开空缺职位,吸引员工来应聘。这种方法起到的另一个作用就是使员工有一种公平合理、公开竞争的平等感觉,它会使员工更加努力奋斗,为自己的发展增加积极的因素。这无疑是人力资源开发与管理的目标之一。

1. 提拔晋升

给员工升职、发展的机会,对于激励员工非常有利。从另一方面来讲,内部提拔的人员对本单位的业务工作比较熟悉,能够较快适应新的工作。然而,内部提拔也有一定的不利之处,如内部提拔的不一定是最优秀的;还有可能在少部分员工心理上产生"他还不如我呢"的思想,因为任何人都不是十全十美的。一个人在一个单位待的时间越长,别人看他的优点越少,而看他的缺点越多,尤其是在他被提拔的时候。因此,许多单位在出现职务空缺后,往往同时采用两种方式,即从内部和外部同时寻找合适的人选。

2. 工作调换

工作调换也叫做"平调",是在内部寻找合适人选的一种基本方法。这样做的目的是要填补空缺,但实际上它还起到许多其他作用。如可以使内部员工了解单位内其他部门的工作,与本单位更多的人员有深的接触、了解。这样,一方面有利于员工今后的提拔,另一方面可以使上级对下级的能力有更进一步的了解,也为今后的工作安排做好准备。

3. 工作轮换

工作轮换和工作调换有些相似,但又有些不同。工作调换从时间上来讲往往较长,而工作轮换则通常是短期的,有时间界限的。另外,工作调换往往是单独的、临时的,而工作轮换往往是两个以上的、有计划进行的。工作轮换可以使单位内部的管理人员或普通人员有机会了解单位内部的不同工作,给那些有潜力的人员提供以后可能晋升的条件,同时也可以减少部分人员由于长期从事某项工作而带来的烦躁和厌倦等感觉。

4. 人员重聘

有些单位由于某些原因会有一些下岗人员、长期休假人员(如曾因病长期休假,现已康复但由于无位置还在休假)、已在其他地方工作但关系还在本单位的人员(如停薪留职)等。在这些人员中,有的恰好是内部空缺需要的人员。他们中有的人素质较高,对这些人员的重聘会使他们有再为单位尽力的机会。另外,单位可以使这些人员尽快上岗,同时减少了培训等方面的费用。

四、内部招聘的操作方法

1. 工作公告法

企业运用人员内部补充机制时,通常要在公司内部张贴工作告示,工作公告是通过向全体员工通报现有的工作空缺,吸引相关人员来申请这些空缺的方法。

使用工作公告应注意以下问题。第一,至少在内部招聘前一周,在显眼的位置发布所有的职位空缺信息,确保组织内的所有人员都能够看到,并且要保留一段时间,或者使用企业内网给每个员工进行邮件告知。第二,应该清楚地列出工作描述和职位规范。工作公告的内容与招聘公告的内容有些相似,主要包括工作的性质、任职资格、主管的情况、工作时间和薪酬待遇等相关信息。通过公布相关信息,让企业现有的员工对自己的资格条件进行审查,做出是否申请此职位的决定。第三,使所有的申请人都能够收到申请书的反馈信息。通过及时给予申请人反馈信息,让他们能够了解自己的差距,确定今后努力的方向,同时能够对招聘结果表示理解。

工作公告法是最常使用的吸引内部人员的方法，特别适用于非主管级别的岗位。而且工作公告法比其他的内部招聘方法更有利于发挥组织中现有人员的工作积极性，激励士气，是有利于员工职业发展的一种有效的方法。当然，工作公告法也有一定的缺点：花费的时间较长，可能导致岗位长时间空缺，影响企业的正常运营；员工也可能由于盲目地变换工作而丧失原有的专长和优势。

2. 档案记录法

内部招聘的第二种方法是利用现有人员的档案技术，从中了解员工在教育、培训、经历、技能和绩效等方面的信息，然后根据这些信息确定符合空缺职位要求的人员，即档案记录。成功使用这种方法的前提是档案资料的信息必须真实可靠、全面详细，而且是及时更新的，只有这样才能保证根据档案信息筛选出的人员符合岗位要求。这种方法可以和工作公告法结合使用。在招聘信息发布后，负责招聘的管理人员可以根据档案资料搜索合格的候选人员，了解他们什么时候想提出申请，以确保岗位空缺引起所有有资格的候选人的注意。档案记录法的优点是可以在整个组织内发掘合格的候选人，同时技术档案可以作为人力资源部信息系统的一部分。如果企业具有规范健全的管理资料，并且技术档案信息比较全面，采用这种方法进行招聘会比较经济便捷。

3. 主管推荐法

主管推荐法在内部招聘中是一种重要的手段，一般的操作程序如下：当企业发生职位空缺时，由本单位的主管人员根据员工的工作表现及能力素质，推荐填充新职位的人选；然后由上级部门和人力资源管理部门对被推荐员工进行考查，选择可以胜任这项工作的优秀人员。这种方式一般用于员工晋升，给员工升职的机会，有利于对员工的激励。另外，被推荐人员对本单位的工作比较熟悉，能够较快适应新工作。但是，主管推荐法也有一定的弊端，比如主管与员工的关系对员工能否得到推荐有一定的影响，甚至有时影响是十分明显的，这就使得人员选拔容易丧失客观性，缺乏公正性，容易挫伤其他员工的积极性。

五、内部招聘应注意的六个问题

内部招募是企业获得人才的一种主要的招募方式之一，有优点也有缺点，企业在进行内部招募的时候应当注意以下几个问题，通过对内部招募方式不足之处的规避，有效地发挥内部招募的优势，高效率地找到合适的人才。

1. 减少主观影响

从组织内部选拔人才，绝不是要领导者把目光仅仅盯在整天绕着自己身边转的几个人的身上，而是要在整个组织的各个层次和范围内科学地考察和鉴别人才，通过全面地了解应聘该职位员工的工作情况、道德情况以及在公司的人际关系处理的情况等来考虑是否适合该职位。有些管理者受到了近因效应、像我效应或者刻板印象的影响,不能够客观地看待所有的应聘员工,夹杂个人主观感情,这将会影响内部招聘的公平性。

2. 不要求全责备

组织内部选拔人才,绝不要因为对员工过于了解而对他们求全责备。不要因为员工是组织内部的人员就理所当然地认为他们在新的岗位上应该立刻能够满足组织的一些要求,要知道组织是复杂的机器,人也是变化的,因此员工与组织之间的磨合是一个持续的过程。在内部招聘中要避免认为内部提升上来的员工就应该事事都能够满足组织的要求,要知道内部员工的良好的适应性是相对于外部人员来说的。

3. 不要将人才固定化

不能用一个固定不变的模式来套用人才,要唯才是举、唯才是用,只要能够为组织的发展出谋划策、积极贡献力量的人,都应该在选择之列。要促成人才的合理流动,一个员工在一个岗位上表现并不是十分出色,但是很有可能在另一个岗位上他能够起到十分关键的作用;对一个岗位的适合人才的选拔不能固定地只从某一类员工中挑选,要有一个全方位的视角来看待人才。

4. 全方位地发现人才

管理者可以从员工的工作实践、部门推荐、员工档案、绩效考核成绩等多种途径全方位地发现人才。通过多种途径,考察和了解人才的方方面面,最终选择合适的人才。

5. 使工作合理化

管理工作要上轨道,只有在弄清楚该部门该工作,因为什么原因,需要什么样的人才的基础上才能进一步在每天的工作中,从员工的工作表现、工作效率和品质中,通过深入地了解去发现合适的人才,并且给予适当的配置和任用。

6. 人员录用是招聘的重要环节

人员录用主要通过涉及选择之后的一系列的具体录用事宜,包括决定录用人员,通知录用人员,试用合同的签订,员工的初始确认、使用、考察、正式录用等内容。不要认为内部招聘可以将很多这样的环节省掉,一个规范化的组织其内部招聘也同样要遵循一定的流程,执行一定的程序。

第二节 外部招聘

外部招聘是根据一定的标准和程序,从企业外部的众多候选人中选拔符合空缺职位工作要求的人员。作为最常用的平衡企业人力资源短缺的方法,当人力资源总量缺乏时,采用此种方法比较有效,但最好在内部招聘之后使用。

一、外部招聘的优点

虽然上面我们详细地介绍了内部招聘的种种好处,但企业过分依赖内部招聘也是一种失误,外部招聘则可以弥补内部招聘的缺点。

1. 外部人员有其外部优势

从外部招聘的员工对现有组织文化有一种崭新的、大胆的视野,而少有主观的偏见。如果从外部招聘来的人员真有能力的话,就可以放开手脚大胆地进行工作,从而可以迅速地打开局面。典型的内部员工已彻底被组织文化同化,他们既看不出组织有待改进之处,也无进行改革和自我提高的意识和冲动,整个组织缺乏竞争意识和氛围,从而可能无法大胆工作。

2. 新员工会带来不同的价值观和新观点、新思路、新方法

通过从外部招聘优秀的技术人才、营销专家和管理专家,这种"技术知识"、"客户群体"和"管理技能"并不是可以从书本上直接学得到的,它是一种"沉没知识",须得言传身教才能获得,这种与人同在的特有"人力资本"有时对企业来说是一笔巨大的财富。由于新进入员工的个人与组织之间的新的关系,在工作当中就没有了诸多的存在于内部员工的人情网络等因素的影响,对于其工作的开展是很有利的。

3. 有利于企业树立形象

外部招聘也是一种十分有效的交流方式,外部招聘会起到广告的作用。在外部招聘的过程中,企业可以借此在潜在的员工、客户和其他外界人士中树立积极进取、锐意改革的良好企业形象,从而形成良好的口碑。

4. 有利于企业内部形成良性竞争

通过从外部招聘优秀的技术和管理专家,在无形中给组织原有员工施加压力,形成危机意识,激发他们的斗志和潜力,从而产生"鲶鱼效应",标杆学习,共同进步,"引进一匹狼,激活一群羊,带出一群狼"。

5. 有利于招到优秀人才

外部招聘的人才来源广泛,选择余地充分,能引进许多杰出人才,特别是某些稀缺的复合型人才,这样可以节省大量内部培养和培训的费用。

6. 有利于平息和缓和内部竞争者之间的紧张关系

内部竞争者由于彼此机会均等,可能在同事之间产生互相竞争的局面,进而可能因为同事的晋升而产生不满情绪,消极懈怠,不服管理,从而不利于企业的运作和管

理,外部员工的引入可能对于此种情况产生平衡的作用,避免了组织成员间的不团结。

7. 带来外部经济性

从宏观意义上说,外部招聘可以在全社会范围内优化人力资源配置,促进人才合理流动,加速全国性的人才市场和职业经理市场的形成,节约整个社会的教育和培训成本,具有明显的外部经济性,具有巨大的社会效益。

二、外部招聘的缺点

1. 筛选时间长,难度大

组织希望能够比较准确地测量应聘者的能力、性格、态度、兴趣等素质,从而预测他们在未来的工作岗位上能否达到组织所期望的要求。而研究表明,这些测量结果只有中等程度的预测效果,仅仅依靠这些测量结果来进行科学的录用决策是比较困难的。为此,一些组织还采取诸如推荐信、个人资料、自我评定、工作模拟等方法。这些方法各有各的优势,但也都存在着不同程度的缺陷,这就使得录用决策耗费的时间较长。

2. 进入角色状态慢

外部招聘的员工需要花费较长的时间来进行培训和定位,才能了解组织的岗位职责、工作流程和运作方式,增加了培训成本。从外部招聘的人员有可能出现"水土不服"的现象,其个人特质很难融入企业文化潮流之中,导致人际关系复杂,工作不顺,影响积极性和创造力的发挥。

3. 引进成本高

外部招聘需要在媒体发布信息或者通过中介机构招募时,一般需要支付一笔不小的费用,而且由于外部应聘人员相对较多,后继的挑选过程也非常的烦琐与复杂,不仅花费了较多的人力、财力,还占用了大量的时间。

4. 决策风险大

外部招聘只能通过几次短时间的接触,就必须判断候选人是否符合本组织空缺岗位的要求,而不像内部制造那样经过长期的接触和考察,所以,很可能因为一些外部的原因(如信息的不对称性等)而做出不准确的判断,进而增加了决策风险。

5. 影响内部员工的积极性

外部招聘容易挫伤有上进心、有事业心的内部员工的积极性和自信心。如果组织中有胜任的人未被选用或提拔,即内部员工得不到相应的晋升和发展机会,内部员工的积极性可能会受到影响。

6. "中转站"的风险

即外聘人才的潜力、个人发展空间能否与企业发展同步的问题。能够与企业发展趋于同步增长的人才会长期留下来"为我所用"的可能性较大,个人超前于企业太多或个人滞后于企业都会留下人才难以长期留下来的隐患。有许多民营企业花了大把大把的钱引进一帮人才,但最后能真正为企业创造价值的寥寥无几。

7. 往往存在复杂的矛盾

外部招聘人才之间、外部招聘人才和内部人才之间往往存在复杂的矛盾。主要是相互不服气、谁都不服谁以及"盲目排外"情结。这些矛盾会进而引发部门之间的矛盾,个人行为上升到组织行为,导致部门之间协调配合不够、相互拆台,战略措施、方针政策不能很好地贯彻执行。

三、企业在选择招聘方式时应遵循的几个原则

企业内部招聘的优点往往为外部招聘的缺点,企业外部招聘的优点往往为内部招聘的缺点,两者互为逆命题。鉴于内外部招聘各自的优缺点,大多数的企业在实际招聘过程中都采用内外招聘相结合的方式。企业在选择招聘方式的时候应该考虑到以下四个原则。

1. 高级管理人才选拔应遵循内部优先原则

在人力资本成为企业核心竞争力重要组成部分的今天,高级管理人才对于任何企业的发展都是不可或缺的。企业在高级管理人才的选拔过程中应当遵循内部优先的原则。

高级管理人才能够很好地为企业服务:一方面是依靠自身的专业技能、素质和经验,能够为企业服务;另一方面更重要的是对企业文化和价值观念的认同,愿意为企业贡献自己全部的能力和知识,而后者是无法在短期内完成和实现的。

企业内部培养造就的人才,更能深刻理解和领会企业的核心价值观,由于长期受企业文化的熏陶,已经认同并成为企业文化的信徒,所以也更能坚持企业的核心价值观不变,而核心价值观的延续性对企业是至关重要的。同时,企业的高层管理团队和技术骨干,都是以团队的方式进行工作,分工协作,密切配合,而核心价值理念相同的人一同工作更容易达成目标;如果观念存在较大差异,将直接影响到合力的发挥。

2. 外部环境剧烈变化时,企业必须采取内外结合的人才选拔方式

当外部环境发生剧烈变化时,行业的经济技术基础、竞争态势和整体游戏规则发生根本性的变化,知识老化周期缩短,原有的特长、经验成为学习新事物新知识的一种包袱,企业受到直接的影响。在这种情况下,从企业外部、行业外部吸纳人才和寻

求新的资源,就成为企业生存的必要条件之一。

不仅因为企业内部缺乏专业人才,同时时间也不允许坐等企业内部人才的培养成熟,因此必须采取内部选拔与外部招聘相结合、内部培养与外部专业服务相结合的措施。

3. 快速成长期的企业,应当广开外部渠道

对于处于成长期的企业,由于发展速度较快,仅仅依靠内部选拔与培养无法跟上企业的发展。同时,由于企业人员规模的限制,选择余地相对较小,无法得到最佳的人选。在这种情况下,企业应当采取更为灵活的措施,广开渠道,吸引和接纳需要的各类人才。

4. 企业文化类型的变化决定了选拔方式

如果组织要维持现有的强势企业文化,不妨从内部选拔,因为内部的员工在思想、核心价值观念、行为方式等方面对于企业有更多的认同,而外部的人员要接受这些需要较长的时间,而且可能存在风险;如果企业想改善或重塑现有的企业文化,可以尝试从外部招聘,新的人员带来的新思想、新观念可以对企业原有的东西造成冲击,促进企业文化的变化和改进完善。

内部选拔优先还是外部招聘优先,不同层次的人才、不同环境和阶段的企业应采取不同的选择,必须视企业的实际情况来定。这就需要企业在既定的战略规划的前提下,在对企业现有的人力资源状况分析和未来情况预测的基础上制定详细的人力资源规划,明确企业的用人策略,建立内部的培养和选拔体系,同时有目的、有计划、分步骤地展开招聘选拔工作,给予企业内、外部人才公平合理的竞争机会,以形成合理的人才梯队,保证企业未来的发展。

第三节 外部招聘途径

一、广告

广告是企业招聘人才最常用的方式,可选择的广告媒体很多,如网络、报纸、杂志等。一方面广告招聘可以很好地建立企业的形象;另一方面,信息传播范围广,速度快,获得的应聘人员的信息量大,层次丰富。

选择广告这种外部招聘途径,应该主要解决两个问题:(1)选择何种媒体;(2)如何构思广告。

1. 选择何种媒体

首先,广告的分类方法是多种多样的。按照广告使用的媒体分类,可以把广告分

为广播电视广告、报纸广告、杂志广告和互联网广告。组织在选择刊登广告的媒体时，首先考虑的是媒体本身承载信息传播的能力，表7-2就不同类型媒体广告的优、缺点进行了比较。

表7-2 四种媒体类型的招聘广告的优缺点

媒体种类	优势	缺陷
广播电视	1. 招募信息让人难以忽略 2. 可传达到一些并不很想找工作的人 3. 创造的余地大，有利于增强吸引力 4. 自我形象宣传	1. 昂贵 2. 只能传送简短的信息 3. 缺乏永久性 4. 可能会为无用的传播付钱
报纸	1. 广告大小弹性可变 2. 传播周期短 3. 可以限定特定的招募区域 4. 分类广告为求职者与供职者提供方便 5. 有专门的人才市场报	1. 竞争较激烈 2. 容易被人忽略 3. 没有特定的读者群 4. 印刷质量不理想
杂志	1. 印刷质量好 2. 保存期长，可不断重读 3. 广告大小弹性可变 4. 有许多专业性杂志，可将信息传递到特定的职业领域	1. 传播周期较长 2. 难以在短时间里达到招募效果 3. 地域传播较广
互联网络	1. 广告制作效果好 2. 信息容量大，传递速度快 3. 可统计浏览人数 4. 可单独发布招募信息，也可以集中发布	1. 地域传播广 2. 信息过多容易被忽略 3. 有一些人不具备上网条件，或没有计算机使用能力

其次，广告覆盖范围的大小也是不同的，那么，企业应该考虑是选择全国性广告还是区域性广告。全国性广告，是指选用全国性传播媒体，如全国性报纸、杂志、电台、电视台进行的广告宣传，其范围覆盖与影响都比较大；区域性广告，是指选用区域性传播媒体，如地方报纸、杂志、电台、电视台开展的广告宣传，这种广告的传播范围仅限于一定的区域内。

再次，应该考虑媒体的定位。各种具体的传播载体都有其特定的消费群定位，因此组织应该根据招聘人员的媒体消费特征选择其最可能接触的媒体。例如，招聘计算机专业技术人员最好选择计算机专业杂志、报刊等，如《计算机世界》《电脑报》等；若招聘职业经理人则可以选择如《企业家》《中外管理》等适合经理人员的媒体。

除此之外，还要考虑到媒体的相关集中度。求职者在搜寻职位时，往往集中关注传播职位招聘信息量较大的媒体，便于选择比较。因此，组织在选择招聘媒体时，应该选择招聘信息相对集中的媒体。

综上所述，企业应根据所要招聘的职位类型确定何种媒体是最好的选择，是地方性报纸还是全国发行的报纸,是大众读物还是技术性杂志等。选择在什么媒体上登广告之后,企业就要选择具体在媒体中的哪一家刊登广告,这就需要对不同的报纸、杂志、电视台的发行量、收视率有所了解。进行广告招聘时,广告费用也是一个不可忽略的问题。如果组织在进行大规模的人员招聘时或是人员招聘难度大时,可以采取多种招聘广告媒体,力求覆盖目标人群的接触范围。由于互联网的兴起以及新知识人才的大量涌现,网络成了招聘的一条重要渠道。据了解,在重点大学的 BBS 中的 job 版每天都有几十家企业发布它们的招聘广告。互联网不仅仅是招聘广告的一种载体,而且也成为外部招聘的一种途径,关于网络招聘将在本节后面部分详细介绍。

2. 如何构思广告

(1) 招聘广告的设计原则。

总的来讲,招聘广告应该根据 AIDA 的原则设计广告,即注意(Attention)、兴趣(Interest)、愿望(Desire)和行动(Action)。具体解释如下:

① 你必须能够引起求职者对广告的注意(Attention)。在报纸分类广告中,那些字与字之间距离比较大,有较多空间的广告易于引起人们的注意;另外,为重要的职位进行单独广告。

② 要能引起求职者对工作的兴趣(Interest)。工作本身的性质可以引起兴趣,工作的其他方面如工作活动所在的地理位置、收入等也是引起求职者兴趣的原因。

③ 要能引起求职者申请工作的愿望(Desire)。在求职者对工作感兴趣的基础上,再加上职位的优点,如工作所包含的成就感、职业发展前途、旅行机会或其他的一些类似的长处,这需要揣摩广告针对的读者会对职位的哪些特殊因素感兴趣。但同时需要注意广告必须真实,不能为了招揽求职者而夸夸其谈。

④ 应当能够鼓励求职者积极采取行动(Action)。"今天就打电话来吧""最好今天就写信索取更详细的信息资料""请马上联系我们"等,这些话都有让人马上采取行动的力量,也是招聘广告中不可忽略的一部分。

(2) 招聘广告的内容。

招聘广告的内容一般包括以下七个方面。

① 广告题目。一般是"×××××公司招聘""高薪诚聘"等。

② 公司简介。公司的全称、性质、主营业务等,要简明扼要。

③ 审批机关。发布招聘广告一般要经过人事主管机关进行审批,一般是当地的人才交流中心。

④ 招聘岗位。岗位名称、任职资格、工作职责、工作地点等内容。

⑤ 人事政策。公司的薪酬政策、社会保障政策、福利政策、培训政策等内容。

⑥ 联系方式。公司地址、联系电话、联系传真、网址、电子邮件地址、联系人等。

⑦ 其他注意事项。

（3）应聘者一般关注什么。

了解应聘者关注什么也是制作好一则招聘广告的必不可少的一部分，接下来让我们了解一下他们关注些什么，从而有的放矢地激发他们的关注。

① 工作是否具有挑战性。

② 待遇与福利。

③ 工作地点。

④ 工作环境。

⑤ 灵活的工作时间。

⑥ 公司声望。

⑦ 行业的发展性和前景。

⑧ 是否有良好的人际关系和雇佣关系。

⑨ 领导开明与否。

⑩ 是否存在快捷的晋升机会。

⑪ 是否有继续深造、进修的机会，如在职培训或海外培训机会或者学费报销。

⑫ 因工作表现好而得到的奖励。

⑬ 单位内或单位外的儿童保育。

（4）如何使招聘广告更有效。

招聘广告最主要的是要不断翻新，力求变化，同时要避免僵化。还有一点需要特别注意，尽可能不要将广告委托他人制作。因为广告公司内部包括业务人员及负责人，每个人都必须承担几十家公司的委托，所以除非关系特殊，他们是不可能全力以赴在某家广告设计上的。何况，了解公司优点及需求的人就存在于公司内，只要一方面由公司教导监督，一方面训练优秀的广告人才，相信在广告会战中出奇制胜并非难事。

（5）招聘广告举例。

招聘广告1

上海英才管理咨询公司招聘启事

本公司系沪港合资企业，主要从事企业各项咨询业务。因发展需要，经上海市人事局同意，向社会公开招聘下列人员：

  1. 市场调研部经理 1 名：男，40 岁以下，本科学历以上，具有两年以上相关工作经验者优先，英语熟练。

  2. 财务咨询部经理 1 名：男/女，45 岁以下，本科学历以上，具有三年以上从事财务工作或有高级职称者优先，英语熟练。

  3. 办公室主任 1 名：男/女，40 岁以下，大专学历以上，具有两年以上行政工作经验者优先，英语熟练。

  凡是具有本市常住户口的在职职工和待业人员，符合上述条件者均可应聘，请于十天内将本人履历、通信地址、学历证书及有关证明、一寸近照两张，函寄本公司人力资源开发管理部收。一经录用，实行劳动合同制，享受中外合资企业待遇。如未被录用，资料恕不退还。测试时间另行通知，谢绝来访。

  邮政编码：＊＊＊＊＊＊。

上海英才管理咨询公司

招聘广告 2

××公司诚聘

  ××公司是注册于高新技术产业开发区主要从事计算机网络工程、数据库和应用系统开发的系统集成公司。因发展需要，经高新区人才交流服务中心批准，特诚聘优秀人士加盟。

  1. 软件工程师：20 名，35 岁以下，硕士以上学历，计算机、通信及相关专业，特别优秀的本科生亦可。

  2. 网络工程师：3 名，男性，本科以上学历，一年以上网络工作经验，熟悉 TCP/IP 协议集，有独立承担大中型网络集成经验。经过专业培训及取得认证者优先。

  3. 销售代表：2 名（男、女各一名），27 岁以下，本科以上学历，计算机、通信及相关专业，口齿伶俐，仪表大方，举止得体、勤奋好学。一年以上工作经验。本市户口优先。

  4. 产品销售：2 名（男、女各一名），27 岁以下，本科以上学历，计算机、通信及相关专业，应届毕业生亦可。

  5. 市场策划：1 名，27 岁以下，本科以上学历，有过成功策划案例。一年以上工作经验。

> 6. 平面设计：2名（男、女各一名），27岁以下，专科以上学历，设计专业毕业。熟练掌握PHOTOSHOP、CORELDRAW或3DSMAX等工具，有成熟设计，色彩感敏锐。了解INTERNET知识优先。
>
> 以上人员，待遇从优。有意者请将个人简介、薪金要求、学历证明复印件及其他能证明工作能力的资料送至（或邮寄）公司人力资源部。本招聘长期有效。
>
> 公司地址：广州市××路××号
> 电话：××××××××、××××××××
> 传真：××××××××
> 邮编：560008

二、就业服务机构

在全国的各大中城市，一般都有人才交流服务机构，这些机构常年为企事业用人单位服务。我国目前出现了大量的职业介绍中介机构，据统计，截至2000年年底，全国共有各类职业介绍机构近3万所。

1. 就业服务机构的优势和劣势

（1）优势：作为一种专业的中介机构，拥有比单个企业更多的人力资源资料，一般建有人才资料库，用人单位可以很方便地在资料库中查询条件基本相符的人员资料；通过人才交流中心选择人员，针对性强、费用低廉；招聘的方法比较科学，效率较高，可以为企业节省时间；就业机构作为第三方，能够坚持公事公办，公开考核，择优录用，公正地为企业选择人才。

（2）劣势：就业服务机构不是企业本身，可能是较差的求职者通过初选阶段而直接到雇佣他们的主管那里，监督人员又可能不做过多的选择就相信就业服务机构的挑选，最终雇佣了这些不合格的人。而且，企业必须支付中介费而增加招聘的费用。

2. 借助就业服务机构完成招聘工作的四种情况

（1）企业内没有自己的人力资源管理部门，因而不能较快地进行人员的招聘和筛选工作。

（2）企业内虽然有人力资源管理部门或专职人员，但是他们由于种种原因不能从事招聘和录用工作。

（3）企业的人力资源管理部门过去的招聘经验显示，它通常很难招聘到足够而且合格的工作申请人。

（4）有一个或一些职位空缺需要马上填补，企业自身根本来不及进行准备。

3．企业需要做什么

（1）向就业服务机构提供一份精确而完整的工作描述。

（2）限定就业服务机构在筛选过程中所使用的程序或工具。

（3）如果可能,应当对就业机构的招聘和筛选工作进行监督。

（4）最好能同一到两家就业服务机构建立长期性的关系。如果能指定这些机构中的某个人或者某几个人固定为企业服务,那就更好了。

（5）通过一些渠道来选择最好的就业机构。

（6）可以借助猎头公司来搜寻高级管理人员和专门技术人才。

三、猎头公司

因为社会中苦苦寻求工作机会的人员往往是并不具备很强的能力和丰富的经验的人,而具有较好的能力和经验背景的人员通常也都具有一份稳定的工作,即使他们对目前的工作并不十分满意,也多数不会天天去关注招聘广告。所以,高级管理人员、高级经营人员和高级技术人员的招聘就有赖于猎头公司的帮助。

1．猎头公司的价值和缺陷

猎头公司在搜寻高层管理人员和专门技术人员方面具有很大的利用价值:他们同许多已经被雇佣并且没有太大积极性变换工作的高级人才都保持着联系;他们能够对企业的名称保守秘密,一直到职位候选人搜寻过程到最后阶段为止;他们还可以替企业的高层管理人员节约时间,因为他们承担着初期性广告工作及可能对数百人进行预先筛选;而且,猎头公司可以帮助企业一开始就接触到高素质的应聘者。

但是,猎头公司更感兴趣的可能是说服你雇佣某个候选人,而不是去寻找一个真正适合职位要求的,因为它是一个盈利机构。另外,猎头公司的收费往往是很昂贵的,这就大大增加了招聘成本。

2．选择猎头公司时坚持的原则

（1）确信你所找的这家机构能够自始至终完成整个招聘过程。

（2）了解该机构中直接负责你企业业务的人。

（3）了解该机构的收费情况。

（4）选择的猎头公司应该十分可靠。

（5）对招聘进程进行监督。

3．猎头公司的办事程序和收费标准

任何客户走进一家猎头公司时,大概最关切的要算猎头公司的办事程序与收费标准。

一般来说,首先是客户提出要求,要求有两种:一种是指出要聘请的人员未来的职位、责任、待遇,要求猎头公司推荐;另一种情况是在提出职务要求的同时,直接指出希望何处、何人担任该职务,此种情况较少。

以第一种情况来说,猎头公司决定接受委托,签订和约后,就开始寻找合适的人选。而何谓合适的人选,也要看各猎头公司对于人才的认识和对客户提供职位的了解。所以,好的猎头公司往往具备自己的评价体系,而不仅仅看人员的学历和履历。

猎头公司在海量信息中不断缩小搜寻范围,当最合适的只有十余人时,就可以进入下一阶段的面谈。猎头公司的工作人员和目标人面谈时,就是考验猎头公司是否能称得上是猎头公司或只是个普通的人才介绍所的时刻。猎头公司的工作人员必须对目标人的性格、能力、发展潜力以及缺陷有正确而深刻的认识,这样才可以写出深刻的报告,而这一报告的价值远远超过了简单的履历表。

拿着这些报告再一次核对客户的职位要求,猎头公司选出最合适的四五人,将报告交给客户,这时就是客户取舍的时候了,当然,猎头公司还会提供参考意见的。

此外,猎头公司还要在候选人和客户间就工资待遇等进行斡旋,而候选人与原公司发生合同纠纷等问题时,猎头公司也要设法解决。

候选人在新公司上班以后,猎头公司的工作就可以告一段落了。但是,好的猎头公司一般都有一个"保换期",在候选人上岗以后的3—6个月,无论是新公司和候选人两者谁炒谁的鱿鱼,猎头公司都要免费为新公司提供新的人选。

在费用上,国内猎头公司一般也依照国际惯例,即完成任务后,按该职位第一年年薪的30%收取佣金,现在国内有的具备一定影响的猎头公司也要求在签约时预付相当于佣金总额1/3的定金。

表7-3是2001年全球15家高级人才招聘咨询公司的排行榜。

表7-3 2001年全球15家高级人才招聘咨询公司排行榜

排行	公司	当年全球营业额（百万美元）	1年全球业务增长	当年合伙人及招聘顾问数目	当年办事处数目
1	Kom/Feny international	466.00	-30%	765	87
2	Heidrick & Struggles	455.00	-23%	432	74
3	Egon Zehnder international	296.40	-7%	308	58
4	Spencer Stuar	268.95	-24%	310	52
5	Russell Reynolds Associates	244.70	-20%	211	33
6	Ray & Berndtson	140.40	-20%	178	47
7	The Amrop Haver Group	114.00	-11%	293	81
8	TMP Worldwide Executive Seach	109.50	-39%	184	32
9	Whitehead Mann Group	92.50		115	15
10	Intersearch	69.22	-7%	280	72

(续表)

排行	公　司	当年全球营业额（百万美元）	1年全球业务增长	当年合伙人及招聘顾问数目	当年办事处数目
11	Signium International	51.76	−14%	110	27
12	Transearch international	51.23	−20%	130	50
13	I. I. C. Partners	51.11	3%	250	37
14	IMD international search & consulting Network	49.96	−28%	199	54
15	Boyden	47.00	−27%	91	60

资料来源："境外猎头公司如何为客户物色所需人才？"，《新资本》，2003年3月。

四、校园招聘

1. 校园招聘的优势与劣势

（1）优势。

企业能够在校园招聘中找到数量很多的具有较高素质的合格申请者；招聘录用手续也相对比较简便；而且，年轻的毕业生充满活力，富有工作热情，可塑性强，也对自己的第一份工作具有较强的敬业精神。

（2）劣势。

许多毕业生，尤其是优秀毕业生在校园招聘中常常有多手准备；刚刚进入劳动力市场的毕业生对工作和职位容易产生一种不现实的期望；招聘来的毕业生缺乏解决具体问题的经验，需要大量的培训与企业文化的融合；相对于其他的招聘形式来说，成本比较高，花费的时间也较长，因此必须提前相当长的时间进行准备工作。

2. 招聘应届毕业生的步骤

这几年，随着就业压力的增大，应届毕业生的分配越来越困难，这对于招聘应届毕业生的单位是个好消息。但是，重点的大学的热门专业的毕业生，如计算机、通信、经济等专业的毕业生还是供不应求，特别是招到优秀的毕业生还是较为困难的。

应届生的招聘与社会招聘有很大的区别，它的招聘周期较长，从供需洽谈会的见面到人事关系的接转一般需半年左右时间。

（1）参加招聘会。

应届生的招聘计划一般在11—12月，最晚应在来年的1月上旬就应确定。如果招聘的是热门专业的学生，在12月底或1月底之前要与各校的毕业分配办公室取得联系，让其协助发布招聘信息，并了解当年的毕业分配政策。各校的毕业生分配洽谈会一般会在1—2月或2—3月举行，人事部门可以组织有选择地参加几次，参加洽谈会的准备工作一定要细致，这关系着招聘工作的成败。

如果希望招聘优秀的毕业生,事先要订出合适的待遇标准。如果标准难以确定,可多了解一些相关的市场行情,如果待遇订得过低,很难招到优秀的人才。

展位的布置关系到公司的形象。洽谈会上单位很多,有些可能就是公司的竞争对手,如果在形象上逊于对方,优秀的人才就可能跑到对手那里。优秀的形象会给应聘者产生好感,使应聘者产生进一步了解公司的愿望。

招聘人员的态度和招聘技能也很重要。一方面,招聘者要能给应聘者以信任感;另一方面,招聘者要能在很短的时间内判断出该应聘者是否初步适合公司需要。在不适合的人面前浪费很多时间,可能会错过其他的优秀人才。

(2)面试。

面试是招聘的一个重要环节,应届生的面试与社会招聘有所不同。应届生由于没有工作经历,主要依靠学校骨干课的学习成绩和社会实践活动来评价。

要注意的是,由于不同学校的学习成绩没有可比性,我们可以通过成绩在班级排名来衡量他的真实水平。篡改成绩的现象时有发生,所以毕业生提供的成绩单一般应为原件,如果是复印件或有疑问,可以用电话向学校查询。如果在接收后,发现该生的成绩单有篡改,公司可以以此为由将学生退回学校。

另外,个别学生提供的社会实践活动材料可能是虚构的或者有不真实的成分,由于面试者不可能一一核实,所以这种现象现在越来越普遍。实际上,面试者采用"步步紧逼"提问法就可判断出信息是否真实。如一个学生在应聘材料中称自己的社会实践中曾经独立开发过一个应用软件,面试者可以问他是如何进行概要设计和详细设计的,在设计中遇到了哪些问题,并且是如何解决的。面试者根据应聘者的回答针对某个细节继续提问,如果应聘者回答得支支吾吾,基本可以判断他不诚实,实际上他可能只是该应用软件的一个辅助开发人员。

比起社会应聘来讲,应届生大多是非常诚实的,越优秀的毕业生往往越诚实。

(3)毕业设计和实习。

应届毕业生的实习一般从 3 月份开始,至 6 月份结束,6 月底进行答辩。有条件的单位,可以向学校申请将学生的毕业设计放在公司进行,使学生对公司有一段适应期,这样在 7 月正式毕业后,可以更快地适应工作。

要注意的是,在公司进行实习,一定要保证学生毕业设计的顺利进行,尽量少安排工作或不安排工作,在考勤上也要适度放松处理,最好能安排技术人员辅导其毕业设计的完成。

(4)派遣。

学校一般在 7 月上旬为学生办理离校手续。由于接收手续繁杂,人事部门应协助学生办理手续。手续办理完毕后,毕业生已经正式成为公司的员工,同时脱离了学生身份,公司应及时为其办理各种社会保险。

3. 校园招聘需要解决的两个问题

在校园招聘时,我们需要解决两个问题:第一,学校的选择;第二,工作申请人的吸引。

(1) 学校的选择。

选择学校时要根据自己的财务约束和所需要的员工类型进行选择。选择学校时,需要考虑以下因素:

- 在本公司关键技术领域的学术水平;
- 符合本公司要求的专业的毕业生人数;
- 该校以前毕业生在本公司的业绩和服务年限;
- 在本公司关键技术领域的师资水平;
- 该校毕业生过去录用数量与实际报到数量的比率;
- 学生的质量;
- 学校的地理位置。

在这里特别提醒的是,最著名的学校并不总是最理想的招聘来源!

(2) 工作申请人的吸引。

选派合适的招聘人员:一方面,招聘人员必须在一个比较短的时间内与大量的毕业生进行面谈,而这些毕业生在资历方面差不多,对其进行鉴别存在相当大的难度;另一方面,招聘人员又是企业的宣传人员,在招聘过程中,他们向应聘者提供企业有关信息,也要为企业创造声誉。

与校园建立良好的关系:除了与大学的学生工作部门和人事部门建立良好关系之外,与教师或教授的关系对企业也变得越来越有意义。在学校建立专业奖学金基金会也是一些企业常用的手段。

邀请优秀的申请者到企业进行现场访问:邀请信应该热情而友好,但要富有商业味道;应该让求职者在时间方面有一定的选择权;应该准备好访问活动的时间表,在活动开始之前交到被邀请者手里;访问应该事先仔细安排,避免中途被打扰;在访问结束的时候,应该告诉被邀请者,什么时候能够得到是否录用的决定。

4. 校园招聘记录表举例(见表7-4、表7-5)

表7-4 校园招聘记录表

姓名: 学校:		时间: 地点:	
将取得的学位及日期:	专业:		班级名次:
已取得的学位及日期:	专业:		班级名次:
申请职位:1.	2.		3.
工作地点:1.	2.		3.

(续表)

考察因素	评分：				
仪表言谈——外表、态度、言谈举止、语调、音色	1	2	3	4	5
机智——反应灵敏、表达充分	1	2	3	4	5
独立性——独立思考能力、情感成熟、影响他人	1	2	3	4	5
激励方向——兴趣与职位符合、进取心、激励可能性	1	2	3	4	5
教育——所学习的课程和工作的配合程度	1	2	3	4	5
工作经验——以前工作经验对职位的影响	1	2	3	4	5
家庭背景——家庭环境对工作的积极意义	1	2	3	4	5
面谈考官评语： 总体评价：	1	2	3	4	5
日期： 考官签字：	职称：				

表7-5 结构化面试——校园招聘

申请人编号：		姓名：		性别：		日期：	
学校名称：		专业：		学位：			
1. 排名：	○前5%	○前10%	○前20%	○前30%	○其他		
2. 态度—激励—目标：	○不理想	○一般	○良好	○优秀			
评语(是否向上、合作、活跃、目标导向)：							
3. 沟通技巧：	○不理想	○一般	○良好	○优秀			
评语(是否诚恳、机智、人格力量、说服力、印象深刻)：							
4. 智力：	○不理想	○一般	○良好	○优秀			
评语(是否有洞察力、创造力、想象力、推理能力)：							
5. 执行能力：	○不理想	○一般	○良好	○优秀			
评语(是否从容不迫、有条不紊、表现突出)：							
6. 决策能力：	○不理想	○一般	○良好	○优秀			
评语(是否思想成熟、独立思考、符合逻辑、常识丰富、果断)：							
7. 领导能力：	○不理想	○一般	○良好	○优秀			
评语(是否自信、负责任、讲求效果、能够把握分寸)：							
8. 总评：							
9. 是否应该入选：							
10. 推荐职位： ①		②		③			

五、人才交流市场/招聘洽谈会

人才交流中心或其他人才机构每年都要举办多场人才招聘洽谈会。在洽谈会中，用人企业和应聘者可以直接进行接洽和交流，节省了企业和应聘者的时间。随着人才交流市场的日益完善，洽谈会呈现出向专业方向发展的趋势，比如中高级人才洽谈会、应届生双向选择会、信息技术人才交流会等。洽谈会由于应聘者集中,企业的选择余地较大,但招聘高级人才还是较为困难。

通过参加招聘洽谈会,企业招聘人员不仅可以了解当地人力资源素质和走向,还可以了解同行业其他企业的人事政策和人力需求情况。

那么,如何进行现场招聘呢?有以下注意事项值得参考。

1. 招聘现场安排到位

要吸引人才应聘,企业应在现场布置大幅彩色企业介绍展板,除展示企业实力外,也显示企业的信心。把企业性质、规模、地理位置展示清楚,可以避免不接受这些条件的求职者做无效的应聘,有较多时间接待与企业理念一致的求职者;对招聘职位的要求应详细、具体,一目了然,减少不合条件的求职者前来应聘浪费双方时间;另外,显示企业招聘的认真程度,能够吸引符合要求的求职者前来应聘。人员安排上尽量避免仅安排文员在现场收资料;现场招聘人员在企业的职位、地位越高,显示企业对此次招聘越重视,越能吸引求职者;招聘者的言行举止对能否吸引精英人才也相当重要,部分招聘人员在现场肆无忌惮地抽烟,用手机高谈阔论甚至打情骂俏,高素质的求职者自然敬而远之。

2. 重点考核安排在下午

部分招聘人员为了更详细了解求职者,在现场进行针对求职者的素质考核,当场面试或辅以试题测验。现场能做重点考核当然好,但切忌莫安排在上午高峰期进行,最好安排在下午人数少的时候进行。经常看到有招聘摊位前人满为患,拥挤不堪,而招聘人员却在和一个求职者气定神闲、旁若无人地侃侃而谈,有时甚至超过半小时,一些素质较高、时间观念强的求职者自然弃之而去。建议高峰期招聘人员接待一个求职者的时间不要超过10分钟,对意向较强、想做重点考核的求职者另约下午结束前某个时间详谈,这样的安排使每个求职者都有机会,不致怠慢,错过最合适的人选。招聘人员在筛选时一定要果断,对明显不符合企业要求、录用概率在50%以下的求职者及时退回资料,既节省时间,确保有足够的时间筛选到精英人士,也节省了被退回资料求职者的费用和时间。

3. "满勤"招聘才能达到最佳效果

经常看到招聘企业交了钱,但现场却看不到招聘人员的影子,原因是部分企业招聘人员迟到、早退、中途离场成为家常便饭,这其实是对企业资源的严重浪费。部分招聘人员认为求职者多得是,少待一会儿无所谓;部分认为已招到合适的求职者,不须再接待他人。这其实是一个严重的认识误区:对于第一种情况来说,最优秀、合适的求职者何时出现招聘人员无法预见,所以理应全天候接待;对第二种情况来说,你认为满意的求职者对方不一定到企业上班,所以多接待几位应聘者、多一些后备人选理所当然。

六、网络招聘

网络招聘是新兴的一种招聘方式,并且已经成为大公司普遍使用的一种手段。2000年的美国一家咨询公司公布的一项追踪研究报告表明,《财富》全球500强中使用网上招募的已占88%。分地区来说,93%北美地区的大公司都使用网上招募,欧洲有83%,亚太地区有88%。按行业来说,使用因特网招募员工最普遍的是医疗保健行业,全球500强中达到了100%,制造和运输两个行业也在95%以上。而中国的网络招聘尚处于启蒙阶段。2000年,全国只有五六家公司做网络招聘,企业、个人对网络招聘还没有认知度。2004年,网络招聘已有一批固定企业和人群,而且不断倍增。但是,目前中国的网络招聘还比较粗糙,仅北京、上海、广州、成都等城市有一些网络招聘;像华东某市,企业不少,但网络招聘公司数据库职位很少,广告费非常贵。

1. 网络招聘的优势

(1)网络招聘最大的优势就是速度快、效率高。不管是用人单位还是求职者个人,都能用最少的时间,在最大的范围内找到想要的人才或找到最合适自己的工作。整个的招聘工作过程缩减到几天左右,而广告、猎头公司等方式的招聘时间常常要以周来计算。

(2)网络招聘的成本低、费用省。很多企业的人才选拔工作是通过新闻媒体、猎头公司、职业中介机构所提供的有偿服务完成的,企业要为此付出高昂的代价,而且通常情况下,所聘人才层次越高,企业的支出越大。实施网上招聘后,企业可以利用自己的网站发布招聘信息,用于人才引进的成本大为降低,网上招聘不仅可为企业节约大量的资金,而且还可以使企业在选拔人才上有更多的选择。

(3)网络招聘具有覆盖面广及互动性等优势。传统的媒体招聘要受到地域及语言环境的制约,网上招聘不受时空限制,使异地求职成为可能,促成了人才的合理流动。另外网上人才市场信息保留时间长,影响大,有些职位是常年招聘的,可满足企业即时招聘人才的需要。而且网上人才市场提供的庞大的中高级人才数据库,方便企业主动出击,联系自己所需的人才。

(4)通过在线招聘可以使得企业获得更大规模的求职者储备库。对于某些高技术性的工作来说,在线招聘所能够获得的应聘者的素质会比较高。

(5)网络招聘比较公平、公正。它给了每一个有意应聘的人充分的机会,有利于选拔优秀的人才。此外,有些企业将招聘的规则、要求、实施进度、招聘结果等信息在内、外计算机网络上及时公示,这样就给所有求职者一个公开、透明的环境,增强求职者对企业的认同度。

2. 网络招聘的劣势

网络招聘是一个新兴的人才交流渠道，具有使用方便、信息传播快捷、反馈迅速、一个交费时间内不限使用次数的优点，随着中国互联网的快速发展，其优势将会日益明显。但从目前使用实际情况看，它也存在一些缺陷。

（1）网络招聘人才层次的局限性。网络招聘并非什么人都合适，现在主要针对中层人才，尤其以 IT 专业技术类、文职类、财务类及公共管理类等人才占多数。

（2）信息处理的复杂性。招聘信息发布后，往往就引来了大量的应聘者，其中有些求职者是不适合此项工作的，但他们也抱着侥幸的心理填写简历应聘，这样不仅影响了正常的招聘工作，而且大大增加了招聘筛选的难度和强度。

（3）虚假信息的大量存在。招聘者在浏览招聘单位的信息后，有足够的时间和机会对自身进行包装，甚至可能会针对应聘单位的需求加工个人简历，使招聘者看到的简历描述的全是履历丰富、业绩出众、综合素质高，令人雾里看花难辨真伪。此外，网络求职还涉及隐私权问题，个人或企业在网络上输入的信息，有可能被他人窃取、利用，造成损失。

3. 网络招聘的方式

网络招聘的方式主要有两种：第一种，通过职业招聘网站；第二种，在自己公司的主页上发布招聘信息。

（1）职业招聘网站。

目前我国有许多家提供各种形式的人员招聘服务网站，网络招聘打破了原有的地域性限制，具有便捷、及时的特点。那么如何去判断一家人才网站的好坏呢？

好的人才网站通常有如下评判标准：

① 信誉良好。这里的信誉是指网站的可信赖程度。某些人才网站为了增加招聘职位信息，不对招聘信息进行审批。你可以随便编造一家公司，随便编造一些职位，这些信息都可以马上发布在网站上。而这些信息对于求职者来说，是不负责任的。

② 功能强大。人才网站的功能目前都大同小异，但某些网站一些个性化设置显得很有活力，如优秀的人才网站提供多种可选的自动搜索功能，可以迅速搜集出所需资料。

③ 客户化设计。一些人才网站在设计上充分站在客户方考虑，在收到应聘资料后，可以在网站上直接将合适的人才资料推荐给某个部门负责人审阅。

④ 服务细致，反应快速。人才网站的后续服务很重要，刊登的职位如果长期没有招聘到，人才网站应该定期给公司一个反馈与跟踪服务，网站上的建议应尽快处理等。

⑤ 除了招聘之外，还应提供其他服务。例如，人才测评、在线薪酬顾问、在线评

估、在线培训等。

> 常见的职业招聘网站有以下几个：
> 前程无忧　　　　http：//www.51job.com.cn
> 智联招聘网　　　http：//www.zhaopin.com
> 人才热线　　　　http：//www.cjol.com
> 中华英才网　　　http：//www.china-hr.com
> 北方人才网　　　http：//www.tjrc.com.cn

（2）公司招聘网站。

公司应该在网站提供一份自我履历，该文件应该言简意赅、通俗易懂，包含所有求职者希望了解的情况，比如公司所在地、曾经取得的成就和未来的发展潜力；还要包括营业额、利润、具体办公环境、公司的技术能力以及相对同行业其他公司的付酬标准。

越来越多的公司利用自己公司的招聘网站来进行外部人员招聘，尤其是那些实力雄厚的公司。这种方法对人才的甄选往往更有针对性，因为这些应聘者对企业有一定了解，而且他们往往认同企业文化，这样招聘的效率可以无形中提高。如何利用公司招聘网页说服求职者呢？以下有几点建议：

① 了解你所面向的群体。优秀的招聘就像优秀的营销一样，你需要了解不同阶层群体的需求和兴趣。一位大学生求职者更想要了解不同的信息，因此，公司网页招聘的最成功经验之一是开辟一个专栏以满足大学生所特有的信息需求，你可以利用该栏目刊登公司校园招聘日程表、公司概述、公司实习期和培训计划，以及公司内部职业发展及晋升可能性等。

② 语言要确切，不要笼统。当讲解到有关公司福利计划的情况时，不要简单地说，"我们有很有竞争力的福利方案，包括健康、分红及股票认购计划等"。确切地说，充分利用公司网页为招聘栏目的访问者提供综合性信息。惠普公司（HP）就是一个优秀的例子，HP提供了详细的福利计划，包括开始实施日期、扣除条款以及有关的费用比。

③ 文化熏陶。合格的求职者面临着很多选择不同企业的机会，正如企业有很多选人的机会一样。如何吸引并留住求职者呢？企业文化是极为重要的，通过企业的招聘栏目还可以提高企业的名望，企业可以通过核心管理职位的介绍和典型员工的宣传，向求职者传达一种工作氛围和公司文化的感受。

4. 网络招聘简历搜索的艺术

（1）确切理解你要查找什么人。这是最基本的要求，而又常常是导致搜索效果不佳的首要原因。为此，招聘人员应该从提供职位空缺的部门经理那里得到明确、清楚的职位要求。在查询简历前事先做一些准备和调查工作，确保你在搜索时的提问都恰如其分。

（2）将职位描述改写为简历。在搜索时关键词至关重要，因此有必要了解你所需要的简历上会出现哪类关键词。在很多时候，职位描述使用了细节性很强的关键词，而求职者一般不会在简历上写这些词，因此不要让一个关键词毁掉你的整个查找，考虑一下求职者简历上的可能用词，在查找中使用它们。

（3）从小量开始。不要在筛选大量简历上耗费时间，用小范围的查找条件，从不超过 50 份的简历中确定。如果你不得不在 8 份以上的简历中才能确定一份符合要求的，那你就应更改查找条件。理想的查找条件是每点击 2 份简历就能确定出 1 份符合条件的，通过重视有效的查找，可避免点击不符合要求的简历而浪费时间。拓宽查找范围，保证已确定了每一位可能符合要求的求职者。

（4）在工作中积累经验，不断改善简历搜寻工作。不断从所确定的符合要求的简历中积累好的关键词，建立一定的查找模式。例如，在技术项目经理的查找条件中使用了"被领导""团队"和"领导"这类词。敏锐地观察和寻找简历中用词的共性，不断改善查找条件。

（5）不要草率收场。很多时候我们试用几个查找条件，联系到几个求职者，就停止了。确定使用了所有可行的查找条件，尽你所能多联系求职者。

（6）保持耐心。搜索需要花费大量的时间和精力去深入。不要在一天工作即将结束时开始查找；否则，会忘记进展。在搜索时不要接电话或接待来访者；否则，会无法集中注意力。不要指望马上看到成效。

七、海外招聘

海外招聘主要用于招聘高级管理人才或一些尖端技术的专门人才。好处不言而喻，候选人的数量及质量都与局限于国内的招聘不可同日而语。但是也存在着诸多困难：如何证明和核查外国人的各种证书；对其背景调查也很困难；另外，招聘录用手续也很烦琐；是否能融入国内企业文化中也是个问题。

八、其他招聘渠道

退休人员在劳动力市场上受到一些企业的欢迎，因为他们表现出的工作积极性更高,缺勤和迟到更少,在一些行业和职业上,他们的工作经验还是很宝贵的财富。

从20世纪末开始,下岗与再就业已成为一个普通的劳动力要素流动现象。下岗职工的涌现丰富了劳动力市场,下岗职工已成为我国劳动力市场上的重要劳动力资源。至今,许多下岗工人已经走向了再就业的舞台,他们多集中在服务行业。

残疾人也是不可忽视的应聘群体,他们通过了特殊的学习,已经具备了很多技能,在社会上同样可以发挥他们的作用,相关企业应该考虑招聘这些弱势人群。

九、不同人才的不同招聘来源

对于外部招聘来说,不同的渠道能招到不同的人才。常用的渠道有:

(1) 对于基层员工的招聘,一般可以选择当地的电视和报纸招聘。往往这些员工需求人数较多,素质要求也不高。采用这些渠道影响面广,效果会更好。

(2) 对于知识型员工和中层管理人员,可以选择人才市场和网上招聘。现在各地人才市场都会举办定期招聘会,尤其对于一些专场招聘会,效果会很好。网上招聘现在已经成为很多企业的主要招聘渠道,不仅影响面广,而且人才储备量非常大。

(3) 对于公司需要的高级管理和专业技术人才,可以选择一些资质和信誉较好的猎头公司,猎头公司往往收费会稍高一些,一般为聘用人年薪的30%或者聘用人三个月基本工资,但他们招聘针对性强、有保障,每个职位都会提供四五个候选人,不仅会提供候选人的详细简历,而且可以协助企业对候选人进行素质测评和背景调查等。

(4) 同事、朋友介绍和推荐也是一个很好的途径,他们往往更为可靠。

本章小结

本章主要介绍了两种招聘方式:内部招聘和外部招聘。

内部招聘是指当企业出现了职位空缺的时候,优先考虑企业内部员工调整到该岗位的方法。内部招聘的优点是:可信性高、忠诚度高、适应能力强、组织效率高、激励性更佳以及费用率低。内部招聘的缺点是:可能造成内部矛盾,容易造成"近亲繁殖",容易形成"论资排辈"的不正之风,有可能出现"裙带关系"的不良现象,失去选取外部优秀人才的机会,内部晋升者不会在短期内达到对他们预期的要求。

主要的内部招聘方式有:提拔晋升、工作调换、工作轮换和人员重聘。

内部招聘应注意的六个问题:减少主观的影响,不要求全责备,不要将人才固定化,全方位地发现人才,要使工作合理化,人员录用是招聘的环节。

外部招聘是根据一定的标准和程序,从企业外部的众多候选人中选拔符合空缺职位工作要求的人员。

外部招聘的优点:从外部招聘的员工对现有组织文化有一种崭新的、大胆的视野,而少有主观的偏见;新员工会带来不同的价值观和新观点、新思路、新方法,有利于企业的发展和创新;有利于树立形象;有利于形成危机意识,激发斗志和潜力;有利于招到优秀人才;有利于平息和缓和内部竞争者之间的紧张关系;外部招聘可以在全社会范围内优化人力资源配置。

外部招聘的缺点:筛选时间长,难度大;进入角色状态慢;引进成本高;决策风险大;影响内部员工的积极性;会遇到外聘人才的潜力、个人发展空间能否与企业发展同步的问题;外部招聘人才之间、外部招聘人才和内部人才之间往往存在复杂的矛盾。

企业在选择招聘方式时应遵循的几个原则:高级管理人才选拔应遵循内部优先原则;外部环境剧烈变化时,企业必须采取内外结合的人才选拔方式;快速成长期的企业,应当广开外部渠道;企业文化类型的变化决定了选拔方式。

内部选拔优先还是外部招聘优先,对于不同层次的人才、不同环境和阶段的企业应采取不同的选择,必须视企业的实际情况来定。这就需要企业在既定的战略规划的前提下,在对企业现有的人力资源状况分析和未来情况预测的基础上制定详细的人力资源规划,明确企业的用人策略,建立内部的培养和选拔体系;同时有目的、有计划、分步骤地展开招聘选拔工作,给予企业内外部人才公平合理的竞争机会,以形成合理的人才梯队,保证企业未来的发展。

外部招聘的途径是多种多样的,有广告、就业服务机构、猎头公司、校园招聘、人才交流市场/招聘洽谈会、网络招聘、海外招聘,以及其他招聘形式。

广告是企业招聘人才最常用的方式,可选择的广告媒体很多:报纸、杂志、广播电视、网络等。应该依据媒体的特征、覆盖面、定位和媒体的相关集中度来选择相应的招聘广告方式。招聘广告可以依据 AIDA 的原则来设计。招聘广告的内容包括:广告题目、公司简介、审批机关、招聘岗位、人事政策、联系方式,以及其他注意事项。广告的设计要考虑应聘者的关注对象,如:工作是否具有挑战性、待遇与福利、工作地点等。

就业服务机构同样具有优势和劣势。优势:拥有更多的人力资源资料,建有人才资料库;针对性强、费用低廉;招聘的方法比较科学,效率较高,可以为企业节省时间;能够坚持公事公办,公开考核,择优录用,公正地为企业选择人才。劣势:招聘程序本身可能导致最终雇用了不合格的人;企业招聘的费用增加了。企业在四种情况下会借助就业服务机构完成招聘工作:企业内没有自己的人力资源管理部门;人力资源管理部门或专职人员不能从事招聘和录用工作;企业人力资源部门通常很难招聘到足够而且合格的工作申请人;有一个或一些职位空缺需要马上填补,企业自身根本来不及进行准备。

猎头公司在搜寻高层管理人员和专门技术人员方面具有很大的利用价值:他们同许多高级人才保持着联系;他们能够对企业的名称保守秘密;他们还可以替企业的高层管理人员节约时间;可以帮助企业一开始就接触到高素质的应聘者。但是猎头公司有可能找到的不是真正适合职位要求人,增加了招聘成本。选择猎头公司时坚持的原则:确信这家机构能够自始至终完成整个招聘过程;了解该机构中直接负责你企业业务的人;了解该机构的收费情况;选择的猎头公司应该十分可靠;对招聘进程进行监督。

企业能够在校园招聘中找到数量很多的具有较高素质的合格申请者;招聘录用手续也相对比较简便;毕业生充满活力,富有工作热情,可塑性强,也对自己的第一份工作具有较强的敬业精神。然而,许多优秀毕业生在校园招聘中常常有多手准备;他们容易对工作和职位容易产生一种不现实的期望;招聘来的毕业生缺乏解决具体问题的经验;相对成本比较高,花费的时间也较长。招聘应届毕业生应该遵循下列步骤:参加招聘会、面试、毕业设计和实习以及派遣。在校园招聘时,我们需要解决两个问题:第一,学校的选择;第二,工作申请人的吸引。

在人才交流市场/招聘洽谈会中,用人企业和应聘者可以直接进行接洽和交流,节省了企业和应聘者的时间。洽谈会由于应聘者集中,企业的选择余地较大。但招聘高级人才还是较为困难。通过参加招聘洽谈会,企业招聘人员不仅可以了解当地人力资源素质和走向,还可以了解同行业其他企业的人事政策和人力需求情况。应该注意以下几点:招聘现场安排到位、重点考核安排在下午、"满勤"招聘才能达到最佳效果。

网络招聘是新兴的一种招聘方式,并且已经成为大公司普遍使用的一种手段。网络招聘的优势:速度快、效率高;成本低、费用省;覆盖面广及互动性;获得更大规模的求职者储备库;比较公平公正。网络招聘的劣势:人才层次的局限性;信息处理的复杂性;虚假信息的大量存在。网络招聘的方式主要有两种:第一种,通过职业招聘网站;第二种,在自己公司的主页上发布招聘信息。

海外招聘主要用于招聘高级管理人才或一些尖端技术的专门人才,候选人的数量增加及质量提高,但是也存在着诸多困难。

还有其他招聘渠道,如:退休人员、下岗职工、残疾人等。

附录 7-1

欧莱雅的招聘渠道

欧莱雅通过各种渠道与方式来招募人才,按照内外分为外部招聘与内部招聘。外部招聘包括社会招聘和校园招聘。

刊登招聘广告

欧莱雅通过在报纸、网络刊登招聘广告发布用人信息,招募所需人才。

欧莱雅同时运用 Internet,这一覆盖面广、富有效率的新传媒,在网上进行招募,使人力资源在全球共享,它的普及使 15 个国家 10% 的招聘工作在网上得以实现。

猎头公司

有时,为了招聘某些高级经理人为欧莱雅服务,欧莱雅也与全球一流的猎头公司等人力资源中介服务机构合作,通过猎头公司提供的专业人力资源服务,寻找优秀的人才加盟。欧莱雅中国人事总监戴青介绍说,她时常叮嘱开展合作的猎头公司,一旦发现欧莱雅需要的具备"诗人与农民"禀赋的人才,无论花费多少费用,都要尽力把他们吸引到欧莱雅。但靠猎头公司招募人才在欧莱雅的招聘渠道中所占的比例不大,因为仅仅是中高级人才通过猎头公司寻找。

校园招聘

欧莱雅会根据需要每年在相关大学召开校园招聘会,招募管理培训生,为培养未来的高级经理人做精心准备。

每年,来自世界几十个国家顶尖学府的千余名学生会申请加入欧莱雅公司。欧莱雅中国公司也广泛地与中国各著名大学展开交流与合作,每年在北京大学、清华大学、复旦大学、上海交通大学、中山大学等高校招募管理培训生,为培养欧莱雅未来的高级经理人奠定坚实的基础。

欧莱雅的校园招聘选择的大学是世界各地优秀的大学,招聘著名学府中的佼佼者进入欧莱雅。在全球,欧莱雅通过"校园企划大赛"等方式来寻找人才。

实习生制度

欧莱雅还通过实习生制度每年从大学吸收大量优秀学生来公司实习,促进双方的沟通与了解,为将来的合作奠定基础。

内部招聘

欧莱雅的员工招聘信息同样在公司内部发布,欢迎公司员工参加应聘。内部员工与外部应聘者之间竞争某一岗位,完全是在公平的前提下,参加同样的面试,最终由用人部门决定取舍。

建立人才后备力量

区别于每年毕业季节各种公司在校园的招聘会,欧莱雅对人才的物色更显示出开放的态度。1993年,欧莱雅集团开创了"欧莱雅校园企划大赛",现已风行全球。2000年开始,欧莱雅在中国区举办"欧莱雅校园企划大赛",这一鼓励大学生投身实际企业商业运行的全球经典赛事,赋予当代中国大学生活力和创意,使中国学生无论是在创新意识还是对市场的了解及将理论与实际相结合上,都拥有与世界各国同龄人同台竞技的机会,受到了大学生们的热烈欢迎。获得头奖的代表队会被邀请到巴黎的欧莱雅总部参观其主要生产基地和研究中心等地,对欧莱雅这一跨国企业的管理风范和市场经营策略有更深入的了解。欧莱雅相信这一系列活动一定会给学生们留下先入为主的印象。

2001年年底,欧莱雅推出了全球在线商业策略大赛,让参加游戏的大学生们在互联网上模拟商战,并许以重奖。中国的中欧国际工商学院(CEIBS)的参赛者第一次参加就取得了中国第一、亚洲第三、全球第十一名的好成绩。这是欧莱雅培育自己的后备力量的策略之一,这样一个"培养人才,发现人才,吸引进公司"的策略,已经成为欧莱雅人才良性循环的法宝。

资料来源:新浪网教育频道,http://edu.sina.com.cn。

附录7-2

摩托罗拉的招聘渠道

摩托罗拉公司有多种多样的招聘渠道,如互联网、广告、现场招聘会、校园招聘会、人才中介机构、猎头公司、员工推荐、内部机会制度等。摩托罗拉通过各种招聘渠道与方式,全方位地寻求与发现人才。如何广泛地开拓求才之路,如何高效地使用众多纳贤渠道,是对每一家公司人力资源队伍的考验。在这里,只对摩托罗拉的校园招聘、内部机会制度(IOS)作简单介绍,社会招聘等招聘渠道与方式在此不做赘述。

校园招聘

摩托罗拉认为,从战略眼光看,公司应该致力于自己培养人才。所以,摩托罗拉每年招聘的新员工中,应届大学毕业生要占50%的比例。

校园招聘案例:从实习生到经理

有许多大学生在摩托罗拉实习,最后成了摩托罗拉的正式员工。中国天津大学的一名研究生,名字叫××,在研究生期间到摩托罗拉公司实习,她的部分学费由摩托罗拉赞助。公司规定了她每月的工作量,她参加了公司的一些项目,每月可以从公司领到一些补助。由于表现不错,她毕业后就留在了摩托罗拉,成为摩托罗拉大家庭的一员。五年以后她做到了摩托罗拉公司薪资部门的经理,成长很快。

摩托罗拉有时会根据公司发展的需要,选聘部分优秀大学生做有目的的定向培养,公司会在他们大学四年级时就与其签订合同,这些学生会在摩托罗拉边实习边做毕业论文设计,毕业后就会直接留在摩托罗拉公司。当然,还有一些学生只做实习,并不会被摩托罗拉聘用。

内部机会制度(IOS)

摩托罗拉很多时候是从内部选人,称之为"内部机会制度"(Internal Opportunities System,IOS)。当某个部门有职位空缺时,摩托罗拉的首选是把岗位招聘消息发布在公司的内部网络上,如果公司内部有合适的人选,摩托罗拉会优先录用内部员工。摩托罗拉认为,IOS可以带来连锁反应:一个部门的人去补另一个空缺,那么这个部门又会出现新的岗位空缺,又需要新的人选来填充,这样一来可以使整个组织的血液得到及时更新,组织的机能得到有效提升。

在人才的内部培养方面,摩托罗拉建立了人才发展的供应与输送体系,设立专门的部门负责管理人员的内部流动和选拔,确保"适时、适人、适岗"。

摩托罗拉的招聘流程

获得应聘者简历——摩托罗拉会通过发布招聘广告、校园招聘、专场招聘会、在人才市场设立招聘站等渠道或形式发布招聘信息,通过这些渠道获得应聘者的简历等资料。

人力资源部初选——获得应聘者的简历资料后,摩托罗拉的人力资源部门会首先按照各岗位的具体要求对应聘者进行初步筛选。

用人部门筛选——人力资源部将认为合适的人选提供给用人部门,由各相关用人部门做进一步的筛选。

测试(面试与笔试)——对于每一个岗位,人力资源部一般会提供3名候选人来供用人部门面试,经过测试后只录取1人。如果3名候选人都不合格,就要重新提供候选人。

《资治通鉴·唐纪》:"求人贵广,考课贵精。"寻求贤才要广泛,考核测试要严格。

摩托罗拉通过面试和笔试来考核应聘者。笔试作为招聘的重要环节之一,能够反馈给公司面试者一些基本信息,如知识掌握、性格、职业取向等,为人才选拔提供相应的依据。为了提高面试的效率、准确,公司招聘中心会给用人部门经理们提供相应的面试技巧的培训,有的事业部甚至提出没有参加过面试技巧培训的经理无权进行面试的规定。摩托罗拉认为,只有加强面试和笔试的水平和力度才能在人才甄选中顺利地贯彻摩托罗拉的用人标准。

尊重与看重员工

摩托罗拉的招聘程序非常严格,但是应聘者一旦成为摩托罗拉的正式员工,摩托罗拉会与他(她)签订无限期合同,这意味着除非员工犯有重大错误或公司经营情况发生突变,否则一般不会被解雇。这与许多500强公司与员工签订两年或三年的劳动合同相比,令员工更有保障与安全感,从而极大增强了员工对摩托罗拉的认同感和责任心,也使摩托罗拉可以对员工在技术和管理的培训上进行长期投资。

苏轼《上荆公书》:"才难之叹,古今共之。"感叹人才难得,古今都有这样的看法啊!欧阳修《论任人之体不可疑札子》:"任人之道,要在不疑。宁可艰于择人,不可任而不信。"千金易得,一将难求,人才实在太难得,所以摩托罗拉对招募到的贤才倍加珍惜。

从一定程度上讲,摩托罗拉此举给每个进入公司的优秀人才吃了一颗"定心丸"。摩托罗拉的这项举措保证了其可以对每名员工进行长期培训投资,避免人才流动带来的培训损失,也从很大程度上避免了人事变动带来的公司经营上的脱节或震动。

当然,这对摩托罗拉的招聘机制是个巨大的考验,摩托罗拉的招聘体系必须保证能够以极其高的准确率招募到合格的人才。

资料来源:新浪网教育频道,http://edu.sina.com.cn。

第八章

甄 选

　　人员甄选是员工招聘与配置过程中非常重要的一个环节。这一步迈得成功与否，往往决定了企业能否招到适合岗位要求的、高素质的人才。

　　本章将详细描述人员甄选工作的程序、步骤以及注意事项，使读者看过之后能在脑海里绘制一幅人员甄选工作图，从而在实践中做到胸有成竹。本章的具体内容包括：筛选求职申请表和个人简历、笔试、面试以及在面试过程中需要掌握的提问技巧。

第一节 初步筛选

一、筛选求职申请表

申请表的最大优点是结构完整且直截了当,它要求应聘者提供公司所需的全部信息,而对公司不必要知道的信息则不会留有更多的空白,这样一来,就免去"被迫"对无用信息进行筛选,大大提高了预选速度;有助于为面试设计具体的或有针对性的问题,由招聘者设计工作申请表,主动权把握在公司手中,公司可以根据自己对待聘员工的要求设计一些有针对性的或者说非常具体的问题;给申请者一个机会,让他们决定自己是否符合所要求的条件,工作申请表结构完整,直截了当,清楚表明了公司对待招聘员工的基本要求,这样有利于应聘者根据申请表对自我条件进行评估,决定自己是否符合申请表中所要求的条件,之后再进行填写申请表等活动。

1. 查看现有的申请表

市场瞬息万变,公司的岗位在不断变化,对于人才的要求也在不断更新。现有申请表往往有些地方不能完全反映当前的招聘需求。仔细考察现有的申请表,注意其中你们喜欢和不喜欢的是什么,需要进行修改的又有哪些地方。

(1)选择那些最符合你们需要的项目。在决定要选择哪些项目时,一定要包括进去一些代表"关键的淘汰因素"的问题。这些因素能反映出工作制定的必须要达到的标准。例如,如果这个工作岗位需要经常出差在外,那申请表中一定要包含这样的问题:如果你获得该职位,你是否能够经常出差?申请人的回答如果是"否"的话,就可以马上将他排除。一开始筛选就这样做,可以节省许多时间和费用。

(2)检查申请表的合法性。对申请表内包含的内容进行检查和审视,看是否有违反法律法规的地方?或者是否有引起歧视的嫌疑?或者是否有地方含混使人误会而有触犯法规的可能性?比起国内的申请表,国外更重视其合法性。比如说美国,为了遵循公平就业等委员会的报告标准,申请表制订者可能需要收集有关求职者的种族、性别、年龄等的信息。但是,出于合法性的考虑,公司必须申明不会根据这些信息来做出筛选的决定。许多公司采用附加栏的方式来收集这些信息。所谓附加的,也就是说,这部分信息不和申请栏里的其他信息一起储存,且必须声明这部分信息仅仅是为了向联邦政府汇报而收集,申请人自愿提供,绝对不是聘用时考虑的因素。

（3）使申请表格式符合逻辑。制定的申请表要简单明了、直截了当、通情达理、易于填写,这样有利于求职者在填写时能够快速而顺利地完成信息的总结和输出。如果申请表难以填写,那你也许就得不到所需的信息,或也许申请人什么也不填写。

（4）把联系方法和"关键的淘汰问题"放在最上面。最有用的信息放在最前面来收集,有利于节约申请表的初步筛选时间。如果需要某人的电话、邮箱之类的联系方式,那么这项问题放在最上面。如果旅行社需要应聘人员持有导游证,那么回答"没有"导游证的申请人,你就不必再浪费时间去细看他申请表的其他部分了。

（5）务必留下足够的空间让申请人填写。事情常常是这样:申请表留多少地方,申请人就提供多少信息。这就是说,如果某项信息是公司非常重视的一部分,希望能够多了解一些,而申请表中这部分的空白又恰恰留得很少,那么,你就别指望通过申请表来详细了解申请人这方面信息了。避免这种问题出现的重要办法就是如上所说:留下足够的空间来让申请人填写。

（6）最后检查一遍。最后的检查非常必要,它会使你避免不必要的错误,同时使得申请表更加有用。对申请表的每一项可以提出下列几个问题。

① 这一项有没有可能提供我所需要的信息?

② 这一项和工作有没有联系?

③ 这些信息能不能帮助我们区别合格的和不合格的申请人?

如果对于以上问题（特别是最后两个问题）的答案是否定的,那么就应该认真地问问自己,为什么要把它写进申请表? 采用这种检查的方法,能够帮助制作实际有用的申请表,还能帮助避免不合法情况的发生,从而进行正确高效的初步甄选。

2. 工作申请表的内容

工作申请表中所包含的信息是公司希望得到的关键信息,它一般包括求职者的基本个人信息、教育培训信息、工作经历信息、与所申请岗位相关的背景信息、工作特殊要求信息及其他一些相关信息。具体如表 8-1 所示。

表 8-1 工作申请表的内容

个人信息:
• 姓名、性别、通信地址、电话等;
• 身高、体重、健康状况、是否残疾等;
• 婚姻状况、家庭负担、子女情况等。
背景信息:
• 申请的岗位;
• 期望的工资;
• 什么时候或多久你能来上班?
• 你怎么知道这个岗位的?
• 你为什么愿意为我们工作?
• 在过去的十年内,你是否曾被宣判有罪?（若是,请说明）

(续表)

教育培训：
- 你的教育机构的名称和地址；
- 是否毕业？得到什么学位？专业证明/学历证明；
- 受过何种特殊培训或锻炼？何时？何地？有谁可以证明？

工作经历：
- 过去的雇主的姓名和联系方式，企业的类型、名称；
- 岗位和职责；
- 就职时间；
- 主管的姓名和职位；
- 我们是否可以和你现在的雇主联系？
- 工资等级（从开始到现在）；
- 离开现在工作单位的理由。

工作特殊要求：
- 技术上的技能和工作经历一览表；
- 我们应该知道的其他技能和能力（如：你能操作哪些设备）；
- 你是不是上什么时间的班都行？能不能加班？
- 你能出差吗？
- 你是否持有有效期内的驾驶执照？

其他：
- 申明所提供的信息是正确的，并同意医疗检查的结果作为应聘的条件。

3. 国外通常使用的申请表格

（1）加权申请表格。

加权申请表格是依据过去的统计资料或权威机构对应聘者的重要程度确定相应的加权系数，从而对应聘者自身的条件进行综合评价分析的一种形式，其设计方法是：将过去职员样本划分为"绩效高"和"绩效低"的上下两组，并计算出该绩效人数占总体的百分比，将该值四舍五入换成后面的一位加权数，一个申请者的总分即为他申请表中的各项权数的总和。加权表格的好处是可对应招人才进行定量分析，客观评分和打分，在招聘过程中避免个人偏见。为了取得较好的效果，加权申请表必须适合本企业的特征需要和该企业不同的工作级别。对于不同的工作人员使用不同的申请表格。表8-2是用水平百分比制定的加权申请表。

表8-2 用水平百分比制定的加权申请表

反应类别	下组（人）	上组（人）	总数（人）	上组百分比（%）	加权数
婚姻资料					
未婚	35	19	54	35	4
已婚	52	97	149	67	7
离婚	25	8	33	24	2
分居	15	6	21	29	3
寡居	13	10	23	43	4
合计	140	140	280		

（续表）

反应类别	下组(人)	上组(人)	总数(人)	上组百分比(%)	加权数
教育					
小学	13	14	27	52	5
中学肄业	28	23	51	45	5
中学毕业	56	46	102	45	5
大学肄业	18	16	34	47	5
大学毕业	16	25	41	61	6
研究生	9	16	25	64	6
合计	140	140	280		
工作经验					
无	18	5	23	22	2
生产	40	30	70	43	4
文书	38	28	66	42	4
推销	8	35	43	81	8
管理	5	17	22	77	8
专业	13	16	29	55	6
其他	18	9	27	33	3
合计	140	140	280		
服兵役与否					
已服	77	86	163	53	5
未服	63	54	117	46	5
合计	140	140	280		

根据表8-2，可以计算出一位已婚、中学毕业、做过推销员、服过兵役的申请者的得分是：7+5+8+5=25。依次将每位申请者相应情况换算成分数，在筛选时作参考。

（2）传记式申请表格。

传记式申请表格的设计原理是把过去的各种情况下的行为及态度、偏好、价值观联系起来，重点在于预测未来。传记记录表通常较长，要求求职者填写十分详细的个人情况。这种仔细调查的基本假设是，目前工作的表现与过去的各种环境中的行为是相联系的。传记记录表的每一项的效度测定过程与加权申请表基本相近，每一项都与工作表现的测度相互关联起来。

传记式申请表常常是为一种具体工作而制定，为确定有关工作成就的背景经历，必须进行大量的调查研究，然后，请有关专家确定每一个项目与工作绩效的某种计量关系。表8-3是传记记录表的项目样本。

4. 求职申请表的筛选

（1）A—B—C—D分级法。

在审阅求职申请时，要注意发现的情况：能够证明最符合工作所要求的有关技能、能力和成就方面的必备条件的情况；一致性——检查申请表和求职简历上的日期

表 8-3　传记记录表的项目样本

婚姻状况： • 未婚 • 已婚,无子女 • 已婚,有子女 • 丧偶 • 分居或离婚
习惯和态度： 你常讲笑话吗？ • 非常经常 • 经常 • 不经常 • 很少 • 记不得讲过笑话 ……
健康状况： 你平常健康状况如何？ • 从来不生病 • 没有生过大病 • 一般 • 有时感到身体不适 • 经常有小毛病
人与人之间的关系： 你怎样对待你的邻居？ • 对邻居不感兴趣 • 喜欢邻居,但不常来往 • 有时互相串门 • 经常在一起 ……
经济情况： 在正常情况下,你作为户主打算储蓄年收入的百分之几？ • 5％以下 • 6％—10％ • 11％—15％ • 16％—20％ • 21％以上
早期的家庭、童年和少年： 18 岁以前,你大部分时间是和谁在一起度过的？ • 双亲 • 单亲 • 亲戚 • 养母养父或非亲戚 • 在一个家庭或一个公共机构
自我印象： 通常情况下,你尽力干： • 每件工作 • 只是自己喜欢的工作 • 要求自己干的工作 ……

（续表）

个人特征 你自己感到有多大的创造性？ • 高度的创造性 • 在你的那个范围内比大多数人创造性多一点 • 中等的创造性 • 在你的那个范围内比大多数人创造性少一点 • 没有创造性
现在你的家庭 关于迁居，你的配偶： • 不论你去哪里工作都愿意一起去 • 在任何情况下都不搬家 • 只在绝对需要的情况下，才搬家 • 你不知道配偶对搬家的看法 • 未婚
娱乐、爱好和兴趣 你去年读了几本小说？ • 没读 • 一本或二本 • 三本或四本 • 五本至九本 • 十本及以上
学校和教育 你高中毕业时多大？ • 小于15 岁 • 15—16 岁 • 17—18 岁 • 19 岁以上 • 高中没毕业
价值观、看法或偏爱 下列各点中你认为最重要的是： • 舒适的家和家庭环境 • 挑战性和令人兴奋的工作 • 走到世界的前列 • 在社团事务中表现积极并被接纳 • 尽力施展你某一方面的才能
工作 你一般工作的速度如何？ • 比大部分人干得快得多 • 比大部分人稍快些 • 比大部分人稍慢些 • 比大部分是干得慢得多

是否一致，有没有时间空缺？如果有，一定要查明这段时间招聘候选人在干什么？申请中所说的工作情况是否与所给的日期相符？能够证明业务发展水平的情况；能够证明行业知识水平的情况；在行业就职的稳定性情况；以前的雇主；就业稳定性的一般情况——干一项工作的平均时间。

查看申请表之前,必须清楚了解工作岗位的要求,然后制定出筛选申请表的调查表。调查表应和申请表中的项目相一致,每一项都是最重要的筛选标准。全面的调查表将使你能根据申请人符合工作剖析的程度来决定优先考虑哪些申请表,在此可以用 ABCD 四级来区分申请表。属于 A 级的求职者最符合最初的工作岗位剖析,B 级次之,C 级第三,D 级的申请者不符合工作岗位剖析,因为 D 级的条件是"关键淘汰因素",所以很可能不会进入下一阶段的测试和面试。表 8-4 描述了招聘维修技师岗位的申请表的筛选调查表实例。

表8-4 招聘维修技师岗位的申请表的筛选调查表实例

	A	B	C	D
18 岁或 18 岁以上	√	√	√	
能轮班工作吗	√	√	√	
曾被判暴力犯罪或偷窃				√
是否持有有效的、没被吊销的驾驶执照	√	√	√	
有文凭或相等的证件	√	√	√	
有两年技术方面的技能等级或相等的证件	√	√		
有 5 年或 5 年以上相关工作的经验	√			
有 2—4 年相关工作经验		√		
有可编程逻辑控制方面的经验(只限于维修电器技师)	√	√		
有机械安装或制造方面的经验(只限于维修机械师)	√	√		
有稳定的工作史(不是常跳槽的)	√	√		
在工作史中有没有不能解释的间断	√	√		
离开工作是有一些冒险的因素			√	
离开工作是有些实质性的冒险因素				√
报酬和工资方面不切实际的想法			√	√
申请表没有签名				√

根据表 8-4 中左边的条件,把申请表分为 A、B、C 或 D。例如,为了得到 A 这个等级,申请表必须满足 A 级的所有条件,如果不能满足 A 级的所有必要条件,那就继续往后面的级别看,直到所有的条件都能满足。如果 A、B、C 的最低要求都不能满足,那么属于 D 级就比较合适。

作为控制质量的措施,最好派一个人重点检查 B 级和 C 级的申请者,以免漏掉某些合适的申请者。也可以让除了负责面试和/或负责招聘以外的人去做初步筛选工作,这可增加招聘工作的公正性和正确程度。

（2）比较模型法。

认真审阅申请表，将那些明显不适合这个岗位的人挑出来。根据工作说明和人员招聘条件给剩下的申请人排一个队，参照下列标准对每一位申请人进行评估：① 不够最起码的标准；② 符合标准；③ 符合或超出标准。

对所有的申请人进行了认真的甄别和排队之后，就可以将结果引入下面的比较模型进行比较了（见表8-5）。

表8-5 比较模型

申请人	身体情况			教育训练			知识经验			特长才能			性格特征			专业特长		
	1	2	3	1	2	3	1	2	3	1	2	3	1	2	3	1	2	3
1. 史密斯			√		√			√				√		√				√
2.																		
3.																		
4.																		
5.																		
6.																		
7.																		
8.																		
9.																		
10.																		
11.																		

通过比较模型进行比较之后，就可以相对容易地进入候选人分类阶段：一部分选定为继续测验对象，一部分列入后备名单，还有一部分准备向他们发回绝信。

二、筛选个人简历

1. 工作简历的优与劣

（1）劣：个别人总禁不住要隐瞒不好的方面，夸大自己的成绩；据美国专家估计，30%的求职者简历注水，例如，编造以往的薪资、职位头衔、技能水平和工作业绩，虚构教育背景、隐瞒处分甚至是犯罪记录。企业对个人简历的内容和风格缺少控制，预选起来要花费相当的时间和精力；而且只注重个人简历的表面文字是很危险的。

（2）优：尽管有些个人简历前后矛盾，言过其实，但还是可以提供一些与应聘者有关的额外信息，比如应聘人是一位设计员。

个人简历能够给申请人较大的自由,能够表现申请人的创造性和书面表达能力。在个人简历中,申请人会强调他自己认为重要的部分,会无意间提到其他一些有用的信息,从中招聘者可以获取自己想要的信息,进行相应的筛选。

2. 筛选个人简历的要点

(1) 注意与工作有关。

一般的常识告诉我们,要去注意那些和工作有关的东西,即工作的要求是什么、工作成功的必要条件是什么等关键信息。此外,也要考虑过去的工作岗位离现在多久以及和这次申请的岗位相似的程度。例如,要招聘管理人员,那么求职者最好是干过管理方面的工作或最起码具备管理学位,有此方面的知识储备。如果求职者是多年前做过管理工作或者没有相关的知识储备,那么他的竞争性会降低。

(2) 设想一下岗位职责。

就求职者的个性和动机而言,该求职者适合这个岗位的程度怎样?求职者将干什么?和谁共事?想象一下工作环境和企业文化。一个曾经在微软工作了八年的IT精英一定能适合IBM的人才要求吗?他能否适应IBM的企业文化?那些曾经有过在相似背景和文化的企业中工作经历的申请人显然更适合当前的岗位。

(3) 不要想当然地或匆忙地做出结论。

这是常犯的错误。不能以点盖面,以偏概全,主观臆断。求职者为了得到求职单位的面谈,篡改简历、编造信息已经成为一种普遍的现象。简历中提到曾就读于某名牌大学,还列出了几门课程,你是否就会想当然地认为他从大学毕业并已经取得了学位?当一个应聘销售经理的人告诉你,他曾经带领团队把销售收入提高了100万元,或者把销售成本节约了50万元,你会如何辨别这些话是真是假呢?

(4) 注意有没有应警惕的东西。

要警惕一些可能产生误导的信息,个人简历中所写的材料,实际上也许不是像写的那样。例如:如果没有写明日期或公司等细节,这或许说明求职者企图以此来弥补工作经验之不足。如果强调一些肤浅的事情(如业余爱好和兴趣),这也许正反映了他缺乏工作经验或技能。

(5) 要合情合理。

即有灵活性,不能把自己的喜好用于选择候选人,不能仅仅因为不喜欢求职者使用的纸张颜色或所写的字体就把条件很好的求职者淘汰掉了,还是要注意和工作有关的东西。

3. 筛选个人简历的秘诀

(1) 分析简历结构。

简历结构在很大程度上反映了应聘者组织和沟通能力。结构合理的简历都比较简练,一般不会超过两页。通常应聘者为了强调自己近期的工作,书写教育背景和工作经历时可以采用从现在到过去的时间顺序方式。

（2）阅读信息。

对简历的结构分析完毕之后,下一步就要看应聘者的专业资格和经历是否与空缺职位相关并符合要求。应聘者是否掌握其他相关技能?简历中是否有关应聘者性格的信息?你能大体了解应聘者职业发展的速度和方向吗?

（3）留心简历中的空白时间和前后矛盾之处。

简历中出现空白时间和经历之间的前后矛盾可能是应聘者的笔误,但也可能是应聘者掩盖某些事实的故意之举。如果出现不妥之处,也不要对应聘者妄下结论,可以准备一些问题面试时问应聘者。

（4）对简历的整体印象。

问问自己：通过阅读简历你是否对该应聘者留下好的印象。另外,还应假定简历中的有些信息是不可信的,同时标出简历中感兴趣的地方,面试时询问应聘者。

（5）注意从个人简历附信中获得有价值的东西。

随着个人简历常常还有一封附信。仔细阅读这封信后,进行评估时,要注意职业特征、独创性和总体印象。职业特征：附信属公文信件,格式一定要符合规范,检查一下是否包括了公文信件应该包括的所有部分。独创性：不是写得特别,而指的是申请人经过精心考虑而写给公司的信,它不同于应聘者寄出的一般的信,一个求职者专门给你公司仔仔细细写了一封信,说明他的动机确实是想能被你公司聘用。

4. 电话筛选

由于个人简历不如申请表那么严密,因此有必要打个电话去收集一些附加的信息。跟踪电话有四个目的。

（1）工作实际情况预先介绍。

你可以在电话里更详细地介绍该工作岗位和你公司的情况,这可以看出求职者是否对这个岗位仍有兴趣,但是在介绍时,不可说明你希望求职者具备什么特点和才能。

（2）补充空缺信息。

打电话可以附带着收集到关于求职者过去的职责和成绩的信息,而这些信息对公司而言是有用的。例如,你也许会对该求职者如何能减少顾客投诉率15%这件事感兴趣。是通过精心的服务?还是因为营业额下降而导致顾客减少所以投诉就减少?求职者有一年的工作间断,这一年他究竟干了什么?是养育子女还是上学?还是在管教所里度过了一段时光?

（3）审定资格。

你可以提一些经过选择的标准化试题，了解求职者的动机和其他一些重要的才能。利用你进行的才能分析的结果，认真构想电话面试时应提的问题。

（4）回答问题。

你可以给应聘者一个提问的机会，可以提有关公司以及所提供的工作岗位方面的问题，这种做法可以得到特别有用的信息。这时，动机强烈的和有才能的应聘者总能提出许多好的问题。对晋升机会、工作绩效的期待值和工资方面的问题，你应有所准备。

第二节 笔 试

笔试是让求职者在试卷上笔答事先拟好的试题，然后由主考人根据求职者解答的正确程序予以评定成绩的一种测试方法。通过笔试，通常可以测量求职者的基本知识、专业知识、管理知识、相关知识以及综合分析能力、文字表达能力等素质能力的差异。

1. 笔试的优缺点

（1）笔试的长处：一次考试能提出十几道乃至上百道试题，试题的"取样"较多，对知识、技能和能力的考察信度和效度较高；可以大规模地进行评价，因此，花的时间少、效率高，比较经济；受测试者的心理压力较小，容易发挥正常水平；成绩评定比较客观，而且可以保存受测者回答问题的真实材料。

（2）笔试法的局限性主要是不能直接与应聘者见面，不直观，不能全面考察求职者的工作态度、品行修养及组织管理能力、口头表达能力和操作技能等，而且不能排除作弊和偶然性。因此，需要采用其他测试方法进行补充。

2. 笔试实施过程中应注意的问题

（1）命题是笔试的首要问题，命题恰当与否决定着考核的效度。无论以招聘管理人员和科技人员为目的的论文式笔试，还是以招收工人和职员为目的的测验式笔试，其命题必须既能考核求职者的文化程度，又能体现出空缺职位的工作特点和特殊要求。命题过难过易都不利于择优。有条件的企业应该建立自己的题库，这样在每一次考试时，抽出有关的试题进行组合，保证试题的科学性，但是入库的试题一定要经过科学的测定。另外，请专家出题也是一个不错的选择。在请有关专家出题时，一定要向他们详细地讲述这次招聘的目的，使专家们了解测试的目的，然后根据要求出题。

（2）拟定"标准答案"，确定评阅计分准则。各个试题的分值应与其考核内容的重要性及考题难度成正比,若分值分配不合理,则总分数不能有效地表示受测者的真实水平。

（3）阅卷及成绩复核：关键要客观、公正,不徇私情。为此应防止阅卷人看到答卷人的姓名,阅卷人应共同讨论打分的宽严尺度,并建立严格的成绩复核制度以及处罚徇私舞弊者的纪律等。

3. 笔试操作过程

（1）试卷的设计。

试卷的设计直接影响到知识考试的质量如何,因此每一个主试一定要对知识考试的试卷设计充分重视。在设计试卷时,我们要注意以下一些原则。

① 自始至终符合目标。每一张试卷从头到尾都要符合目标,不要远离目标,这样才能得到应有的效果。

② 各种知识考试类型可以结合起来使用。比如,在一张试卷上既可以有百科知识的内容,又可以有专业知识的内容,也可以有相关知识的内容。这样可以节省时间,在较短时间内全面了解一个应试者各方面的水平。

③ 充分重视知识的实际运用能力。企业员工招聘中的知识考试和学校中的知识考试有所不同。知识考试中,不要过分强调背诵记忆,而主要考虑知识的运用能力。因此在设计试卷时,要尽量多用案例以及讨论等形式。

（2）考试的安排。

① 事先要确定好考试的教室。

② 在每一张桌子上贴上准考证号码。

③ 每位应聘者一张桌子,或者间隔一个人以上空位。

（3）监考教师。

① 根据教室的大小、应聘人员的多少,每个考场至少应配置两名以上的教师进行监考。

② 监考教师应当有相当的监考经验,遇到特殊情况,能够进行适当的处理。

③ 教师应该严格地执行考场纪律。如果有违反纪律者,应该严肃处理,这样才能够使知识考试顺利进行,并体现公平原则。

（4）阅卷的要求。

① 要有标准答案。

② 要防止先松后紧或者先紧后松的情况。

③ 先试阅几张卷子,对应试者的水平有个初步的了解。

④ 如果有数位教师阅卷,可以由每位教师只阅其中的一题或者几题,这样掌握标准比较准确。

第三节 面试概述

一、面试的优点与缺点

1. 面试的优点

(1) 适应性强。面试可以在许多方面收集有用的信息,主试可以根据不同的要求,对被试人提各种各样的问题,有时在某一个方面可以连续提多种问题,全面深入地了解被试人。

(2) 可以进行双向沟通。在面试时,主试可以向被试者提问,被试者也可以向主试提问。主试在了解被试者的同时,被试者也在了解主试。这样对招聘工作有积极意义。

(3) 有人情味。因为面试往往是面对面地进行心理沟通,所以比较容易产生一种良好的心理气氛,使被试者感到主试对他的种种关心、理解等。

(4) 可以从多渠道获得被试者的有关信息。面试不但可以通过提问来了解有效的信息,还可以通过观察,包括看、听、问等各方面的渠道来获得有关被试人的信息,以便正确地了解被试人的心理素质。

2. 面试的缺点

(1) 时间较长。一次面试短则几分钟,长则半天,因此如果有大规模的人员招聘运用面试,效果就不会理想。而如果面试时间太短,不容易了解到足够的信息,面试也就失去了意义。

(2) 费用比较高。因为面试需要聘请专家,而且花费时间长,这样面试的费用就不得不增加。

(3) 可能存在各种偏见。不管面试的专家如何高明,总有一定的偏见,因此偏见在面试中是不可完全排除的障碍。

(4) 不容易数量化。面试数据往往可以定型,但不容易定量,因此在统计的时候比较困难。

二、面试的种类

1. 非结构化面试

非结构化面试(Unstructured Interview)指主试者可以向应聘者提出随机想起的问题。面试没有应遵循的特别形式,谈话可以向多个方向展开。作为主试者,可以在一定的工作规范指导下向每位候选人提出不同的问题。

2. 结构化面试

结构化面试（Structured Interview）又称结构化面谈或标准化面试，它是指面试前就面试所涉及的内容、试题的评分标准、评分方法、分数使用等一系列问题进行系统的结构化设计的面试方式。在面试过程中，主持人不能随意变动，必须根据事先拟定好的面试提纲逐项对被试者进行测试，被试者也必须针对问题进行回答，要素评判必须按分值结构合成。面试的结构严密，层次性强，评分模式固定，面试的程序、内容以及评分方式等标准化程度都比较高。

3. 压力面试

压力面试（Stress Interview）的目标是确定求职者将如何对工作上的压力做出反应。主试者提出一系列直率（通常是不礼貌）的问题，置被试者于防御境地，使之感到不舒服。主试者通常寻找被试者在回答问题时的破绽，在找到破绽后，主试者就集中对破绽提问，希望借此使被试者失去镇定。因此，当一位顾客关系经理职位候选人有礼貌地提到他在过去的两年里从事了四项工作时，主试者可能告诉他，频繁的工作变换反映了不负责任和不成熟的行为。若求职者对工作变换为什么是必要的做出合理的解释，就可以开始其他话题。相反，若求职者表示出愤怒和不信任，就可以将它看作在压力环境下承受力弱的表现。

压力面试，一方面，是界定高度敏感和可能对温和的批评做出过度反应的求职者的良好方法；另一方面，使用压力面试的主试者应当确信厚脸皮和应付压力的能力是工作之需要，主试者还需具备控制面试的技能。

4. 情景面试

情景面试（Situational Interview）包含一系列工作关联问题，这些问题有预先确定的明确答案，主试者对所有被试者询问同样的问题，有些类似结构化面试。但在情景面试中，还可以问与工作有关的问题，即在工作分析的基础上制定的问题。问题的可接受的答案由一组主管人员确定，主管人员对求职者对所提工作关联问题的回答进行评定。

5. 行为面试

行为面试法（Behavioral Interview）是基于行为的连贯性原理发展起来的。面试者通过求职者对自己行为的描述来了解两方面的信息：一是求职者过去的工作经历，判断他选择本组织发展的原因，预测他未来在本组织中发展的行为模式；二是了解他对特定行为所采取的行为模式，并将其行为模式与空缺职位所期望的行为模式进行比较分析。在面试过程中，面试者往往要求求职者对其某一行为的过程进行描述，如面试官会提问"你能否谈谈过去的工作经历与离职的原因""请你谈谈你昨天向你们公司总经理辞职的经过"等。

6. 小组面试

小组面试(Panel Interview)指由一群主试者对候选人进行面试。普通的面试通常是由每位主试者重复地要求求职者谈论同样的主题。但是,小组面试允许每位主试者从不同侧面提出问题,要求求职者回答,类似记者在新闻发布会上的提问。因此,与系列式的一对一的面试相比,小组面试能获得更深入更有意义的回答。同时,这种面试会给被试者额外压力,因此,它可能会阻碍那些可以在一对一面试中获得的信息。

7. 系列式面试

系列式面试(Serialized or Sequential Interview)是指企业在做出录用决定前,有几个人对求职者进行面试,每一位主试者从自己的角度观察求职者,提不同的问题,并形成对求职者的独立评价意见。在系列式面试中,每位主试者依据标准评价表对候选人进行评定,然后对每位主试者的评定结果进行综合比较分析,最后做出录用决策。

8. 计算机辅助面试

计算机辅助面试(Computer-assisted Interview)是用计算机辅助的方法进行第一轮面试并剔除掉头一批不合格者,这样既节省了钱又减少了人员调整的工作量。有些公司正在因特网上使用计算机辅助面试法,来寻找刚大学毕业的合适的雇员,这样大大节省了人事经理用于初筛所费的时间。

三、面试的风格

(1)目测式:具有这种风格的面试者假设他们能够根据应聘者的外表、握手和其他的粗略观察,预测他们的工作业绩。这种方法非常肤浅,而且极不可靠。

(2)友好谈话式:谈论天气、运动、共同经历等事项,的确令人愉快。然而,除非对此加以控制,否则将无法达到面试目的。

(3)探究式:有些面试者喜欢将应聘者置于压力之下,看他们如何做出反应,常见的结果是遭到应聘者的抵制。相应的,面试者对应聘者能力或业绩的了解却微乎其微。

(4)整齐划一式:面试者按照标准顺序向应聘者提出预先决定的问题。这种风格的面试既古板又不灵活,以至于不允许面试者探究潜在的双方感兴趣的话题。这种面试方法还限制应聘者表现其能力和个性的机会。

(5)商务谈判式:这种面试就像具有商业目的的社交活动,双方交换有价值的信息。直到面试者明确理解空缺职位的职责,并对从事工作所需人员类型有个大概了解后,面试才开始。

我们推荐第五种风格。

四、面试准备

1. 做好面试的物质准备工作

（1）合适的面试地点是保证面试有效性的一个重要因素。面试应安排在便于进行私下谈话的地方；面试的环境应有助于消除招聘者和应聘者之间因地位不同而存在的隔阂；面试的环境不应该过分庄严，也不要过分随便。

① 位置排列：如果是多个招聘者对一个应聘者，可以采用一种圆桌会议形式；如果是一对一形式，应聘者与招聘者隔着桌子，最好不要面对面相视而坐，两者可以斜坐着，视线成一定角度，这样可以缓和紧张；不宜把应聘者摆在屋子的中央部位，这会使人感觉不安全。

② 光线：招聘者不应坐在背光处，这样会使他们的形象放大，对受测者的心理会产生不利的影响。不要使应聘者产生受审的感觉。要避免强光灯、一般电灯甚至日光灯的光线照射到面试主持人或应试人的眼睛上。同时也要注意，不要你坐在窗前，应试者与你相对面坐。

③ 颜色：桌子、椅子、墙壁，甚至地毯及附属品的颜色都要相协调和谐。

④ 噪声：面试时应该不受到干扰，房间的电话应该暂时切断，招聘者的移动通信工具也应该关掉，其他的干扰也应该降至最低。招聘场所外可设休息室，准备一些供应聘者浏览的杂志或放些轻松的音乐等。

（2）检查面试中所需要的物品是否齐全，包括记笔记用的纸和笔、介绍公司的小册子、应试者的求职申请表、工作说明书和人员招聘标准、准备测验时所需的物品等。

（3）确保面试接待人员有一张应试人员名单，并知道名单上的人分别在什么时间接受面试，以及应试人员到来使他们应该做些什么。鼓励各接待人员使用应试者的名字，这将有助于提高公司的形象，也有助于应试人员放松。

2. 面试者的准备工作

面试之前，仔细审查求职者的申请表和简历，标明有疑问的地方，对于能够表明求职者优点和缺点的地方也要事先标出来，以便在面试时进行深入提问。查阅工作规范，带着理想求职者特征的清晰图像进入面试，面试者在面试之前，应准确了解工作包含什么以及什么类型的求职者最适合工作，从而形成理想求职者的清晰框架。选择适合你的身份及工作环境的装束，面试者是求职者了解所申请公司的一个重要窗口，对面试者的印象决定了求职者对该公司的形象感知。选择适合自己身份及面试工作环境的装束不仅是对自己的尊重，更是对求职者的尊重，是对于公司形象的一种正面维护和宣传。

如果可能,应该印制面试评价量表,对进行大量招聘的企业或者公司来说更应该如此。在设计评价量表时,要注意这些评价要素必须是可以通过面试技巧进行评价的。同时,为了使评价量表具有客观性,设计时应使评分具有一个确定的计分幅度及评价标准(见表8-6)。

表8-6 面试评价量表

姓名:		性别:		年龄:		编号:	
应聘职位:				所属部门:			
评价要素	评价等级						
	1 差		2 较差		3 一般	4 较好	5 好
个人修养							
求职动机							
语言表达能力							
应变能力							
社交能力							
自我认识能力							
性格内外向							
健康状况							
进取心							
相关专业知识							
总体评价							
评价:	○建议录用			○有条件录用		○建议不录用	
用人部门意见: 签字		人事部门意见: 签字			总经理部门意见: 签字		

3. 面试者容易产生的偏见

(1)面试偏见。

① 因相似而引起的偏见。应试者与主试者有相似的或不相似之处时,会影响主试者对应试者的技能和能力的评价。

② 初次印象产生的偏见。根据在面试最初几分钟里收集到的而且与工作无关的个人信息去对应试者做出全面评价。

③ 以偏概全。主试者经常因一个人的某一特长影响对其整体的感觉,这就是以偏概全引起的偏见。

④ 招聘压力带来的偏见。如果你是招聘和筛选的负责人,现在有五个正在进行

的项目中的某些岗位需招聘人才,而这些岗位昨天就该补缺了,在这种情况下进行面试时,一些应聘者即使不是真的可以接受,你也可能让他们通过。

⑤ 印象上的明显反差。对于一个应试者的评价,受到了对其他应试者评价的影响。

（2）偏见带来的问题和克服方法(见表8-7)。

表8-7 面试偏见带来的问题和克服方法

偏 见	问 题	克 服 方 法
因相似而引起的	• 对与自己相似的应聘者忽略他的缺点,而对与自己不同的应聘者夸大他的缺点 • 指导方针严格禁止使用与工作无关的筛选标准	• 要认识到如果比较自己与应试者有何相似或不相似,就会影响你的判断 • 不要把重要的时间花在讨论与工作无关的问题上
因初次印象而引起的	• 对应试者的初次印象(发型、口音、衣着)会导致对工作相关方面判断上的偏见 • 大多数招聘人员认识不到他们受这种偏见的影响有多深	• 应认识到在面试的最初两分钟内,对应试者形成的印象会对面试结果产生明显影响 • 在面试的最初五分钟里设法去准确发现你喜欢或不喜欢这个应试者什么,让你认识到你对应试者产生了什么感觉,而不要使它影响你对与工作相关的方面做出判断
因以偏概全而引起的	• 大部分岗位要求8—14种独立的能力,在某一个方面的能力优秀,一般不能代表他在所有的才能上都优秀	• 单独逐一评价每一个工作岗位才能,注意不要让对某一个才能的评价影响到对其他才能的评价
因招聘压力而引起的	• 降低择人标准会导致公司浪费大量金钱 • 指导方针要求对每一个应试者来说,招聘要求应该是相同的	• 使招聘部门减少因急于招人而造成浪费 • 运用现有的招聘政策,以保证能招聘到高质量的人才
因印象上的明显反差而引起的	• 对应试者相互比较会使你对他们的期望忽高忽低,结果常常聘用了一个在其他时候不会被聘用的人	• 对你评估的每个才能建立招聘原则 • 努力把每个应试者与标准相比较,而不是与其他应试者相比较

第四节 提 问

一、面试提问技巧

要想从应聘者那里收集与工作有关的数据,面试者所提的问题应该尽量使应聘者自由发挥。一般要注意以下八个问题。

1. 提一些普通的、开放式的但不暗示特定答案的问题

"能否告诉我,在原来的职位上你是如何获得晋升的?"提出这样的问题,你将会从应聘者那里了解到他认为什么是重要的,这比你问对方"你对自己的工作喜欢吗?"这样的问法更有效果。另一个有用的提开放式问题的技巧是顺着答案提出问

题,如"当时发生了什么事?"或者"接下来你做了什么?"

2. 提短问题

你在一个问题中使用的字越多,越有可能影响答案。如果应聘者说:"我认为我工作过的团队都是优秀的",你可能会问"是什么因素使你工作过的团队优秀";更好的提问应是"怎样理解?"或"为何如此?"

由于问题不要求评价或者不暗含特定答案,应聘者更倾向于以正常情形回答。自发行为往往超出应聘者的真正感受。

3. 仔细倾听对方的回答,然后决定下一个问题

因为好的面试者大约要把80%的时间用于倾听。一些没有经验的面试者急于提出下一个问题,以致他们漏听了应聘者的回答。应聚精会神倾听每句回答,应聘者的回答往往决定了下一个问题,而且可以从面试者那里得到更多的信息。

4. 探究应聘者的专门技能范围

问应聘者有关他们专业技能的基础的和基本的问题。面试者应避免在应聘者面前表现出自己等同于或高于对方的相关知识水平(即使面试者具有这种水平)。最好的回答是自由发挥的回答和正常情况下的回答。

5. 鼓励价值判断

问应聘者如何看待准时、从事工作、对一项任务的个人责任或与原先同事的关系等问题,这些都是有助于提供洞察个人价值观的信息。评价应聘者时,这些信息比面试者的假设更有价值。

6. 探究"选择点"

"选择点"是指要求应聘者回答为什么选择这样的行为,而不是那样的行为的原因。倾听对方为什么做这个选择的原因,这么做有助于洞察应聘者个人原因和价值。

7. 有效使用沉默

当面试期间出现沉默时,有些面试者会感觉不舒服,觉得有必要讲话。沉默给面试者提供时间思考(经常考虑应聘者正在做什么),等待沉默结束,同时用期待的目光看着应聘者。这样的面试者将比那些不这样做的面试者了解更多的信息。应聘者感觉应提供更多的信息,结果往往提供了比期望更多的相关信息。

8. 做出反应性评论

针对应聘者的不同情况做出反应性评论是一项有益的技巧。它表现出你正在倾听,并愿意鼓励他或她详尽回答。这样做要自然,以显示关心或兴趣。

二、面谈追问的技巧

如果应聘者回答问题不完全、不正确时,面谈人还要进行追问。下面介绍一下如

何分析对方答复的不完全程度及其原因所在,并采取什么样的追问方式。

1. 探询式追问及其条件

探询式追问的问法有"为什么""怎么办""请再往下说""真是这样吗?""你为什么这样想?"或一些口语化的表情、手势。

沉默也是探寻式追问的方式之一,但时间掌握很重要。据研究,如果鼓励对方再多谈下去,最有效的方法是在对方的谈话中断时,保持3—6秒的沉默,这样对方会很自然地往下说。

有时对方在回答问题时,只绕着谈话主题兜圈子,提供的资料也没有价值。有时对方答非所问。此时,先要分析一下原因,是由于误解了问题,不了解问题,没听懂问题,还是不想回答。然后再用探询式追问,要求对方做进一步的说明。

2. 反射式追问及其条件

反射式追问就是把对方所说的话再重复一遍,以此来考验对方的反应及其真实意图。

当对方回答问题不完全或值得怀疑时,就要用反射式追问,鼓励应聘者对其未完整的答复加以说明或引申,以确认对方全面而真实的想法。

三、与工作有关的问题示例

研究和实践表明,在面试中最好采用行为性的问题,即具体了解应聘者过去是怎么做的,并运用STAR法(Situation:什么情景;Task:什么任务;Action:采取了什么行动;Result:得到了什么结果)进行追问,以判断和保证应聘者回答的真实性。

1. 理解应试者如何看待现有的(或过去的)职位的问题

(1) 你能否和我谈谈你现有的(或过去的)职位?

(2) 你如何描述一个典型的工作日?

(3) 过去工作中的哪些活动是你最喜欢的?

(4) 你认为哪些因素对你现有的(或过去的)岗位的成功业绩是最关键的?

(5) 哪些事你觉得做得最好? 为什么?

(6) 哪些工作职责对你来说是最困难的? 为什么?

(7) 你在工作中碰到哪些问题? 哪个问题使你感到受挫? 为什么? 是如何解决的?

(8) 你在现有的(或过去的)工作岗位上做出的最大贡献是什么?

(9) 你在过去岗位上如何获得晋升?

(10) 为了更加负责起见,你在以前的工作中做了哪些事前准备工作?

(11) 你离开原有工作的原因是什么?

（12）你认为过去的工作进步在多大程度上与你的能力一致？

2. 探究应聘者与他人关系的问题

（1）如何描述你的上司？

（2）你认为你的上司的最突出的长处是什么？为什么？最大的弱点是什么？为什么？

（3）你的上司在哪些方面支持你的业绩？

（4）你在哪些事情上受到表扬或批评？

（5）你如何评价你的同事？

（6）你和同事的分歧是什么？

（7）你如何描述你与其他部门员工之间的关系？

（8）你喜欢和哪种类型的人在一起工作？你觉得难相处的是哪些类型的人？

（9）你认为对人进行管理的本质是什么？

（10）你工作的委员会是哪种类型？你做了哪些贡献？

3. 了解抱负的问题

（1）工作中什么对你最重要？你希望避免什么？

（2）你想从这个岗位获得哪些你在现有（或过去）的岗位上没有得到的东西？

（3）你希望从现在起到5年后达到什么样的职位？

（4）为了实现职业目标，你做了哪些事情？

（5）你希望的薪水是多少？

4. 鼓励自我评价的问题

（1）作为员工，你认为自己最大的长处是什么？

（2）你最想改进哪些方面？为什么？

（3）激发你的动力是什么？

（4）你为什么选择了这份特定领域的工作？

5. 了解应聘者如何应用技能、经验和知识从事空缺职位的问题

（1）哪些因素吸引你申请这个职位？

（2）哪些因素使你相信自己符合这个职位的资格要求？

（3）这个岗位的哪些因素对你来说是新的？

（4）为了做到完全精通，你认为还要接受哪些培训？

四、常用面试问话提纲

表8-8列出了常用面试问话提纲。

表8-8　常用面试问话提纲

面试项目	评价要点	提问要点
仪表风度	体格外貌、穿着举止、礼节风度、精神状态。	要通过面试者的判断来完成。
工作动机与愿望	对现在工作的更换与求职原因,对未来的追求与抱负,本公司所提供的岗位或工作条件能否满足其工作要求和期望。	• 请谈谈你现在的工作情况,包括待遇、工作性质、工作满意程度。 • 你为何希望来本公司工作? • 你在工作中追求什么?个人有什么打算? • 你想怎样实现你的期望与抱负?
工作经验	从事所聘职位的工作经验丰富程度,职位的升迁状况和变化情况,从其所述工作经历中判断其工作责任心、组织领导能力、创新意识。	• 你大学毕业后的第一个职业是什么? • 在这家企业里你担任什么职务? • 你在这家企业里做出了哪些你认为值得骄傲的成就? • 你在主管部门中遇到过什么困难?你是怎样处理和应付的?
经营意识	判断应聘者是否具备商品概念、效率观念、竞争意识以及是否具备基本的商品知识。	• 通过经营小案例来判断其是否有这方面的观念和意识。
专业知识	判断应聘者是否具有应聘岗位所需要的专业知识和专业技能。	• 你大学学的什么专业或接受过哪些特殊培训? • 你在大学对哪些课程最感兴趣?哪些课程学得最好? • 询问专业术语和有关专业领域的问题。 • 询问一些专业领域的案例,要求其进行分析判断。
精力、活力、兴趣、爱好	判断应聘者是否精力充沛、充满活力,其兴趣和爱好是否符合应聘岗位的要求。	• 你喜欢什么运动?你会跳舞吗? • 你怎样消磨闲暇时间? • 你经常参加体育锻炼吗?
思维力、分析力、语言表达力	对主考所提问题是否能够通过分析判断抓住事物本质,并且说明透彻、分析全面、条理清晰,是否能顺畅地将自己的思想、观点、意见用语言表达出来。	• 你认为成功和失败有什么区别? • 你认为富和贫、美和丑有什么区别? • 如果让你筹建一部门,你将从何人手? • 提一些小案例,要求其分析、判断。
反应力与应变力	头脑的机敏程度,对突发事件的应急处理能力,对主考提出的问题能否迅速、准确地理解,并尽快做出相应的回答。	• 询问一些小案例或提出某些问题要求其回答。
工作态度、诚实性、纪律性	工作态度如何,谈吐是否实在、诚实,是否热爱工作、奋发向上。	• 你目前所在部门管得严吗?在工作中看到别人违反制度和规定,你怎么办? • 你经常向领导提合理化建议吗? • 除本职工作外,你还在其他单位兼职吗? • 你处理各类问题时经常向领导汇报吗? • 你在领导和被领导之间喜欢哪种关系?
自知力、自控力	判断应聘者是否能够通过经常性的自我检查,发现自己的优缺点,同时在遇到批评、遭受挫折以及工作有压力时,能否克制、容忍、理智的对待。	• 你认为自己的长处在哪里? • 你觉得你个性上最大的优点在哪里? • 领导和同事批评你时,你如何对待? • 你准备如何改正自己的缺点?
其他		• 你为何要到本公司来? • 你适合哪些工作? • 你为何要离开原单位? • 你的交往倾向如何? • 你认为会对公司做出什么贡献? • 你认为你有何缺点?如有,请举例。 • 别人批评你时,你一般会如何应付? • 你喜欢和哪些人交往?(同学、同事、邻居)

五、倾听与记录

1. 学会主动倾听

面试中你会提出各种各样的问题,抓住提问的时机,获得你想要的信息,这是一种技能。当然,更为重要的方面是在提出了问题之后注意认真倾听对方的回答。倾听不仅仅带有一般听的含义,还包括积极主动倾听的技术与技能。

主动倾听(LISTEN)技能可以综述为以下几点:

- L——使人觉得你对对方的话感兴趣(Look Interested);
- I——以征求意见的态度倾听(Inquire);
- S——有目的的倾听(Stay on Target);
- T——检验理解程度(Test Understanding);
- E——对获得的信息分析评估(Evaluate the Message);
- N——保持平和自然的心态(Neutralize Your Feelings)。

表8-9是主动倾听技巧的举例。

表8-9 主动倾听技巧举例

语 言 技 能	非 语 言 技 能
提出问题 • 力求明确 • 了解进一步的信息 • 深入探讨 • 使用开放式问题提问(何人、何时、何地、何事、为何、如何等)	使人觉得你对对方的话有兴趣 • 目光接触,但不要一直盯着对方 • 面对应聘者 • 身体适当前倾 • 面带友好的表情 • 情绪平和放松,不要显得焦虑不安
有所反应 • 使用辅助性和鼓励性的语言和词汇 • 对已经说过的事情带有归结性,并对下一步的事情带有提示性 • 引导对方根据上下文提出观点	做记录 • 记下重点词语 • 利用笔记提出后面的问题
一般技术	做一些辅助性的动作 • 点头 • 微笑
观察应聘人 • 他们有什么感觉 • 他们对自己所说的有没有把握	注意什么还没有说到 • 注意倾听字里行间的意思 • 主意说话人的语气
保持不卑不亢 • 不要让你的情绪影响你的倾听 • 鼓励应聘者继续说下去	有效倾听的障碍

（续表）

语 言 技 能	非语言技能
检验你的理解力 • 确保你的理解是正确的 • 搞清方言的含义	语言方面的障碍 • 打断别人的谈话 • 吹毛求疵或在具体细节问题上纠缠不休 • 在谈话的过程中与第三者谈话 • 提封闭式问题影响问题的全面说明 • 问其他方面的问题 • 改变谈话主题
对信息进行估价 • 抓住重点 • 对应聘者的话进行推敲	非语言方面的障碍 • 谈话过程中盯着对方的眼睛，打哈欠 • 谈话过程中做小动作，烦躁不安或不停地交换坐姿 • 谈话过程中给钟表调时 • 谈话过程中整理文件和笔记本 • 谈话过程中心不在焉，眼睛看别的方向 • 谈话过程中注意力不集中
综合分析 • 对谈话要进行归纳 • 检验理解程度 • 允许应聘者提问或解释	不好的倾听习惯 • 对不感兴趣的事情装着感兴趣 • 全神贯注于某一个具体方面 • 带着情绪和个人感情谈话 • 说话过程中受别的干扰 • 对于某一主题缺乏认识或难以理解而改变谈话主题 • 有选择地听别人的谈话——只想听相同的观点

2. 面试观察和判断要点提示

（1）体态语言。

研究发现，人的身体语言最能真实地显示人的内心意愿。人的身体语言是无声语言，负载着大量的信息，是人们书面语言和口头语言的重要补充。通过对体态语言的细心观察，可以从中获得大量有益的信息：不相信某事，就皱起眉头；不知所措时，就用一个手指摩擦鼻子；耸耸肩膀表示无所谓等。体态语言是观察应聘者的一个重要窗口，作为招聘者应该注意认真分析人的体态语言。

（2）习惯动作。

人们都有比较固定的体态姿势——习惯动作。这些习惯动作日积月累在特定的生活环境中形成的，是了解人的心态变化的最好途径。比如，有偏着头听人说话的习惯的人，可能是热情且富于同情心的人。

通过人们坐立的姿势也可以得到某些语言得不到的信息：

• 端坐——经常正襟危坐、目不旁观，可能是一个力求完美、严密且富有实际精神的人。这种人经常不打无把握之仗，但往往缺乏创新与灵活精神。

• 侧坐——常侧身坐在椅子上的人，可能表明心里感觉舒畅，觉得没必要给他人留下什么更好的印象。他们通常都是情感外向型。

- 缩坐——常把身体蜷缩，双手夹在大腿中间的人，往往缺乏自信，过于谦逊，乐于服从别人。
- 双手放膝——这样的人可能是没有听人说话的耐心，没有什么心理负担的人。
- 叉腿而坐——坐着的时候喜欢占较大空间，可能有控制别人的偏好，或许具备领导者的潜质，可能是一个外向型的人。

3. 面试记录

积极倾听策略的好处之一是面试者可以边听边记笔记，你可以在面试期间先记下关键的词和想法，随后马上扩展你的笔记，能确保你记住那些重要的事实。有些面试者认为做笔记会得罪求职者，或者使他们感到不自在。如果你是这样想的，就应在面试开始时告诉求职者你要做一些记录，以保证得到做出有效聘任决定所需要的足够信息。

笔记是面试的永久性记录，不论你用的是一张独立的事先印好的表格还是一张空白纸，应当认真地记。笔记不仅是面试的永久性记录，还能帮助面试者评估某位求职者的工作适应能力。在面试程序结束，所有的求职者都已被接待过后，为每位求职者做的面试记录应与工作说明书放在一起。这样面试者就可以根据记录将求职者的相关经验、技术、技能与工作说明书中描述的拟聘职位的要求与职责加以比较。在此过程中应注意以下几点。

（1）避免主观性语言。

避免使用主观性，哪怕是赞赏性的语言是获得有效的面试的重要前提。换句话说，你记下的所有评论都应当是客观的，例如，说某位求职者有魅力就是一种主观的描述，相反，记下"求职者的外表与其在公司所担任的职位的形象相符"就很客观。

下面举一些应当避免的主观性语言的例子。

令人讨厌	令人厌烦
举止傲慢	斤斤计较
销售工作干得不错	自以为是
一个真正的工作狂	有教养
穿着不得体	勤奋努力
容易分散注意力	英俊潇洒

下面再举一个客观性语言的例子作为对比。

"该工作要求有客户服务经验;求职者做过两年客户服务代表。"

"该工作要求有出色的语言技能。求职者在60分钟的面试中表现出了符合工作要求的语言技能。"

"该工作包括一些高度保密的内容,求职者以前从未做过高度保密性质的工作。"

"该工作要求雇员随叫随到,求职者说他打算辞去目前工作的原因之一就是他得随叫随到,他觉得这份工作扰乱了他的个人生活。"

（2）避免记录无事实根据的意见。

面试者要注意不要记录没有充分的与工作相关的事实依据的意见。这类叙述通常以下列短语开头：

"我觉得……"

"我认为……"

"我相信……"

"在我看来……"

"我想……"

"我的看法是……"

"毫无疑问,该求职者……"

这种泛泛的、总结性的陈述没有涉及具体的要求和相关的资历。包含此类陈述的面试记录对于确定求职者的工作适应能力是不会起作用的。

下面举一些例子来说明记录意见想法的徒劳无益。

不要说："我认为她可以成为一名优秀的产品规划经理。"

要说："根据她目前在某公司担任产品规划经理的经验,我认为她可以成为一名优秀的产品规划经理。"

不要说："我认为她不具备担任销售代表的资格。"

要说："由于其缺乏销售经验,没能回答关键问题,我认为她不具备担任销售代表的资格。"

（3）参照工作相关事实。

有两项文献记录技巧能够最有效地帮助面试者评估对方的工作适应能力，比较各求职者的资历，衡量某位申请人是否适合未来的工作。

要想有效地使用这两项技巧，只有参照工作相关事实。如果工作说明书写得很好，而且面试者在面试过程中运用了积极倾听技巧，这就成为一个较为简单的程序。当求职者达到了该职位的所有具体要求，但缺少某种难以确定的、无法记录的素质时，刚提到的一点，直接引述求职者的话，就尤为重要。例如，某次面试已进行了四分之三，虽然求职者能应付该工作的各项职责，但你就她对待一系列事物的态度有一种不安的感觉。由于写下求职者态度不好只是一种主观性描述，因此你得继续提问，直到你找到了录用她的理由。除其他事情外，你想要与她一起探讨的是该工作需要经常加班，又很少有事先通知。针对这一点你可能会问："在你担任原来那份工作时，到了最后一分钟有人通知你加班。在此情况下，你是如何反应的？"她回答说："我告诉老板我不喜欢这么晚了才通知我。我的意思是我加了班，但我不情愿。"这时你可能会说："你是说加班对你来说会成问题，尤其在没有提前通知的情况下？"然后她可能回答："请不要误解我；我会加班的，但我希望能提前足够的时间通知我。毕竟我们下班后还要生活。"

在记录此次面试时，你可能会这样写："该工作需要经常加班，而很少能提前通知。当问及求职者对问题的感受时，她回答说：'我会加班的，但我希望能提前足够的时间通知我。'"

这样的记录清楚地说明求职者实际上已取消了自己的资格，因为该工作的要求之一——在没有多少事先通知的情况下加班——令她反感。

直接引述求职者的话还有助于比较背景和资历相同的求职者。

（4）实行数字量化。

有些公司在记录面试的过程中实行计分办法，面试者对其评估的每项内容都给一个分值，评估项目列在事先印好的表格里，并附上一个简单的评分标准。例如，某一五分制的评分标准可能采用下列形式：

1　优异的整体技能与资历
2　高于一般水平的技能与资历
3　达到职位要求
4　达不到职位的全部要求
5　不合格

如果用表格,表格上面所包含的应当是与工作相关的内容,如教育和经验。此外,应留下充分的地方给面试者做记录。表上还应当有"达到工作要求"或"没有达到工作要求"这样的总体评估内容。

当然,可以根本不用表格;用一张附在申请表或简历后的空白纸就足够了。记住:你的评论只能是客观的、事实求是的,并且与工作相关的信息,需要时也可偶尔加上一些用于区别作用的注释。

六、结束面试

结束面试之前对你已经从应聘者那里得到的信息最后做一个归纳,确保你的理解是正确的,没有漏掉关键的信息。看一看你的笔记,再就你的已经得到的关键性信息提几个问题。向应聘人说明下一步的招聘工作将怎么做,并告诉他们什么时候可以听到这些面试的结果。

如果在提出相当数量的经过认真准备的具体问题之后你确实认为此人不适合工作,你可以随时决定终止面试。记住要感谢应聘人员前来接受面试,感谢他们对这项工作和你们公司的兴趣。让不合格的应聘者也带着良好的印象满意而去。如果应聘者还没有意识到自己不适合这份工作时,终止面试的方法是问应聘者还有没有其他的具体问题,而不是再去问与工作条件和资格有关的问题。如果问题集中到可以书面回答的问题上,应当将提前准备好的问题提供给应聘者让他们带回。如果没有进一步的问题,应告诉应聘者一个综合性的信息,让他们知道什么时候可以得到面试的结果,并再次对他们的到来表示感谢。

如果应聘者显然已经清楚自己不适合所提供的工作,并表示出要终止面试的愿望,一定要使他们感到通过这次面试也是有所收获的。要尽可能地使没能成功的应聘者带着对你们自己和公司的积极印象而去。如果合适的话,告诉这次没有成功的应聘者以后再有合适的工作欢迎随时来应聘也是值得做的。

求职者离开后,你应当检查面试记录,填写结构化面试表格,并趁面试在头脑中尚清晰时回顾面试的场面。记住,轻易判断和强调负面信息是两个普遍的面试错误。在求职者离开后仔细回顾面试时可帮助你将这两个问题的负面影响减至最小。

第五节 背景调查与体检

一、背景调查

全面审查应聘者的所有资料,有助于挑选出合格的候选人。背景调查通常包括犯罪记录、信用状况、工作经历、学历和从业许可等。背景调查所需要的资料大部分都是公开的记录,可以提供给任何人。

背景调查可以提供极好的信息来帮助做出正确的录用决策,但是必须正当地使用这些信息,对企业最有利的是得到关于如何合法地使用背景调查的合法建议。现在我国公民的权利意识越来越强,企业切不可因调查而侵犯了他们的隐私权。

背景调查有以下三种类型。

(1) 向证明人核实。与熟悉应聘者工作历史的人交谈,并询问一些侧重于获得与工作有关的信息的问题,那些信息能帮助你衡量应聘者是否适合工作。

(2) 核实凭证。核实学位、证书、执照之类的东西;如果有可能,还要对是否有前科、信用历史等方面进行调查。

(3) 核实是否需要培训。雇佣应聘人员前了解他们的优点和缺点将有助于你确定是否需要培训,这样可以节省时间和精力从而能提高生产率。最好的做法是去问问过去管理他们的人。

二、调查的信息

背景调查内容应以简明、实用为原则。内容简明是为了控制背景调查的工作量,降低调查成本,缩短调查时间,以免延误上岗时间而使用人部门人力吃紧,影响业务开展;另外,优秀人才往往几家公司互相争夺,长时间的调查是给竞争对手制造机会;实用原则是指调查的项目必须与工作岗位需求高度相关,避免查非所用,用者未查。

调查的内容可以分为两类:一是通用项目,如毕业学位的真实性、任职资格证书的有效性;二是与职位说明书要求相关的工作经验、技能和业绩,不必面面俱到。不可能调查核实简历或申请表上的所有内容,这样既费时又费钱,而如果你调查的事情与工作无关,有可能因此而惹上麻烦。

做好背景调查的第一步是将你需要核实的与工作相关的信息列成一张表。只核实与工作相关的内容主要有两个目的:一是,使你不至于陷入麻烦,因为只有与工作相关的资料才是做雇佣决定的合法依据;二是,使向你提供证明的人更放心,从而更愿意帮助你。

背景调查可以达到两个目的:一方面,核实申请表或个人简历上的以及面试时得到的信息;另一方面,搜集到应聘者可能不愿意告诉你的其他信息(见表8-10)。

表8-10 建议核实的背景条目

典 型 的	较 棘 手 的
• 文凭、普通同等教育的文凭或其他学位 • 执照、证明或其他证书 • 永久聘用或聘用时间 • 所任职务 • 基本职责 • 主管的姓名与职务 • 离职后的补偿	• 离职的原因 • 是否有资格再次被录用 • 工作表现的描述(与其他工作人员相比) • 可靠或尽责的程度 • 举个例子说明其出色的表现 • 强项及其发展要求 • 阅读部分简历或申请表请证明人证实其准确性 • 为雇佣他我会保留哪些条件

三、信息的核实

1. 为了保证核实工作的连贯性和准确性,最好列出一份调查目标

建表时将重要信息一一列出,使你不至于遗漏重点或误入与工作无关的领域,而且还可以保证每一位申请者都能经历同样的程序(见表8-11)。

表8-11 背景调查表样本

应聘者姓名				
教育状况核实				
受教育机构:		联系人:		核实日期:
入校时间:	毕业(是/否)	获得何种学位:		
技术院校:		联系人:		核实日期:
入校时间:	毕业(是/否)	获得何种学位:		
犯罪记录调查				
记录类型: 调查结果:		调查时间: 联系人:		
工作情况核实				
工作单位:		联系人:		调查时间:
工作时间:		最后担任的职务:		
主管姓名:		担任的其他职务:		
基本职责:				
工作表现:		与现在从事该工作的人员比较:		
出勤率:		工作态度:		
该人表现出色的例子:				
离职补偿:		离职原因:		
有无被提升的资格:		有无被重新雇佣的资格:		
雇佣的保留意见:				
注:				

2. 争取证明人的合作

（1）与证明人进行感情交流，建立融洽关系，与证明人建立共同的立场，使他们感到帮助你是他们工作上应尽的义务。如果你与另一个曾与你有同样体会的经理谈话，那么机会就来了。阐明你的要求，试着唤起对方的共识，让对方知道你非常理解证明人多么难做，你可以告诉对方你做证明的困难经历。但是，不要过分夸大这种感情，毕竟，你是想从对方那里得到某些材料。

（2）建立证明人合作网。跟每一位证明人接触时，了解他是否还有别人也熟悉应聘者的工作情况。建立的网络越大，就越不会错过重要信息。而且，提供资料的人不会有那么多地事先考虑，态度也就更为坦率。我们建议事前至少跟3—5名证明人交谈，特别是涉及反面资料时，然后再做决定。

（3）不要仅限于明显的证人。同事、下属和客户都是获取信息的良好来源。特别是应聘主管职务或客户服务类工作时，情况更是如此。在通常情况下，通过常规渠道，特别是通过人力资源部的工作人员进行背景调查，效果最不好。

（4）着力于可核实的、与工作相关的信息。私人的或有关性格的证明一般只会浪费时间。有关个人的信息和意见不仅没有用处，如果他们影响了你的决定，还会使你惹上麻烦，而且，证人在评论与工作有关的信息时，会觉得较为安全，且这种讨论较有价值。

（5）应聘者有责任提供证明。告诉应聘者只有提供一位愿意与你交谈的业务上的证明人，方有可能得到聘用。而且，如果应聘者求职不迫切或怀疑证明人不会对其评价太高，通常会因此而不来应聘。看应聘者的学习成绩单也会有用。

（6）利用你已掌握的信息。如果对应聘者在申请表、简历上，或面试中提供的信息，你有怀疑的，你需要向证明人求证，证明人在回答这种问题时会感到放心，你可以考虑一下应聘者填写的内容，问问证明人是否同意。如果有可能，请他说得详细些，看看他是极为赞成还是不冷不热。

（7）听听证明人没说的事。犹豫或故意含糊其辞可能会告诉你很多东西。求证不要太直率，这样会对你有利。例如，如果你说那位应聘者作为新雇员需要接受培训，那么你言外之意就是该应聘者已经得到了这份工作，证明人可能就更愿意提供有关此人需要的培训材料。

（8）亲自与证明人联系，证明人更愿意跟当经理的你交谈，而不愿与你的助手谈，而且你还可以当场问一系列的问题。

3. 背景调查的时机

背景调查最好安排在面试结束后与上岗前的间隙，此时，大部分不合格人选已经被淘汰，对淘汰人员自然没有实行调查的意义。剩下的佼佼者数量已经很少，进行背景调查的工作量相对少一些，并且根据几次面试的结果，他们介绍的资料已经熟悉，此时调查，在调查项目设计时更有针对性。根据调查结果，决定是否安排上岗，以免在上岗后再调查出问题,令公司和人力资源部进退两难。

对应聘者进行背景调查的最佳时间是在最后一次面试之后和做出录用决策之前。挑选这个时间有如下理由：最后一次面试之后,应聘合格数减少,只剩下最合适的应聘者,有利于将费用降至最低；如果你面试以行为表现为基础,那么你能核实应聘者向你描述的情况；未被录用的应聘者将不会知道他们为什么被淘汰,是因为向证明人调查？还是因为面试造成的？这有助于保护证明人。

4. 如何解释、使用和储存调查结果

怎样解释和使用背景调查中得来的资料？应以他们与工作的相关性为中心。如果一个应聘者最近的一份工作中开车出了事情,而你正招聘的这份工作与开车无关,你根本不用考虑那些事故。但是,任何伪造资料的行为都应该严肃对待,因为它反映了应聘者道德的问题。

你把要核实的与工作有关的因素列成表时,要列出最关键的淘汰因素及你认为做好这份工作所需具备的特质。如果你要将一位应聘者排除在考虑范围之外,要在背景调查表上写明原因。

将背景调查中得到的资料与应聘者的申请表和评估报告放在一起,应保证这些档案安全,只有那些"有必要知道的人"(如人力资源部经理和招聘负责人)才能看到它。

四、文凭和求职材料的识别

1. 文凭的识别

（1）观察法。

通过肉眼观察和与真文凭的对比来识别假文凭。有些假文凭做工比较低劣,比如纸质硬度不够、没有水印、学校公章模糊、钢印不清等都可以用肉眼来识别。当然,现在的一些假文凭制作得比较逼真,水印、公章、钢印等一应俱全,简单的通过肉眼很难识别。如果周围有真文凭,可以将它与须识别的文凭进行对比,这时往往可以很快发现文凭的真伪。如果假文凭做工精细,并且没有真文凭进行参照,可以使用提问法或核实法来进行识别。

（2）提问法。

通过对应聘者的学识、常识和能力的提问来鉴别文凭的真假是最有效的方法。根据文凭中的专业,面试人员可以提一些专业性的问题,这些问题有的可能非常肤浅,有的甚至是错误的,通过应聘者对问题的反应就可以初步判断文凭的真伪性。

如果面试人员对应聘者的专业不甚了解,可以使用一些提问技巧。面试人员可以假装和文凭中的学校很熟的样子,随便聊一些学校里的事情,比如："我有一个朋友叫×××,就在你们专业,还是学生会副主席,你应该很熟吧？"（其实,面试人员根本就没有这个朋友);"×××学校的科技楼现在盖好了没有?"(没有人知道×××学校是否在盖什么科技楼);等等,根据应聘者的反应可以轻而易举地判断出文凭的真实性。

通过观察法和提问法都没有办法确定文凭的真伪性时,面试人员可以与文凭所在学校的学籍管理部门取得联系,让他们协助调查该文凭的真伪性,一般而言,学校都能积极地进行协助,虽然比较复杂一些,但准确率可以达到百分之百。

2. 求职材料的识别

将应聘者材料中的内容分为两类:一类是客观内容,如学习经历、工作经历、专业知识、技术经验等;另一类是主观内容,如个人兴趣、爱好、性格等;将无法证实的主观内容忽略掉,认真分析客观内容。将客观内容分为两类:常规客观内容和关键客观内容。常规客观内容是指普通的客观内容,如中小学学习经历、计算机的普通操作技能、普通的工作技能等;关键客观内容是指与应聘岗位直接相关的客观内容,如与岗位相关的知识、技术、工作经验等;由于应聘者是否能够通过面试,关键取决于关键客观内容的真实性,所以它也是识别假材料的重点内容。识别的步骤如下:

(1) 对关键客观内容进行认真分析,估计材料的可信度;

(2) 以可信度最差的内容开始对应聘者进行提问;

(3) 提问采用"步步紧逼"法,尽可能对其中的细节问题进行连续提问;

(4) 面试人员不一定需要了解相关的技术知识,仅需要根据应聘者的反应就可以判断他是否撒谎;

(5) 一旦发现应聘者有撒谎行为,则立即停止面试,以未通过处理;

(6) 如果通过提问还是很难估计材料的真伪性,人力资源部门可以向应聘者原单位进行联系,调查应聘者的实际工作表现。

五、背景调查可以委托中介机构进行

选择一家具有良好声誉的咨询公司,提出需要调查的项目和时限要求即可。如果工作量较小,也可以由人力资源部操作,建议根据调查内容把目标部门分为三类,分头进行调查。一是学校学籍管理部门。在该部门查阅应聘者的教育情况,能够得到最真实可靠的信息,真假"李逵"即可分辨,持假文凭者此时就现原形。二是历任雇佣公司。从雇主那里原则上可以了解到应聘者的工作业绩、表现和能力,但雇主的评价是否客观需要加以识别,有的雇主为防止优秀员工被挖走,而故意低调评价手下干将,以打消竞争对手的挖人意图。第三是档案管理部门。一般而言,从原始档案里可以得到比较系统、原始的资料。目前,档案的保管部门是国有单位的人事部门和人才交流中心,按照规定,他们对档案的传递有一套严格保密手续,因此,档案的真实性比较可靠。但是,目前人才中心保管的档案存在资料更新不及时的普遍缺陷,员工在流动期间的资料往往得不到补充,完整性较差。相比较而言,国有单位人事部门对自己员工的资料补充较好,每年的考评结果都会入档。

六、体检

体格检查通常是选拔过程后紧接着的一个步骤。在某些情况下,检查在雇员开始工作后进行。

进行雇佣前体格检查有三个主要原因:

(1) 体检可以用来确定求职者是否符合职位的身体要求,发现在对求职者进行工作安排时应当予以考虑的体格局限因素。

(2) 通过体检还可建立求职者健康记录和基线,以服务于未来保险或雇员赔偿要求的目的。

(3) 通过确定健康状况,体检还可以降低缺勤率和事故,发现雇员可能不知道的传染病。

体检这一环节的执行相对比较简单,一般企业会指定一个有信誉的或长期来往的医疗机构,要求应聘者在一定时期内进行体检。在很大的企业组织中,体检通常在招聘者的医疗部门中进行。体检的费用由招聘者支付,体检的结果也交给招聘者。

体检也是录用时不可忽视的一个环节。不同的职位对健康的要求有所不同,一些对健康状况有特殊要求的职位在招聘时尤其要对应聘者进行严格的体检,否则有可能给企业带来许多的麻烦。

本章小结

使用工作申请表可以使雇主比较精确地了解到候选人的历史资料,其中通常包括像教育、工作经历以及个人爱好一类的信息;标准化的表格可以加快预选的速度;有助于在面试前设计具体的或有针对性的问题。检查申请表的合法性;使申请表格式符合逻辑。国外通常使用的申请表格有加权申请表格和传记式申请表格。求职申请表的筛选有 A—B—C—D 分级法和比较模型法。

筛选个人简历要注意与工作有关,设想一下岗位职责,不要想当然地或匆忙地做出结论,注意有没有应警惕的东西,要合情合理。分析简历结构,阅读信息,对简历的整体印象,随着个人简历常常还有一封附信。仔细阅读这封信后,进行评估时,要注意职业特征、独创性和总体印象。

笔试是让求职者在试卷上笔答事先拟好的试题,然后由主考人根据求职者解答的正确程序予以评定成绩的一种测试方法。笔试可以大规模地进行评价,花的时间少、效率高,比较经济,但是笔试不能直接与应聘者见面,不能全面考察求职者的工作态度、品行修养及组织管理能力、口头表达能力和操作技能等,需要采用其他测试方法进行补充。

面试的种类分为非结构化面试、结构化面试、压力面试、情景化面试、行为描述面试、个人面试、小组面试、系列式面试、计算机辅助面试;面试的风格分为目测式、友好谈话式、探究式、整齐划一式、商务谈判式等。

面试地点应安排在便于进行私下谈话的地方。检查面试中所需要的物品是否齐全。确保面试接待人员有一张应试人员名单,并知道名单上的人分别在什么时间接受面试,以及应试人员到来使他们应该做些什么。

面试者要审查求职者的申请表和履历表,并注明模糊或者表明求职者优点或缺点的地方。查阅工作规范,带着理想求职者特征的清晰图像进入面试。如果可能,应该印制面试评价量表,或者至少要制定面试提纲。

面试提问要注意相关的问题,避免能以"是"或"否"进行回答的问题,要提那些需要被试者更详尽地做出回答的问题。不要向应聘者暗示答案或者把答案说出来,然后再问他。不要用审问犯人的语气提问等。面试的提问方式主要有间接提问、直接提问和混合提问等。面试可以提问一些普通的、开放式的但不暗示特定答案的问题,提短问题,仔细倾听对方的回答,然后决定下一个问题。面试中在提出了问题之后要注意认真倾听对方的回答,倾听不仅仅带有一般听的含义,还包括积极主动倾听的技术与技能。

笔记是面试的永久性记录。笔记还有助于面试者根据职务描述评估求职者的工作适应能力,在与其他候选人做比较时,笔记既有利于最初的面试者,也可帮助后来打算聘用未被录用的求职者填补未来职务空缺的面试。

全面审查应聘者的所有资料,有助于挑选出合格的候选人。背景调查通常包括犯罪记录、信用状况、工作经历、学历和从业许可等等。背景调查所需要的资料大部分都是公开的记录,可以提供给任何人。

体格检查通常是选拔过程后紧接着的一个步骤。体检这一环节的执行相对比较简单,一般企业会指定一个有信誉的或长期来往的医疗机构,体检也是录用时不可忽视的一个环节。不同的职位对健康的要求有所不同,一些对健康状况有特殊要求的职位在招聘时尤其要对应聘者进行严格的体检,否则有可能给企业带来许多的麻烦。

附录 8-1

招聘回复的速度风险
——对投递简历的应聘者反应速度越快，就越有可能招收到优秀的人才

市场飞速发展，人才竞争越来越激烈，招聘中能否招收到合适的人才，速度成为关键。"过了这个村，就没这个店"恰如其分地描述了许多求职市场的状况。公司在吸引求职者申请上已经遇到足够多的麻烦，所以为什么他们不马上与申请人取得联系？这样的瓶颈最有代表性地出现在招聘环节的两点上：一是在招聘人员初次拿到简历时，二是在雇佣经理拿到简历时。在得到简历后24—28小时内应与求职者联系。三个典型的借口是"我们的简历积压得太多，所以无法快速地从中筛选"；"人事经理出差了，还没来得及看简历"；"当我结束当天所有的会议，开始看简历时，和求职者联系已经太晚了"。所有这些问题都有根有据，但它们并不是可以接受的理由。如果一名销售代表经常被竞争对手抢走大买卖，理由只是计划书递交得太晚了，他将面临的是什么？会被炒鱿鱼，也许他的经理也会被炒掉。对于招聘，也不应有什么不同的标准。

招聘速度是衡量人力资源管理工作的一个重要指标，对投递简历的应聘者反应速度越快，就越可能招收到优秀的人才。除了高层职位，摩托罗拉人力资源部非常重视招聘速度，有时候会有许多人竞争同一个职位，人力资源部会安排出一个优先顺序。目前，摩托罗拉从收到求职信到最后进入摩托罗拉的完整招募过程，最快1个月，平均速度是3个月。摩托罗拉人力资源部的努力方向是，每5年缩短一半，摩托罗拉招聘也给自己一个责任感，希望不耽误应聘者的其他机会。如何提高招聘速度呢？第一，简历的预选工作不应完全由招聘部门独自承担。职能部门的人员也应参与到审查过程中。要求部门经理每周抽出1—2个小时的协同工作时间帮助进行预选工作。第二，多数人出差都带着笔记本电脑，或者有条件使用电脑或传真机。他们没有理由不能每天看到几份简历。如果招聘高级人才，那么应当规定在48小时内答复求职者。第三，为了以最有效的方式安排招聘人员的时间，可以由招聘协调员给求职者打第一个电话，预定一个方便的时间进行电话面试。

资料来源：胡慧平，"四大招聘风险"，《人力资源》，2004年第9期，第41页。

附录 8-2

微软如何对待电子简历：筛选保密与拾遗补漏

对于网络求职，求职者担心自己的电子简历不能够受到公司的认真对待，公司 HR 则担心会增加工作负担、影响效率。在这一对矛盾之间，我们是否可以找到一个平衡点呢？微软公司结合公司自身特点设计出了一些操作性强的技术手段，成功地在求职者与公司之间把握了平衡。

微软为所有的网络求职者设立了一个公共邮箱，求职者就可以通过 E-mail 将求职信和简历发入这个邮箱。比如，当一封希望应聘 VB 工程师的电子求职信（包括电子简历与希望应聘的职位）进入公共邮箱时，求职信的主人很快会收到一封热情的回信。这封回信由程序自动设置回复，回信的主要内容是确认微软已经收到了他的求职邮件，并感谢求职者对微软的关心。

之后这封电子求职信将进入微软设计的专门程序。这个程序的主要功能是根据电子求职信中应聘职位的关键词，将所有的求职邮件进行分类。这时候这封应聘 VB 工程师的求职信将转发到专门进行 VB 技术研发的部门。这就是微软的第一轮程序筛选。

当应聘 VB 工程师的电子求职信转发给 VB 部门后，只有 VB 部门主管和 HR 两个人对这封电子邮件具有浏览的权限。然后，他们通过简历对求职者的能力进行初步分析，如果认为这个求职者的各方面背景都符合微软要求，这封邮件连同简历将被转发到一个专门负责招聘工作的小组。

此时意味着，应聘 VB 工程师的求职者已经进入了微软的常规招聘工作，也就是进行大家所熟悉的微软的数轮严格面试。

微软公司处理电子求职信的一系列流程中，程序筛选所起到的作用主要是求职者信息的迅速分类和归档保密，人工操作所发挥的功能则在于拾遗补漏与能力分析等人性化的工作。

许多大公司和微软一样，都已经采用了这种程序与人工相结合的方法对电子求职信进行处理。

资料来源：卓博才经网，http://www.jobcn.com/HR/News_Content.jsp?ID=28981。

附录 8-3

设计素质考核面试问题

素质考核面试方法简介

以素质为依据的招聘面试方法评估的是一个人所表现出来的与某一特定工作的要求和职责相关的素质。基本素质包括四个方面：有形技能或技术技能、知识、行为素质和人际交往技能。大部分工作对某一类素质的需求胜过其他类别，但每一雇员都应在一定程度上表现出这四类素质。每项工作根据其各个岗位的要求和职责，也有一套具体的素质需求。

素质考核问题旨在了解与以往工作经历相关的具体事例，这些例子能使你预测出求职者今后在你所在公司的绩效。

如何设计素质考核问题

最好的办法是先列出该项工作的主要义务与责任。假定现有一人力资源部经理助理的空缺，其部分职责如下：

- 招聘和面试担任豁免岗位求职者；将合格的候选人推荐给相应的部门经理。
- 对可能受聘的求职者进行情况查询。
- 帮助人力资源部经理制定和实施每月的岗前培训计划。
- 帮助进行政策和步骤的实施，可能会对某些政策做出解释或说明。
- 帮助拟定全公司最新的豁免职位说明书，并不断对之加以更新。
- 帮助维护和实施公司的报酬计划，对工资晋升的推荐实行监督管理，以确保工资的增长不违背业绩提高的原则。

现在单看第一项任务："招聘和面试豁免岗位求职者；将合格的候选人推荐给相应的部门经理。"将其用于该项任务的具体内容，面试考官会毫不费力地得出如下问题：

"你曾将一位你认为应当聘用的求职者推荐给某一部门经理，但你推荐的人被拒绝了。你是如何解决你与那位经理之间的意见分歧的？请举个例子"。

"说说当你遇到的求职者过多，难以做出决定时的情形。"

"你曾雇佣过后来被证实不符合岗位要求的求职者，请具体说说那段工作经历。"

"请举例说说当你与一位部门领导在对某一豁免岗位的职责要求上不能达成共识时的具体情形。"

"你曾被要求为某一部门一次找到好几个空缺职位的人选。描述一下当时的情形。"

"描述一下你至今所遇过的最有意义的招聘经历。"

"在你担任的上一份工作中,为了说服某一部门领导雇佣某人,你是怎么做的?"

"对于那些特别难以找到合适人员的职位空缺,你去年每隔多长时间需要进行一次招聘?请说说该职位空缺的情况?"

"说说当你愿继续使用某一长期利用的招聘渠道时的情形?发生了什么情况?"

"说说当你对个别求职者的回答感到不安的情形。结果如何?"

当然,你也可以用自己的话来表达。其他情况也是如此,例如:"对可能受聘的求职者进行情况查询。"

"描述一下你进行情况查询的步骤,对没有给你电话或信函答复的求职者,你是如何采取进一步行动的?"

"你收到了某一候选人的否定推荐,而部门经理无论如何要雇佣该人。描述一下当时的情形。后来的情况如何?"

"你曾去找一位遭到否定推荐的候选人,请他解释一下为什么他的前任雇主会给他提供不利的证明,说说当时的情况。"

"有一份推荐信听起来好得令人难以置信,而后来的情况证明的确如此。请说说这一情况。"

"说说你是如何向那些只肯证明聘任日期的前任雇主进行情况查询的。"

"说说你为了确定求职者是否称职而向前任雇主提出的某些问题。"

"你收到了某位求职者的两位前雇主提供的相互矛盾的推荐信。描述一下当时的情况。你是如何处理的?"

"你曾打电话给你们公司有意聘用的一位求职者的前任经理,而她让你去找人事部门,说说当时的情形。"

"你是如何进行学习成绩核实的?请说得具体一点。"

"有位求职者很明显地伪造了文凭。说说当时的情形,你是如何处理的?"

"有位求职者已经开始工作后,你收到了有关她的不利证明,说说当时的情形。后来的情况如何?"

接下来的职责是:"帮助人力资源部经理制定和实施每月的岗前培训计划。"可提出下列一些问题:

"描述一下你在机构岗前培训计划中所担任的工作。"

"人的时间中有多大部分用于准备和实施公司的岗前培训计划?"

"在岗前培训过程中你最喜爱哪部分工作?为什么?你最不喜欢的是哪部分?"

"说说当你被问到一些你无法回答的问题时的情形。"

"你是否遇过你邀请来做岗前培训的人没有到场,印刷材料没有准备好或音像设备出了问题的情形?你是如何处理的?"

"说说你为第一次岗前培训所做的而现在已不再做的准备工作?"

"描述一下你与其他岗前培训工作的准备人员和参加人员之间的关系。"

"与那些参加岗前培训课并被要求填写课上发给的表格的人员,你是如何进一步联系的?"

"说说你曾经有过的、能使岗前培训对新员工更有意义、更有帮助的一些想法。"

下一个需要考核的方面是:"帮助实施政策和步骤,也许要对某些政策做出解释与说明。"

下面是一些有益的问题:

"说说你在执行和解释人力资源部的员工政策和步骤方面所起的作用。"

"关于政策和步骤方面的问题,员工们多长时间给你打一次电话?"

"举些例子说明一下这些电话的性质。"

"你是否遇到过员工要求对某一人力资源部政策做出解释并对这一解释感到很不高兴的情况?说说当时的情形?你是怎么处理的?"

"是否出现过员工对某一政策或步骤的准确性提出质疑的情况?"

"举例说说某项长期政策被修订的具体情况。"

"描述一下某项引起问题和关注最多的公司政策?你认为原因何在?"

关于"帮助拟定全公司最新豁免职位说明书,并不断对此加以更新"这一任务,提出下述问题很有帮助:

"说说你在拟定职位说明书这方面工作中的职责。"

"说说你所负责的工作种类。"

"描述一下你是如何为撰写工作说明书收集信息的。"

"你在拟定工作说明书时是否遇到过困难?说说当时的情形?你认为原因何在?"

"你是否遇到过任职者与其经理对某一职位的描述意见不一的情况?结果如何?"

"你怎样确保工作说明书不过时?"

"你是否遇到过工作职责与其相应的级别以及工资等级看上去彼此不符的情形,请举个例子说说当时的具体情况?结果如何?"

"为了能熟练地拟定工作说明书并保持其准确性,你都做了哪些工作?"

最后一个方面是:"帮助维护和实施公司的报酬计划,对工资晋升的推荐实行监督管理,以确保工资的增长与业绩提高的原则相一致。"可考虑提出如下问题:

"描述一下你在公司的报酬计划中所承担的职责。"

"说说绩效评估与工资增长之间的关系。"

"你是否遇到过某位部门领导建议为一位绩效较差的雇员涨工资的情况?说说当时的情形。"

"描述一下你在报酬计划中所担当的最富挑战性工作。"

"你是否遇到过员工对所建议的长级幅度提出异议的情形?请举出具体事例。你在解决争端的过程中所起的作用是什么?"

"是否出现这样的情形:某位员工已达到了其所在系列的最高级别,但据其表现应继续晋升,描述一下当时的情形,后来的情况如何?"

仅就上述六项任务就可提出50多个问题,从而获得大致与工作相关的反映全部四项素质的信息。此外,通过运用积极倾听艺术,你还有可能根据求职者的回答想出更多与工作相关的问题。

有了五六个事先设计好的问题,加上工作说明书中包含的信息以及求职者的申请表和简历,素质考核问题应在整个面试中自然而然的不断涌现。

提出这类问题的过程并不艰难,并能引发出大量问题,最终帮助你做出有效的聘任决定。

附录 8-4

美国企业的背景调查

　　背景调查是美国企业在招聘过程中对企业外部申请者进行筛选的最基本最常用的办法。美国企业的主要背景核实方式为推荐信核实，其次为电话核实，也有利用商业调查公司进行的。核查的内容多种多样，多数企业会通过电话向求职者以前的雇主调查求职者当前的职位工资以及一贯表现。有些则会通过向以前的主管和同事询问，了解求职者离职原因求职动机技能以及合作能力等问题。此外，也有不少企业利用商业调查公司更详细地了解有关求职者信誉等级、家庭情况、资产负债等情况。商业调查公司通过美国的公共记录系统，购买信用记录的企业已经计算机化的记录资料，无论从费用和效率上来说，对委托企业都具有吸引力。

　　美国法律对背景调查有一定的限制，这种限制主要是为了防止侵犯个人隐私或防止就业时的歧视。为了保护个人隐私，美国联邦和各州都有一些法律对雇主可以调查的项目和方式进行了规定，其中最重要的是 1974 年通过的《美国隐私法》《公平信誉报告法案》规定，公司在使用调查机构应将背景调查一事通知求职者。另外，如果原雇主提供的材料不真实或出于恶意传播给无关的人有可能会被控为诽谤，要负民事责任。正是由于有的求职者在被新公司拒绝后会以"诽谤声誉"为由起诉推荐人，美国有些公司为了避免在被其他公司要求提供员工资料时产生不必要的麻烦，在员工辞职或辞退时会要求员工签订协议，要求员工放弃被推荐的权利或放弃查阅自己背景材料的权利。

　　近年来，美国出现了大规模的企业并购浪潮，公司合并时往往伴随着裁员，这时候，背景调查也会成为决定员工去留的手段。越来越多的公司设法降低由于错误雇佣不合适的员工而带来的风险和损失，他们更加重视员工的背景调查。

第九章

录用与招聘评价

    录用与招聘评价为员工招聘与配置的最后一道工序,但却不是一劳永逸的。这项工作将伴随受雇佣员工在企业职业生涯的始终。

    从录用决策的选择、发出入职通知、新员工报到,到招聘成本评估、录用人员评估,录用与招聘评价就像是提供"售后服务",它的重要性不言而喻,对不断提升企业招募人才的水平,留住高质量人才,树立企业形象有很大帮助。

第一节 录　用

一、录用决策注意事项

在录用决策时有两个选择：一是在候选人之间进行选择；二是在候选人与招聘标准之间进行比较。如果比较的结果是没有一个人能够符合要求，也有两种选择：一是进行重新招聘；二是在原来的求职者中进行重新选择。

评价基于事实。对照职位要求比较应聘者的资格，不要寻求或猜测应聘者回答或其行为的隐含意义，要了解那些一旦工作就会表现出来的行为，关注行为，而不仅仅只关注语言。有些面试认为应聘者的语言所动，却忽视其行，观测者应通过关注语言和行为，大量了解应聘者的喜好、组织技能和一般态度。不能吹毛求疵。世界上永远也没有十全十美的人，我们必须分辨出哪些能力是完成这项工作不可缺少的、哪些是可有可无的、哪些是毫无关系的，抓住了主要问题，抓住了问题的主要方面，这样才能录用到合适的人才。不要拖延时间。你当然不想出现这样的情况：花了许多时间做出决定，结果却发现你最终想录用的应聘者已经接受了别的工作，或他不再对你的那份工作感兴趣了。因此，应尽快做出决定，当然也不能急躁草率，但是要快。

当录用决策决定的是一个对企业发展非常关键的职位的人选时，在决策阶段，招聘者常常在几个脱颖而出的候选人中难于决策。在这种时候，大多数情况下，最好的选择是回到职务分析阶段，重温职务分析，看看该职位究竟需要什么样的人。但也不能把职务说明看作"圣旨"，灵活性是成功录用的关键所在。完全符合职位标准的人一是很可能不存在，二是这些人会认为这个职位缺乏刺激，而待不长久。最好是选择一个能完成工作任务80%的应聘者，这样的雇员常常会在岗位上待更长时间，而且有更好的工作动机和更大的工作动力。

在所有进行招聘所需要的资料信息都集中在一起之后，就应该只让有关的录用决策人员在场，与录用无关的人都应该回避。在录用决策中也应该避免受到"外部游说"活动的影响。一般而言，参与决定的人应包括那些直接负责考察应聘者工作表现的人，以及那些会与应聘者共事的人，如部门的同事或那个部门的主管。在录用的时候也应该根据具体情况对录用标准灵活掌握，有时也需要一点直觉。进行录用决策的人应该能够很清楚地解释自己所做出的录用决策。由于企业的需要不同以及雇佣的职位不同，录用决策的程序会有很大差别。对于文职办事人员和一线工人来说，要一个人进行录用决策就足够了。这个人就是待聘者的主管上司。对于管理岗位，至少需要三个人在一起进行录用决策，这三个人一般包括这个待聘职位的直接上司以及另外两位待聘者将要一起工作的人。

二、通知应聘者

通知应聘者是录用工作中一个重要部分。通知一共有两种：一种是录用通知；另一种是辞谢通知。

在通知被录用者方面，最重要的原则是要及时。由于企业的官僚作风，许多机会都是因为在决定录用后没有及时通知应聘者而失去了。因此，录用决策一旦做出，就应该马上通知被录用者。在录用通知中，应该讲清楚什么时候开始报到，在什么地点报到。应该附录说明如何抵达报道地点的详细说明和其他应注意的事项。对于被录用的人，应该用相同的方法通知他们被录用了，不要有的用电话通知，有的人用信函通知。公开和一致地对待所有应聘者，能够给人留下好的印象。

对于未录用的申请者，同样应该用相同的方式通知。如果电话通知一个申请人他没有被录用，那么所有的申请者都应该用电话通知。每一个参加了面试的人都应该得到一个及时的回答。辞谢通知最好采取书面的形式，一般来说，由企业人力资源部经理签名的辞谢信，比单纯加盖一个公章的辞谢信要让人好受一些。

当然，无论企业如何努力吸引人才，都仍然会发生接到录用通知的人不能来企业报到的情况。对于那些企业看中的优秀的应聘者，这时，企业的人力资源部甚至是最高层领导应该主动去电话询问，并表示积极的争取态度。如果候选人提出需要更多的报酬，您应该而且必须与他进行进一步谈判。因此在打电话前，对于企业在这方面还能够提供什么妥协，最好有所准备。如果在招聘活动中，企业被许多应聘者拒绝，就应该考虑自己的条件是否太低。问清楚应聘者为什么拒聘，从中也许可以获得一些有用的信息。

三、协商待遇条件

发出入职通知后，很多应聘者会毫不犹豫或几乎毫不犹豫地接受你提供的待遇条件，但是有些应聘者会仔细考虑你的待遇条件，并将它与其他公司提出的条件对比，对此，尽量使信息传达到位，着重于建立一种关系。你的待遇条件要满足应聘者的要求，提出待遇的方式要能够抓住应聘者的注意力，要有随时改变待遇条件的准备。注意每一位应聘者的不同要求，然后根据他们的不同要求量体裁衣。不要害怕把条件"卖给"应聘者，在应聘时，应聘者已经把自己"卖给"了你，现在轮到你把你们公司"卖给"他们了。如果你已经使某位应聘者对你提出的待遇条件感兴趣，那么不要对其做任何改动。一旦发现了合适的人选，要有目的地继续工作，不要拖延时间，不要总想等"更好的"。如果应聘者达到了你的要求,你就应该考虑录用他们,"更好的"也许不会来应聘,也许他们对你提出的待遇不感兴趣,因此,你这样做的结果可能是谁也雇不到。

1. 通过协商方式达成对双方都有利的待遇条件

下面几种办法会教会你如何提出就有吸引力又合情合理的待遇条件。

（1）了解市场价格。首先要搞清楚你想雇人干的这份工作的市场价值是多少。你可以通过因特网或从当地的经济发展部门获取相关的资料。如果你给出的薪水高于市场价格,与应聘者在待遇方面达成共识是不成问题的;如果你出的价格比市场价格低,那么你需要做以下三件事中的至少一件：降低你的标准,提高待遇,或者提高非货币化的额外津贴。

（2）了解自己可以提供的待遇极限。一旦知道了符合你技术要求的员工目前的市场价格,那么你需要知道自己的协商范围有多大,经济上的限度是多少。在与应聘者协商待遇问题时,要清楚自己能出的价码最高是多少、最低是多少。

（3）了解应聘者认为自己值多少。应聘者可能会觉得由于自己的经验和专长,他应享受的待遇要高于市场平均值,接下来,你需要决定是否愿意为他的经验和专长付钱,如果觉得不值,不用理他,继续其他的工作。

（4）确定谁占优势。如果你与应聘者达成统一意见仍然存在许多困难,那么你需要搞清楚谁占优势。如果在应聘者中还有其他符合条件的人选,你占优势;但是如果应聘者占优势,你应该立刻决定究竟是做出让步还是放弃。

（5）明确重点。大多数协商谈判都围绕某些特定的事情进行。你应该明确这些事情是什么。如果是有关薪水问题（通常是这个问题）,那么你应该采取谈判策略,使你不至于在今后付出昂贵的代价。例如,可以提供奖励措施,直接的和长期的,而不是提高基本工资。

（6）知道什么时候放弃。如果你已经作了好几次努力,可应聘者仍然不接受你所提出的待遇,那么应考虑以下这个问题。因为应聘者一再拒绝,可能表明他对是否能从事这一工作并不是很有把握。

2. 协商工作待遇问题应注意的要点

值得注意的是,协商讨论工作待遇问题时要记住以下要点。

（1）不要许诺你做不到的事情。对应聘者要坦率,要以诚相待。如实地向应聘者介绍有关工作的情况,向他清楚地说明你期望他做什么,以及你不要他承担的义务。

（2）不要过分吹嘘。过分吹嘘有两种表现：第一,提出过多的货币化的或非货币化的奖励;第二,使应聘者少负很多责任。不管是哪种情况,都会使雇员的工作动力和挑战精神随之减弱。它所导致的另一个问题是雇主会因为雇员得到了那么多优厚的待遇而对其寄托不切实际的期望,最后,其他员工可能会嫉妒新员工。

(3)不要一味等待。如果你向应聘者提出待遇后,两三天之内仍没有得到答复,那就主动和他们联系。问问他们是否有什么问题需要解决。但是,如果应聘者在反复权衡各个公司提出的待遇条件,从其中选择最好的,我们建议你应该问问自己:"这样的人是我需要的吗?"

四、签订劳动合同

劳动合同签订双方是作为法人的企业和择优录用的应聘者。签订劳动合同的一般程序是从录用报到之后或报到之时开始,到办理鉴证或公证为止。

1. 签订劳动合同的程序

签订劳动合同一般有如下程序:

(1)双方议定合同的具体条款。属于法律和通用条款可预先印在合同上,需要对方商议的条款,在签订合同时必须达成一致。

(2)正式签订招聘合同,双方签字盖章。

(3)办理合同鉴证或公证。办理合同的鉴证是合同的主管机关,即当地的劳动人事部门或劳动服务公司。鉴证的目的是为了增强国家行政机关对劳动合同的管理和监督作用,督促当事人履行合同,以保护双方的利益。目前,所签订的招聘合同,一般没有到国家公证机关办理公证,今后,这类合同是否要到公证机关办理公证,有待劳动法加以规定。

2. 聘用合同的内容

聘用合同的内容一般包括:

- 被聘任者的职责、权限、任务。
- 被聘任者的经济收入、保险、福利待遇等。
- 试用期,聘用期限。
- 聘用合同变更的条件及违反合同时双方应承担的责任。
- 双方认为需要规定的其他事项。

同时,还要注意劳动法中规定的下列内容:

- 劳动合同的形式、内容和订立的原则。
- 劳动合同订立的程序。
- 劳动合同期限的确定。
- 劳动合同的变更、解除与终止。

第二节 接纳新雇员

一、新雇员就位程序(第一天)

(1)做好准备。做好日程安排,考虑一下新雇员从事这一工作时需要了解什么?准备好所有必需的材料和信息。

(2)欢迎新雇员。热情地欢迎新雇员,尽量不要匆忙打个招呼了事。指定某个人做"向导"——这个人有充裕的时间可以给新员工所需的关心和照料。安排好一个地方可以和新雇员一起坐一坐,对于他们加入你们的行列表示高兴。

(3)注意文书工作。填写好录用表并签署保险文件,尽快地处理好这些事情,这样可以给你留出时间,集中精力处理其他工作。

(4)注意重要的政策和程序。不要过分地重视细节,只要强调重点就可以。

(5)向新员工讲述公司的前景和任务。大多数公司都有文件讲述其前景和任务,如此,参阅这些文件即可,但不要只是把文件给员工读一遍或发给每人一份,要向他们解释每一条是什么意思,以及如何影响公司的决策和日常工作。尽量笼统地讲些大的方面,因为新员工通常还无法领会细节。

(6)清楚讲述你的期望。向新员工解释请他做什么工作以及你对他的期望。定期地回顾他所取得的成绩,并鼓励他坚持这种做法。记住,要设身处地地为新员工考虑问题。

(7)预先介绍实际工作。就位工作做得好也会给新员工提供一个预先了解实际工作情况的机会。要坦诚地指出该工作的积极方面以及潜在的消极方面。

(8)参观工作场所。领着新员工四处看看,把他介绍给同事,带领他看他将来工作的场所,告诉他有问题到哪里去求助。利用这个机会向新员工介绍同事的优点,赞扬他们并为他们树立威信。

(9)指定一位良师益友。指导新员工就位是一个长期的工作。因此,你需要指定一个人在最初的30天里或更长的时间内对新员工进行指导。指导不仅帮助新员工就位或建立良好的同事关系,他们还对新员工进行培训和指导。因此,选择指导时必须谨慎。下面是怎样选择指导的几点建议:

① 选择那些与新员工做同一种工作或相似工作的人员,或者选择将经常与新员工打交道的人。总之,他们必须与新员工有共同点。

② 选择那些受雇佣时间不是很长的人。工作时间很长的人也许已经无法记清当新员工时的感受。受雇佣9—18个月的员工最能体会新员工的感受,知道新员工

想了解什么。

③ 选择那些对公司、对工作都持有积极态度的人。

④ 选择那些工作表现好，或擅长本职工作的人。指导应该是正面的楷模。

二、第一天之后

最初的就位工作完成后，不要就此停止。因为有的新员工会因为得不到培训或缺乏工作动力而辞职。

（1）保持积极势头。让员工们认识到自己对于公司是多么重要，你可以每天都这样做，说一句赞扬的话和鼓励的话只需几秒钟，但却能大大地鼓励员工继续尽力出色地工作。

（2）不断地提供定位培训。你应该使员工具备取得成功所需要的手段和知识。成功的因素会随着时间推移而变化。因此，要使雇员了解本行业最新的信息。

（3）与雇员交谈，而不是"你说他听"。经理与雇员需要就工作表现、贡献、事业发展和未来的报酬问题进行双向的交流。

（4）尽早、经常利用有效反馈。对新员工最初的表现不要批评得太多，人人都需要一段时间进行调整适应。要为新雇员着想，并经常鼓励他们。

（5）利用机会向新雇员学习。通过直接观察了解新雇员反馈的信息，并做分析，经常思考你的招聘体系，并采取措施做必要的改动。

表9-1是新员工接纳程序表。

表9-1 新员工接纳程序表

员工编号：		姓名：		性别：		出生日期：	
住所：			电话：			毕业学校：	

序号	材 料 名 称	事 务 手 续	备 注
1	录用通知	发送	月　日
2	录用通知（发至学校）	发送	月　日
3	入公司承诺书	收存	月　日
4	毕业证书	收存	月　日
5	成绩证明书	收存	月　日
6	身份保证书	收存	月　日
7	誓约书	收存	月　日
8	雇佣保险	手续完毕	月　日
9	健康保险、卫生福利年金保险	手续完毕	月　日
10	员工花名册	登记完毕	月　日
11	工资底账	登记完毕	月　日
12	抚养费扣除等申请报告书	收存	月　日
13	上班月票申请表	收存	月　日

(续表)

序号	材 料 名 称	事务手续	备 注
14	入公司典礼通知	发送　　月　日	
15	任免命令、身份证明书	交付　　月　日	
16	人事卡	已制作　月　日	
17	健康管理卡	已制作　月　日	
18	就业规则等材料	交付　　月　日	

三、适应性培训内容

1. 新员工培训的必要性

一个新员工进入一个完全陌生的地方,这里的一切对他来说都是未知数,如果缺乏好的适应培训,员工必须自己一点点地适应环境。这个过程对有的员工来说是很痛苦的,这样对待新员工的结果是,员工很不容易对企业产生感情,这会使以后的人力资源工作都很难进行。

在适应性培训中,应该说有两个重要任务:第一是让新员工适应企业,第二才是让新员工适应其特定的职位。第一步,也是更重要的一步,是适应企业。

2. 比较完整的适应性培训的三个部分

第一部分:培训开始时,高层经理人员应该向新雇员介绍公司的信念和期望以及员工可以对公司具有的期望和公司对雇员的要求,然后由人力资源部门进行一般性的指导。在这一过程中,人力资源部门的代表应该和新员工谈论一些共同性的问题,包括介绍组织的概况、种种政策与规定等。

这一部分的培训内容主要包括以下三个方面。

(1) 企业文化精神层次的培训。参观企业史展览;或请先进人物宣讲企业传统;请企业负责人讲讲企业目的、企业宗旨、企业哲学、企业精神、企业作风、企业道德。让新员工清楚地了解:企业提倡什么,反对什么,应以什么样的精神风貌投入工作,就以什么样的态度待人接物,怎样看待荣辱得失,怎样做一名优秀员工。

(2) 企业文化制度层次的培训。组织新员工认真学习企业的一系列规章制度,即考勤制度、请假制度、奖励制度、惩罚条例、福利制度、财务报销制度、人员进出制度、人员培训制度、人员考核制度、职称评定制度、晋升制度、岗位责任制度等;与生产经营有关的业务制度和行为规范,诸如怎样接电话、怎样接待客户、怎样站立、怎样行走、礼貌用语、文明公约等。

(3) 企业文化物质层次的培训。让新员工了解企业的内外环境、厂容厂貌,部门和单位的地点和性质;了解企业的主要产品、设备、品牌、商标,以及声誉和含义;了解厂旗、厂标、厂徽、厂服及其含义；了解企业环境内的纪念建筑（雕塑、塑像、纪念馆、纪念碑等）和纪念品（有纪念意义的奖杯、礼品杯、纪念册、锦旗）及其反映的企业精神和企业传统。

通过企业文化培训，使新员工形成一种与企业文化相一致的心理定势，以便在工作中较快地与共同价值观相协调。

第二部分：由新员工的直属上司执行特定性的指导，包括介绍部门的功能、新员工的工作职责、工作地点、安全规定、绩效检查标准以及一起合作的同事等。对新员工业务的培训可以通过以下三种方式来进行：

（1）参观企业生产的全过程，请熟练技师讲解主要的生产工艺和流程。

（2）请企业的总工程师给新员工上课，讲解企业生产中的最基本的理论和知识。

（3）根据各人的不同职位，分类学习本单位有关的业务知识、工作流程、工作要求和操作要领。

对于第三产业的企业、事业单位，相应地安排基础性的业务知识和技能的培训。除了统一的培训外，在工作上还可以建立辅导关系，即让新员工的直属上司或同事成为新员工的师傅，对新员工给予具体的、细致的、系统的辅导和指导。不仅教技术、教工艺、教操作、教服务技巧、教办事方法，而且教思想、带作风、讲传统。另外，通过正式或非正式的方式，将新员工的工作反馈给新员工有助于其有所依据，减少他们的焦虑感。

第三部分：举行新进员工座谈会，鼓励新进员工尽量提问，进一步使员工了解关于公司和工作的各种信息。这一过程在促进新进员工的社会化方面具有重要作用。事实证明讨论会的形式是十分有效的，在进入企业的第一个月的月底，那些参加了讨论会的新雇员比那些没有参加讨论会的表现要好得多。

第三节 招聘工作的评估和总结

一、如何评价公司招聘的效果

其实，对招聘工作的衡量标准只有一个，即被招聘对象的表现如何？当然，这需要时间，而且评价雇员工作表现同时也要求公司制定相应的程序和标准。

评价招聘部门的工作是否成功，可以从以下四个方面来看。

（1）负责招聘的人员是否花时间与公司其他部门的经理们一起讨论他们对应聘人员的要求。合格的招聘人员会花相当多的时间来了解空缺职位的情况，同时，用人部门应该明确提出本部门职位所需要的关键技能和条件。

（2）招聘部门的反应是否迅速，能否在接到用人要求后短时间内就找到有希望的候选人。真正高效的招聘部门应该了解其他公司中干得出色的人并随时拥有各种候选人的资料。这就需要公司内部其他职能部门在平时就为招聘人员提供消息和便利，而负责招聘的人员则需要为这些潜在的候选人建立档案甚至可以给他们打电话以了解其兴趣所在。

（3）部门经理们能否及时安排面试，如果不能，就会错过真正优秀的人才。总是推迟面试，实际上是在传递两个信息：一个是使面试人觉得自己并不是那么重要，一个是使本公司的招聘人员觉得自己的工作没有受到重视。

（4）公司是否在物质资金方面给招聘部门支持并给予足够的授权。优秀的候选人大部分都以职业为重，但也非常关心自己能否得到特殊的对待，自己的工资待遇等条件能否得到满足。如果招聘部门有足够的权力和候选人进行这方面的洽谈，而且公司也能够从人力资源方面给招聘人员支持并未候选人提供最好的条件，就能够在竞争中获得优势。

二、成本评估

招聘成本评估是指对招聘过程中的费用进行调查、核实，并对照预算进行评价的过程。

招聘工作结束后，要对招聘工作进行核算。招聘核算是对招聘的经费使用情况进行度量、审计、计算、记录等的总称。通过核算，可以了解招聘中经费的精确使用情况，是否符合预算以及主要差异出现在哪个环节上。

招聘成本包括在招募和录取过程中招募、选拔、录用、安置以及适应性培训的成本。

（1）招募成本是为了吸引和确定企业所需内外人力资源而发生的费用，主要包括招募人员的直接劳务费用，直接业务费用（如招聘洽谈会议费、差旅费、代理费、广告费、宣传资料费、办公费、水电费等），间接费用（如行政管理费、临时场地及设备使用费等）。

（2）选拔成本由对应聘人员进行鉴别选择，已做出决定录用或不录用这些人员时所支付的费用构成。一般情况下，主要包括以下八个方面：① 初次口头面谈，进行人员初选；② 填写申请表，并汇总候选人员资料；③ 进行各种书面或口语测试，评定成绩；④ 进行各种调查和比较分析，提出评论意见；⑤ 根据候选人员资料、考核成绩、调查分析评论意见，召开负责人会议讨论决策录用方案；⑥ 最后的口头面谈，与候选人讨论录用后治委、待遇等条件；⑦ 获取有关证明资料，通知候选人体检；⑧ 体检，在体检后通知候选人录取与否。以上每一步骤所发生的选拔费用不同，其成本的计算方法也不同。

（3）录用成本是指经过招募选拔后，把合适的人员录用到某一企事业单位中所发生的费用。录用成本包括录取手续费、调动补偿费、搬迁费和旅途补助费等由录用引起的有关费用。

（4）安置成本是为了安置已录用员工到具体的工作岗位上时所发生的费用。一般有各种行政管理费用、为新员工提供工作所需要的装备条件以及录用部门因安置人员所损失的时间成本而发生的费用构成。

（5）适应性培训成本是企业对上岗前的新员工在企业文化、规章制度、基本知识、基本技能等基本方面进行培训所发生的费用。适应性培训成本由培训和受培训者的工资、培训和受培训者离岗的人工损失费用、培训管理费用、资料费用和培训设备折旧费用等组成。

三、录用人员评估

录用人员评估是指根据招聘计划对录用人员的质量和数量进行评价的过程。

- 判断招聘数量的一个明显的方法就是看职位空缺是否得到满足，雇佣率是否真正符合招聘计划的设计。
- 衡量招聘质量是按照企业的长短期经营指标来分别确定的。在短期计划中，企业可根据求职人员的数量和实际雇佣人数的比例来认定招聘质量。在长期计划中，企业可以根据接收雇佣的求职者的转换率来判断招聘的质量。

录用人员的数量可用以下几个数据来表示：

（1）录用比：录用比 = 录用人数/应聘人数 × 100%；

（2）招聘完成比：招聘完成比 = 录用人数/计划招聘人数 × 100%；

（3）应聘比：应聘比 = 应聘人数/计划招聘人数。

如果录用比例小，相对来说，录用者的素质就越高；反之，则可能录用者的素质较低。

如果招聘完成比等于或大于100%，则说明在数量上全面或超额完成招聘计划。

如果应聘比较大，说明发布招聘信息效果较好，同时说明录用人员可能素质较好。

除了运用录用比和应聘比这两个数据来反映录用人员的质量，另外也可以根据招聘的要求或工作分析的要求对录用人员进行登记排列来确定其质量。

四、针对竞争对手的招聘总结

1. 搜集竞争对手的情报

这是指公司的直接竞争对手的有价值情报，包括策略、计划、工作方法及人员资料。竞争对手的情报能使我们在其下一次的招聘活动开展之前进行人才招聘时更好地对抗对方。招聘方面的情报通常是：

（1）最优秀的求职者为什么向竞争对手申请工作，而不愿意向我们申请？

（2）求职者为什么查询竞争对手的公司网站？

（3）若求职者不来我们公司求职，他们会转问哪家公司？我们公司与其他公司之间的薪水差额是多少？

（4）我们公司在招聘中最终取胜的因素是什么？哪些因素促使一些求职者最终选择我们的竞争对手？

（5）对手提供的职位？影响我们公司招聘工作的不良因素是什么？

（6）在竞争对手的广告、网站及其他招聘方式中，哪一项对求职者的影响最大？

五、适应性培训的控制和评价

1. 适应性培训中容易出现的问题

（1）适应性培训仅仅限于为新员工填表造册，让新员工在人力资源部门填写大量表格后，参加一个简单的欢迎会后就上岗工作。

（2）浮光掠影式的适应性培训，时间很短，没有办法给新员工留下深刻的印象。

（3）填鸭式的适应性培训给新雇员的信息太多太快，使新雇员产生负担感，同样也无法达到适应性培训的目的。

2. 适应性培训的控制

有效的适应性培训事先要制定完整的计划。在适应性培训计划阶段，人力资源部门需要明确的关键问题包括适应性培训的目的、需要考虑的问题及其范围和开展培训的时间等细节问题。对公司层次、部门层次及工作层次的主题要做出合理的划分，并合理规划适应性培训中的技术类内容和社交类内容。在方法上，培训方案的灵活性应该能够适应不同教育程度、不同智力水平和不同工作经历的雇员，保证能够鼓励新雇员在学习过程中积极参与讨论和活动，并获得信息的反馈。为了评价适应性培训的效果，人力资源部门要设计跟踪适应性培训工作所使用的审查清单，还要编写员工手册。

3. 跟踪调查的内容

跟踪内容是对每一个新雇员进行全面的复查，以了解适应性培训的内容是否已经被真正领会和掌握，必要时，应该简单重复一遍。一般员工的直接上司应该在新雇员工作一天和一周之后进行跟踪调查，而人力资源部则应在员工工作一个比较长的时期（如一个月）之后进行调查。一般的调查方法是由新雇员代表和主管人员进行座谈，或者以问卷的方式普查所有新雇员。调查内容可以包括以下的内容：

（1）适应性培训活动是否适当，培训场所、文件资料和表达方式等是否使新雇员得到了关于公司的正确印象。

（2）培训内容是否容易理解。如各种职业和各种背景的新员工在一起接受适应性培训，那么就需要了解适应性培训活动的内容和风格是否普遍使用，是否容易理解和接受。

（3）培训活动是否有趣，培训活动的灵活性如何，培训的内容是否有助于员工与他人的沟通，培训内容是否能够适应公司经营规模的变动。

（4）适应性培训是否有激励效果，培训活动是否强调了员工对于公司的重要性，接受适应性培训后员工是否能够感到公司关心他们的事业和他们的家庭。

4. 适应性培训的评估

（1）从企业是否受益的角度去评估。

- 显性效果：如新员工流失率是否下降等。
- 隐性效果：如新员工劳动生产率是否有所提高。

（2）从受训者是否受益的角度去评估。

评估要注意受训者的反应，如果学员不感兴趣，就不会认真学习。最简单的办法是进行问卷调查，还可以要求受训者写学习小结、开座谈会，谈自己学到哪些东西，受到哪些启发等。

（3）从培训者角度评估。

回头看看这次设计的培训系统是否得当。评估你使用的培训方法是否有效：学生乐于接受吗？达到培训目的了吗？

（4）人力资源部门的评估。

人力资源部门的评估要抓住两条主线：一条是经过培训的员工的任职资格差距是否缩小了，经过培训的员工的绩效是否比没有经过培训的员工的绩效水平更高，流动率是否更低。另一条主线是适应性培训成本的大小。

本章小结

在录用决策时有两个选择：一是在候选人之间进行选择，二是在候选人与招聘标准之间进行比较。如果比较的结果是没有一个人能够符合要求，也有两种选择：一是进行重新招聘；二是在原来的招聘水池中进行重新选择。

在录用的时候也应该根据具体情况对录用标准灵活掌握，由于企业的需要不同以及雇佣的职位不同，录用决策的程序会有很大差别。对于文职办事人员和一线工人来说，要一个人进行录用决策就足够了。这个人就是待聘者的主管上司。对于管理岗位，至少需要三个人在一起进行录用决策，这三个人一般包括这个待聘职位的直接上司以及另外两位待聘者将要一起工作的人。

通知应聘者是录用工作中一个重要部分。通知一共有两种：一种是录用通知；另一种是辞谢通知。在通知被录用者方面，最重要的原则是要及时。对于未录用的申请者,同样应该用相同的方式通知。无论企业如何努力吸引人才,都仍然会发生接到录用通知的人不能来企业报到的情况。对于那些企业看中的优秀的应聘者,企业的人力资源部甚至是最高层领导应该主动去电话询问,并表示积极的争取态度。

发出入职通知后,很多应聘者会毫不犹豫或几乎毫不犹豫地接受你提供的待遇条件,但是有些应聘者会仔细考虑你的待遇条件,并将它与其他公司提出的条件对比,对此,尽量使信息传达到位,并通过协商方式达成对双方都有利的待遇条件。劳动合同签订双方是作为法人的企业和择优录用的应聘者。签订劳动合同的一般程序是从录用报到之后或报到之时开始,到办理鉴证或公证为止。

新雇员就位要做好日程安排,最初的就位工作完成后,不要就此停止。因为有的新员工会因为得不到培训或缺乏工作动力而辞职。不断地提供定位培训,使员工具备取得成功所需要的手段和知识。

对招聘工作的衡量标准只有一个,即被招聘对象的表现如何。当然,这需要时间,而且评价雇员工作表现同时也要求公司制定相应的程序和标准。

招聘成本评估是指对招聘过程中的费用进行调查、核实,并对照预算进行评价的过程。招聘工作结束后,要对招聘工作进行核算。通过核算,可以了解招聘中经费的精确使用情况,是否符合预算以及主要差异出现在哪个环节上。招聘成本包括在招募和录取过程中招募、选拔、录用、安置以及适应性培训的成本。

录用人员评估是指根据招聘计划对录用人员的质量和数量进行评价的过程。录用人员的数量可用以下几个数据来表示:录用比,招聘完成比,应聘比。

附录 9-1

豁免地位(Exemption Status)

美国《劳动标准法》(The Fair Labor Standards Act, FLSA)规定豁免是指"免除支付超时工作报酬";也就是说,公司不必为员工的超时工作付报酬,这一般只指经理、主管,当然,这并不是说公司不能支付超时报酬。不过,除了罢工和其他紧急情况,公司很少支付超时薪水。非豁免是指:"不免除支付超时工资",非豁免性员工是指办事员,他们的超时工作是要付薪水的。

员工的实际工作决定了他们是否有豁免权,大多数岗位的豁免地位很清楚,只有少数工作人员介入两者之间的灰色区域,很难区分。劳动部为了帮助大家区分豁免和非豁免人员,提出了豁免性工作必须符合的一系列要求,这些要求评估出四种符合《劳动标准法》中豁免定义的员工类型:经理人员、行政人员、专业人员和推销人员。豁免员工的最低工资要求相对稳定,而且不常调整,但我们不能只以此来确定其豁免地位。决定是否豁免的标准应是具体的职责和责任层次,另外两个主要的标准是独立决策的程度和管理权威的程度。

美国就业标准管理委员会工资小时处(The Employment Standard Administration, Wage and Hour Division, Washington, D. C. 20210)颁布劳动部豁免指标。

下列为豁免和非豁免审核表。

豁免审核表

员工豁免就业审核表,可以书面填写,也可以通过电话填写。尽管希望求职者回答所有的问题,但是由于表格涉及了专业技术人员的若干信息,即使只回答一半问题,雇主也可以了解求职者的资格水平。

豁免就业审核表

求职者:_____ 申请的岗位:_____

联系人:_____ 头衔:_____

公司:_____ 电话号码:_____

地址:_____

上述申请人向我公司申请求职,他/她指明您是他以前的雇主,授权我们向您核实他/她的工作经历。我们希望您能真实地提供有关求职者的信息和绩效水平。

1. 从_____年_____月_____日至_____年_____月_____日在_____部门工作。

( )是 ( )否

(如否,请解释)

2. 他的基本职责:_____

3. 他终止与您公司的就业合同的理由是:_____

( )是 ( )否

(如否,请解释)

4. 您如何评价他的总体绩效?

5. 他最大的强项是什么?

6. 还有哪些地方需要培训和改进？

7. 他/她如何能成为一个有效的主管和经理？

8. 请描述一个有压力的工作场景。

9. 请描述他/她是如何处理工作任务的。

10. 请描述他/她的管理方式。

11. 请描述他/她的决策方式。

12. 请描述他/她的时间管理风格。

13. 请描述授权范围。

14. 请描述他/她所应该达到的最低绩效要求。

15. 他/她是如何处理重复性工作的？

16. 请描述他/她对新任务的态度。

17. 请描述差旅情况，出差的地点、频率和时间。

18. 工作所需要他/她具备＿＿＿＿＿＿＿＿＿＿＿＿＿＿＿＿＿＿＿＿能力。

他/她在这方面有什么样的经验(这一问题可以根据工作说明书拓展)？

19. 他/她如何处理与同事、经理、员工、消费者的关系？请具体说明。

20. 您是否会再一次聘用他/她

( ) 是   ( ) 否

如否，为什么？

21. 您认为还有哪些内容需要我们了解的？

核查人＿＿＿＿＿＿＿＿＿＿＿＿＿＿＿＿ 日期＿＿＿＿＿＿＿＿＿＿＿＿＿＿＿＿

非豁免审核表

员工非豁免就业审核表，可以书面填写，也可以通过电话填写。表中有许多开放性问题。如果审核人遇到了一位愿意花时间回答问题的人，无疑会得到许多有助于聘用决策的信息。

非豁免就业审核表

求职者：＿＿＿＿＿＿＿＿＿＿＿＿＿＿ 申请的岗位：＿＿＿＿＿＿＿＿＿＿＿

联系人：＿＿＿＿＿＿＿＿＿＿＿＿＿＿ 头衔：＿＿＿＿＿＿＿＿＿＿＿＿＿＿

公司：＿＿＿＿＿＿＿＿＿＿＿＿＿＿＿ 电话号码：＿＿＿＿＿＿＿＿＿＿＿＿

地址：＿＿＿＿＿＿＿＿＿＿＿＿＿＿＿＿＿＿＿＿＿＿＿＿＿＿＿＿＿＿＿＿＿

上述申请人向我公司申请求职，他/她指明您是他以前的雇主，授权我们向您核实他/她的工作经历。我们希望您能真实地提供有关求职者的信息和绩效水平。

1. 从_____年_____月_____日至_____年_____月_____日在_____部门工作。
( )是　　( )否
(如否,请解释)

2. 他/她的基本职责：_____

3. 他/她终止与您公司的就业合同的理由是：_____
( )是　　( )否
(如否,请解释)

4. 您如何评价他/她的总体绩效？

5. 他/她最大的强项是什么？

6. 描述他/她做的尤其好的工作。

7. 还有哪些地方需要培训和改进？

8. 您如何督导他/她的工作？

9. 请描述他/她如何成功的完成多项任务。

10. 他/她如何处理重复性劳动？

11. 描述他/她如何处理既定的工作任务。

12. 当他/她面临一个新任务时,他都问哪些问题？

13. 他/她是否有没有完成工作任务的记录？请描述。

14. 他/她对待批评的态度如何？请举具体的例子。

15. 他/她是如何与同事打交道的,如何与管理人员打交道？

16. 与他/她刚到您单位工作时的绩效相比,您如何评价他/她现在的工作绩效？

17. 工作所需要他/她具备_____能力。他在这方面有什么样的经验(这一问题可以根据工作说明书拓展)？

18. 您是否会再一次聘用他/她
( )是　　( )否
如否,为什么？

19. 您认为还有哪些内容需要我们了解的？

核查人 _____ 日期 _____

参考文献

[1] 陈慧,"评价中心技术与人才选拔",《北京邮电大学学报》(社会科学版),第 5 卷第 4 期,2003 年 10 月。

[2] 豆谊博、洪建钢,"评价中心在人员选聘中的作用",《江苏商论》,2004 年第 4 期。

[3] 关培兰、苏永华,"'无领导小组讨论法'在人员招聘中的应用研究",《武汉大学学报》(哲学社会科学版),1999 年第 2 期(总第 241 期)。

[4] 郭维维、王重鸣,"评价中心效用分析探讨",《人类工效学》,第 10 卷第 4 期,2004 年 12 月。

[5] 胡斌、邵祖峰,"企业关键岗位管理人员甄选定性模拟方法及原型系统",《系统工程理论与实践》,2004 年 11 月第 11 期。

[6] 洪自强、严进,"结构化面试构思效度现场研究",《南开管理评论》,2003 年第 4 期。

[7] 赫伯特·G·赫尼曼、蒂莫西·A·贾奇著,王重鸣、陈学军等译,《组织员工配置》,机械工业出版社,2005 年。

[8] 何琪,"'无领导小组讨论'在人才测评中的应用",《现代企业教育》,2004 年第 2 期。

[9] 计淑玲、刘彦国、韩兴国,"企业招聘工作中存在的问题与对策",《石家庄经济

学院学报》,2004 年 2 月。

[10] 李安、萧鸣政,"战略人力资源管理及职能",《宏观经济研究》,2004 年 2 月。

[11] 黎恒、王重鸣,"结构化面试研究新进展",《人类工效学》,第 9 卷第 4 期,2003 年 12 月。

[12] 李丽,"员工招聘管理现代化研究"(硕士论文),首都经济贸易大学工商管理学院,2005 年。

[13] 雷蒙德·A·诺伊、约翰·R·霍伦贝克等著,刘昕译,《人力资源管理——赢得竞争优势》(第五版),中国人民大学出版社,2005 年。

[14] 廖泉文、万希,"中国人力资源管理的发展趋势",《中国人力资源开发》,2004 年第 12 期。

[15] 刘远我,"招聘面试中的主要问题",《中国人力资源开发》,2003 年第 12 期。

[16] 秦元元,"结构化面试:企业筛选人才的捷径",《中国人力资源开发》,2004 年第 6 期。

[17] 苏珊·E·杰克逊、兰德尔·S·舒勒著,欧阳袖、张海容译,《管理人力资源》,中信出版社,2006 年。

[18] 孙健敏、彭文彬,"无领导小组讨论题目设计",《中国人力资源开发》,2004 年第 7 期。

[19] 唐炎钊,"我国企业用人误区的诊断及对策",《中国人力资源开发》,2004 年第 3 期。

[20] 唐宗健,"浅谈企业人才招聘与选择",《航天工业管理》,1997 年第 11 期。

[21] 王垒,"加入 WTO 后中国人力资源管理与开发对策",《中国人力资源开发》,2001 年第 11 期。

[22] 王小华、车宏生,"评价中心的评分维度和评分效果",《心理科学进展》,第 12 卷第 4 期,2004 年 7 月。

[23] 吴志明、张厚粲,"评价中心的构想效度和结构模型",《心理学报》,2001 年第 4 期。

[24] 萧鸣政,《人力资源开发与管理——在公共组织中的应用》,北京大学出版社,2005 年。

[25] 许铎,"履历分析测评技术在选拔招聘人才中的应用",《中国人力资源开发》,2002 年第 10 期。

[26] 徐君,"企业在人员招聘中存在的问题与对策",《经营管理》,2002 年第 3 期。

[27] 肖文圣、周敏倩,"企业人才招聘创新探析",《现代科学管理》,2004 年第 9 期。

[28] 严妍,"人力资源配置模型研究",《当代经济》,2008年第3期。

[29] 詹姆斯·皮克德福著,佟博、李小北译,《人员管理精要》,经理管理出版社,2003年。

[30] 詹姆斯·沃克著,吴雯芳译,《人力资源战略》,中国人民大学出版社,2001年。

[31] 张发均,"国企、外企与民企员工招聘比较分析",《中国人力资源开发》,2002年第10期。

[32] 赵曙明、吴慈生,"中国企业集团人力资源管理现状调查研究(一)——调查方案设计、人力资源管理政策分析",《中国人力资源开发》,2003年第2期。

[33] 中国人力资源开发网,"2005年中国企业招聘现状调查",2005年6月5日。

[34] 董保华、杨杰,《劳动合同法的软着陆》,中国法制出版社,2007年。

[35] 董克用、叶向峰,《人力资源管理概论》,中国人民大学出版社,2003年。

[36] 胡华涛,"人力资源招聘环境分析及效果评价",《核工程研究与设计》,2006年第3期。

[37] 黄胜男,"《劳动合同法》实施后企业招聘面临的新问题",《劳资关系》,2008年第12期。

[38] 金玉秋,"2001—2020年我国劳动力供给与需求预测分析",《集团经济研究》,2005年第12期。

[39] 廖泉文,《招聘与录用》,中国人民大学出版社,2003年。

[40] 廖泉文、杨泉,"与企业战略相匹配的人力资源管理战略",《新资本》,2007年第4期。

[41] 李忠斌、卢冰、郑文智,《招聘管理》,中国社会科学出版社,2008年。

[42] 刘宁、张正堂,"人力资源管理与企业竞争战略的契合",《科学学与科学技术管理》,2005年第2期。

[43] 李文静、徐智,"《劳动合同法》实施背景下如何提升招聘有效性",《中国劳动》,2009年第2期。

[44] 理查德·L·达夫特著,王凤彬、张秀萍译,《组织设计与理论》,清华大学出版社,2003年。

[45] 马晓红,"企业生命周期与人力资源管理",《商场现代化》,2005年第16期。

[46] 毛海强,"对招聘广告中就业歧视问题的调查与分析",《北京劳动保障职业学院学报》,2007年第2期。

[47] 石磊、罗键,"论企业人力资源管理与企业战略匹配性",《商业时代》,2007年第21期。

[48] 陶莉、郎涛,"企业招聘与企业文化的匹配探析",《经济体制改革》,2004年第1期。

[49] 王贵军、丁雯、李明昱,《招聘与录用》,东北财经大学出版社,2007年。

[50] 王杨,"我国劳动力市场供需状况分析",《科教纵横》,2009年第6期。

[51] R·韦恩·蒙迪、罗伯特·M·诺埃、沙恩·R·普雷梅克斯著,葛新权等译,《人力资源管理》,经济科学出版社,2003年。

[52] 肖峰,"员工招聘与组织结构、组织文化的关系",《甘肃社会科学》,1999年第4期。

[53] 翟继满,《劳动合同法再入门:人力资源管理挑战、误区、对策》,中国法制出版社,2008年。

[54] 张车伟,"中国会出现劳动力短缺吗?——也谈劳动成本优势能保持长久吗?",中国人口网,2007年2月5日。

[55] 陈京民、韩松,《人力资源规划》,上海交通大学出版社,2006年。

[56] 曹亚克等,《最新人力资源规划招聘及测评实务》,中国纺织出版社,2004年。

[57] 顾英伟,《人力资源规划》,电子工业出版社,2006年。

[58] 孙宗虎、李艳,《招聘、面试与录用管理实务手册》,人民邮电出版社,2009年。

[59] 伊恩·贝尔德维尔、莱恩·霍尔登、蒂姆·克莱顿编著,《人力资源管理》,经济管理出版社,2008年。

[60] 于桂兰、魏海燕,《人力资源管理》,清华大学出版社,2004年。

[61] 付亚和,《工作分析》(第二版),复旦大学出版社,2009年。

[62] 周亚新、龚尚猛,《工作分析的理论、方法及运用》,上海财经大学出版社,2007年。

[63] 萧鸣政,《工作分析的方法与技术》,中国人民大学出版社,2006年。

[64] 文征,《员工工作分析与薪酬设计》,企业管理出版社,2006年。

[65] 马国辉、张燕娣,《工作分析与应用》,华东理工大学出版社,2008年。

[66] 赵永乐,《工作分析与设计》,上海交通大学出版社,2006年。

[67] 姚若松、苗群鹰,《工作岗位分析》,中国纺织出版社,2003年。

[68] 高艳、靳连冬,《工作分析与职位评价》,西安交通大学出版社,2006年。

[69] 萧鸣政,《人员测评与选拔》(第二版),复旦大学出版社,2010年。

[70] 徐世勇、陈伟娜,《人力资源的招聘与甄选》,清华大学出版社、北京交通大学出版社,2008年。

[71] 罗伯特·D·盖特伍德、休伯特·S·菲尔德著,《人力资源甄选》,清华大学出

版社,2005年。

［72］艾尔·巴比,《社会研究方法》,华夏出版社,2009年。

［73］翁定军,《社会定量研究的数据处理、原理与方法》,上海大学出版社,2002年。

［74］李中斌,《招聘管理》,中国社会科学出版社,2008年。

［75］刘理晖、潘溯恺,《执行招聘管理》,中国发展出版社,2008年。

［76］李德伟主编,《人力资源招聘与甄选技术》,科学技术文献出版社,2006年。

［77］Beer, M. & Spector, B., Human Resource Management: The integration of industrial relations and organizational development, In Gerald Ferris (Ed.), *Research in Personnel and Human Resource Management*, pp. 261-197, Greenwich, CT: JAI Press, 1984.

［78］Caruth, D. L., Caruth, G. D., Pane, S. S., *Staffing the Contemporary Organization: A guide to planning, recruiting, and selecting for human resource professionals*, Westport, Conn.: Praeger Publishers, 2009.

［79］Chen Shyh-Jer, Human Resource Management Systems and Organizational Performance: An Empirical Study of Taiwanese Firms in Chinaman, *Academy of Management Journal*, 1, 2001, pp. 1-18.

［80］David, E. G., Human Resource Management and Performance: a Review and Research Agenda, *The International Journal of Human Resource Management*, Vol. 8, No. 3, 1997, pp. 263-276.

［81］John Hodge, Culture Dictates Recruitment and Retention (book review), *HR Magazine*, Feb. 2000.

［82］Hall, D. T. & James Goodale, *Human Resources Management: Strategy, Design and Implementation*, Scottand Foresmen Cpmpany, 1986.

［83］Terpstra, D. E., E. J. Rozell, The Relationship of Staffing Practices to Organizational Level Measures of Performance, *Personnel Psychology*, 46 (1), 1993, pp. 27-48.

［84］Youndt, M. A., Snell, S. A., Dean, J. W. & Lepak, D. P., Human Resource Management, Manufacturing Strategy, and Firm Performanc, *Academy of Management Journal*, 39, 1996, pp. 836-866.

［85］Edgar H. Schein, Increasing Organizational Effectiveness through Better Human Resources Planning, *Sloan Management Review* (pre-1986), Fall 1977, p. 1.

［86］Halim Kazan, A Study of Factors Affecting Effective Production and Workforce

Planning, *Journal of American Academy of Business*, Cambridge, Hollywood, Vol. 7, Iss. 1, 2005, p. 288.

[87] Robert M. Emmerichs, Cheryl Y. Marcum, Albert A. Robert, *An Executive Perspective on Workforce Planning*, RAND Corporation, 2004.

[88] Susan E. Jackson, Randall S. Schuler, Human Resources Planning: Challenge for Industrial, Organizational, Psychologist, *American Psychologist*, Vol. 45, No. 2, 1990, pp. 223–239.

图书在版编目(CIP)数据

员工招聘与配置/王丽娟编著. —上海:复旦大学出版社,2012.2(2023.6重印)
(复旦博学·21世纪人力资源管理丛书)
ISBN 978-7-309-08387-3

Ⅰ.员… Ⅱ.王… Ⅲ.企业管理:人力资源管理-高等学校-教材 Ⅳ.F272.92

中国版本图书馆 CIP 数据核字(2011)第 171048 号

员工招聘与配置(第二版)
王丽娟　编著
责任编辑/宋朝阳

复旦大学出版社有限公司出版发行
上海市国权路 579 号　邮编:200433
网址:fupnet@fudanpress.com　http://www.fudanpress.com
门市零售:86-21-65102580　团体订购:86-21-65104505
出版部电话:86-21-65642845
浙江临安曙光印务有限公司

开本 787×1092　1/16　印张 19.25　字数 358 千
2012 年 2 月第 2 版
2023 年 6 月第 2 版第 12 次印刷
印数 46 901—50 000

ISBN 978-7-309-08387-3/F·1740
定价:45.00 元

如有印装质量问题,请向复旦大学出版社有限公司出版部调换。
版权所有　侵权必究